CUSTOMER ORIENTED
MANAGEMENT INNOVATION

客户引爆管理创新

李国良 著

企业管理出版社
ENTERPRISE MANAGEMENT PUBLISHING HOUSE

图书在版编目（CIP）数据

客户引爆管理创新/李国良著.—北京：企业管理出版社，2018.6

ISBN 978-7-5164-1713-3

Ⅰ.①客… Ⅱ.①李… Ⅲ.①企业管理—创新管理 Ⅳ.①F273.1

中国版本图书馆CIP数据核字（2018）第091095号

书　　名：	客户引爆管理创新
作　　者：	李国良
责任编辑：	张　羿
书　　号：	ISBN 978-7-5164-1713-3
出版发行：	企业管理出版社
地　　址：	北京市海淀区紫竹院南路17号　邮编：100048
网　　址：	http://www.emph.cn
电　　话：	总编室（010）68701719　发行部（010）68701816　编辑部（010）68701891
电子信箱：	80147@sina.com
印　　刷：	香河闻泰印刷包装有限公司
经　　销：	新华书店
规　　格：	170毫米×240毫米　16开本　16印张　240千字
版　　次：	2018年6月第1版　2018年6月第1次印刷
定　　价：	58.00元

版权所有　翻印必究·印装错误　负责调换

前　言

这是一个巨变的时代！蓬勃发展的互联网＋，融合电子商务、云计算、移动互联、物联网和社交网络等技术，正深刻改变着客户的生存和生活方式，重构着大部分的商业规则。企业不在变革创新中突出重围，就会在因循守旧中被颠覆。

这是一个最坏的时代！你曾经利润丰厚的产业，突然被一个不知从哪里冒出来的无名小辈搅得天翻地覆；你曾经自以为垄断的奶酪，突然被他人抢走。正如苹果葬送摩托罗拉和诺基亚、360免费杀毒软件颠覆瑞星杀毒。一夜醒来，你发现你的客户已经弃你而去。

这也是一个最好的时代！你可以以相对较少的资源撬动一个行业，甚至将传统行业巨头挑落于马下，只要你能深刻洞察客户，并以卓越的创意和商业模式，开展以客户为导向的管理创新，就能实现企业的疯狂生长。正如微信支付和支付宝冲击银行业、Uber和滴滴打得出租车行业晕头转向一样。互联网＋能让你迅速获取全球客户，让公司收入以指数倍增。

失败的恐惧或成功的喜悦，都足以激发每个企业管理者锐意进取。变革，是这个时代前进的动力；创新，是企业突出重围的必经之路。然而，变革不易，创新维艰。如何变革和创新是困扰众多企业的一个难题。

彼得·德鲁克说，企业存在的目的是为客户创造价值。菲利普·科特勒认为，企业的任务是向市场提供有盈利的价值。企业的创新很显然也应该是以能否获得客户的认可、取得市场竞争的胜利作为最终评价标准。围绕客户开展管理创新应该是企业管理创新的核心关注焦点，那么，企业该如何真正围绕客户来实施有效的内部管理变革与创新？

长期以来，对客户的研究应用主要集中于营销、服务和新产品开发领域，管理专家提出了很多理论和工具：消费者行为学、客户生命周期、客户价值/客户让渡价值、4C理论，等等。这些理论在某些方面解决了营销过程的一些实际问题，但如何以客户为导向来系统思考公司的管理变革与创新框架，有关论著和探索还非常少。

本书试图构建一个如何围绕客户开展企业管理创新的框架。如何分析客户？如何围绕客户开启企业管理创新之源泉？在互联网+时代，电子商务、移动信息化、大数据、社交网络、物联网等技术驱动下，客户正在发生哪些变化？公司在面对这种变化时应如何进行管理创新？本书在此分析框架上，以当前国内外卓越企业的实际管理创新案例，来实证如何应用该框架。

全书共八章。

第1章，管理创新迷雾。探讨了企业开展管理创新的重要意义，以及当前企业管理创新所存在的主要困难和创新高失败率的原因，提出以客户为导向开展管理创新才是创新之王道；然后探讨了在互联网+时代，企业客户和个人客户正在发生的变化，以及在这种变化趋势下，企业管理创新所面临的新的机会和挑战。

第2章，客户导向的管理创新模型。在这一章中，作者提出了一个客户导向的管理分析框架，即对客户（特征）、客户需求、客户需求实现过程以及三者的两两组合进行分析（所谓客户需求实现过程，即客户需求从产生到满足后的几个阶段，包括客户需求确认、信息寻找、选择评价、购买决策及购买后行为）；通过搭建一些分析框架，来探讨从客户角度开展管理创新的方式方法，并分析了在互联网+时代这种分析框架的新特点。

第3~8章，客户导向的管理创新实证。这是本书的重点内容，利用前面介绍的客户分析框架来一一探讨，并通过大量卓越企业的案例实证，分析如何从客户角度来开展企业管理创新，包括组织管理创新、流程管理创新、营销/服务创新、供应链管理创新、研发管理创新，等等。

本书是作者在长期的企业管理经验和管理咨询实践基础上写就的，目的是为企业管理创新提供一个新的分析思路。针对该模型，作者与很多客户和咨询顾问交流过，也原创过一系列的文章；该模型在实际管理过程中，常常能让人快速理清思路并得到一些意想不到的结果。本书适用于所有从事企业管理工作的人员，尤其是那些面临互联网+的冲击而陷入躁动不安的管理者。如果真能应用本书所介绍的分析方法，对企业进行重新反思和解析，相信你一定会找到开启内部管理创新的钥匙。

李国良

2017年12月1日

>>>>>>> 目　录

第1章　管理创新迷雾

第1节　管理创新，拔剑四顾心茫然 / 002
互联网＋正深刻改造商业环境 / 004
管理创新是企业生存之道 / 007
管理创新，黑暗中寻找光明 / 012

第2节　以客户为导向，是管理创新之王道 / 015
以客户为导向的管理创新成功率最高 / 015
如何以客户为导向？雾里看花 / 021

第2章　客户导向的管理创新模型

第1节　企业的存在是为客户创造价值 / 024
第2节　如何从客户开启企业管理创新 / 027
客户及其特征 / 027
客户需求 / 028
客户需求实现过程 / 032
管理创新：客户特征与需求的组合分析 / 038
管理创新：客户特征与需求实现过程的组合分析 / 042
管理创新：客户需求与客户需求实现过程的组合分析 / 044

第3节　客户导向的管理创新模型 / 046
　　客户分析模型 / 046
　　客户分析模型与企业价值创造过程的组合分析 / 049
第4节　客户的变化趋势引领企业管理创新趋势 / 054
　　互联网+时代客户数字化特征 / 054
　　互联网+时代客户需求变化趋势 / 057
　　互联网+时代客户需求实现过程的变化趋势 / 060
　　客户导向的管理创新——美国无线T恤公司 / 063

第3章　客户导向的组织结构创新

第1节　客户是如何影响组织结构创新的 / 070
　　客户如何影响组织结构 / 072
　　客户导向的组织创新趋势 / 075
第2节　美的集团事业部制与中兴通讯准事业部制——是什么
　　　　导致了两者组织结构的差异 / 083
　　美的集团事业部制 / 083
　　中兴通讯准事业部制 / 084
　　美的集团与中兴通讯组织比较分析 / 086
第3节　中兴通讯客户导向的组织变迁 / 090
第4节　美的组织变革，因客户而美的 / 094
　　美的电商有限公司，整合面向客户是最佳选择 / 094
　　美芝事业部与威灵电机合并，客户重合是其最大诱因 / 095
第5节　其他优秀企业组织变革实践：以客户为导向 / 097

第4章　客户导向的流程创新

第1节　客户如何影响流程创新 / 102
　　客户需求的产生和满足，对应流程的起点和终点 / 102
　　客户需求实现过程是流程节点设计的最重要依据 / 106
　　客户需求的满足程度是流程绩效目标的评价标准 / 107

第 2 节　流程规划：客户导向，端到端 / 109
　　流程规划：理顺企业为客户创造价值的过程 / 109
　　华为流程规划：客户导向，端到端 / 113
第 3 节　客户导向的流程设计 / 122
　　客户导向的销售漏斗——中兴收款人员为何惨遭客户痛骂 / 123
　　订单管理流程，基于客户的移动信息化创新 / 126
　　费用报销流程变革：ERP 社交化 / 132
第 4 节　客户导向的流程绩效评估 / 134
　　流程绩效指标的设置 / 134
　　设置流程绩效目标 / 138

第 5 章　客户导向的营销/服务创新

第 1 节　互联网 + 时代的营销/服务变革趋势 / 140
　　客户导向的营销/服务逻辑 / 140
　　客户的数字化生存方式催生营销/服务变革 / 144
第 2 节　用友软件：客户导向的营销/售后创新 / 151
　　客户分析 / 152
　　公司营销与售后服务管理过程 / 155
第 3 节　小米：网络直销定位下的客户经营 / 160
　　你以为小米发迹就是靠饥饿营销吗 / 160
　　小米对产业及客户的洞察 / 162
　　客户参与感，化营销为无形 / 163

第 6 章　客户导向的供应链管理创新

第 1 节　客户如何影响供应链创新 / 174
　　客户需求在供应链中的传导和影响 / 174
　　客户导向的供应链创新趋势 / 176
第 2 节　京东供应链管理创新 / 180
　　京东供应链概述 / 180
　　消费者 / 182

供应商 / 184
京东供应链管理创新 / 186
京东供应链创新背后的技术驱动 / 190

第 3 节　一达通供应链，服务中小外贸企业 / 193
曾经连年亏损的企业，何以赢得巨头阿里的青睐 / 193
直击客户痛点 / 194
一达通供应链创新，聚焦客户痛点 / 195

第 4 节　中兴通讯供应链管理创新 / 198
变革诱因 / 198
客户定位及分析 / 199
中兴供应链规划 / 200
中兴供应链创新焦点 / 202

第 7 章　客户导向的产品开发与创新

第 1 节　成功的产品创新必以客户为导向 / 208

第 2 节　从客户角度看百度产品线的规划 / 214
百度客户定位及盈利模式 / 214
服务于搜索者的产品线规划 / 216
百度产品线综述 / 223

第 3 节　客户是检验产品创新成败的唯一评委 / 227
深圳自助图书馆：伟大的创新，但从客户角度看还不完善 / 227
易百年老年人手机——细分客户，做到极致 / 229

第 8 章　EVD 产业竞争战略复盘分析——错失客户，满盘皆输

后　记 / 245

第 1 章

管理创新迷雾

这是一个全新的互联网时代,破坏和颠覆是互联网时代的特征,现阶段管理创新和组织再造比任何的创新都重要,平衡就是静态,静态就是死亡!

——美的集团董事长 方洪波

第 1 节　管理创新，拔剑四顾心茫然

大风起兮云飞扬！

我们处在一个巨变的时代，唯一不变的就是变化。电子商务、移动信息化、社交网络、物联网、云计算、大数据等新兴技术，正急剧地改变着人们的生存和生活方式。企业经营环境日新月异，不少敏锐的企业，凭借对客户变化的深刻认识，掀起一股被称为工业 4.0、互联网+时代的管理变革热潮，在激烈的市场竞争中迅速崛起，一路摧枯拉朽。成功或失败，在社会化媒体的快速传播下，无不刺激着每个管理者的敏感神经，加剧了他们对未来竞争变革的彷徨。

是的，环境巨变，客户巨变。不创新，必等死！

"创新"的概念由经济学家约瑟夫·熊彼特于 1912 年首次提出，是指以独特的方式综合各种思想或在各种思想之间建立起独特的联系这样一种能力。创新，是企业生存与发展的推动力。然而，管理创新也是一把双刃剑，成功的管理创新可能使企业绝处逢生或勇攀高峰；而失败的管理创新，也可能葬送企业的前程！

管理创新，敢问路在何方？

> **案例**

雅虎，逝去的互联网帝国

2017年4月，曾经的互联网行业霸主雅虎宣告死亡！这个互联网行业的拓荒者和代名词，在短短的21年中便走完了其诞生、崛起、沉沦和消亡的全过程，不禁让人扼腕叹息。

创新，使雅虎公司迅速攀上世界之巅！

1994年，杨致远和大卫·费罗联手创建yahoo。成立之初，公司仅仅对网站站点做了简略分类的分级目录，让网站变得有序，便于用户查询和运用。它有效解决了互联网行业发展初期人们无法记住各个网址的痛点。随后逐步扩大，建立了集搜索引擎、电子邮箱、即时通信、网页广告和网站平台于一体的生态系统，发展成为世界上最大的互联网门户网站。雅虎是全球第一家提供互联网导航服务的网站，开创了互联网免费形式，即内容免费，广告收费。公司的产品创新和盈利模式创新，使其迅速风靡全球。创建仅一年多，公司登陆纳斯达克，上市当天股价上涨了154%，市值达到8亿美元。2000年1月3日，yahoo的市值一度高达1 280亿美元。在2000—2006年，它是全球互联网行业霸主，成为行业其他公司模仿和学习的对象。2006年全球互联网公司前20名中，yahoo、yahoo日本和yahoo中国分别位列第一、第七和第十四名。

但是，在随后的10多年里，搜索引擎、电子商务、视频、社交网络、微博、网络游戏、移动信息化等新热点不断兴起，相关竞争对手在这些领域做得风起云涌。而雅虎在这段时间却陷入管理内耗——换了7任CEO，最长的任期6年、最短的仅4个月。管理创新的迷失，使雅虎在这些新兴领域均鲜有建树，导致自己最终黯然离场！

● 互联网+[1] 正深刻改造商业环境

互联网及有关技术，在最近10多年的时间内，改写了大部分的商业规则。正如加里·哈默[2]（Gary Hamel）认为，"在过去10年里，互联网极大地改变了商业世界。它使得实时、全球范围的供给线得以形成，使得全天候7×24小时的客户服务成为可能，使得许多产品和服务能够实现数字分销。互联网降低了跨地区和跨组织的协调成本。通过外包和离岸外包，它使得公司更容易降低工资成本……不管是以彻底改变老的运作模式为己任的公司，还是力图打破陈旧商业模式的新来者，互联网对商业的影响都是普遍而深远的。漠视这种环境的巨变或者反应迟钝的企业，必将被淘汰。"

互联网+及相关技术的迅猛发展对商业环境的冲击，表现在如下几个方面。

互联网+促进全国统一大市场的形成

互联网天然具有跨地域、去中心化、无边界特性，架构在互联网之上的电子商务也具有跨地域、分布式、在线协同的特点；而第三方物流技术和能力的快速发展，使原来被区域分割的市场正演化为一个统一的市场。其影响是显著的——

---

[1] 按照《国务院关于积极推进"互联网+"行动的指导意见》国发〔2015〕40号文件的定义，互联网+是把互联网的创新成果与经济社会各领域深度融合，推动技术进步、效率提升和组织变革，提升实体经济创新力和生产力，形成更广泛的以互联网为基础设施和创新要素的经济社会发展新形态。阿里研究院在其著作《互联网+，从IT到DT》（机械工业出版社，2015年）中对互联网+定义为：以互联网为主的一整套信息技术（包括移动互联网、云计算、大数据、物联网等配套技术）在经济、社会生活各部门的扩散、应用，并不断释放出数据流动性的过程。互联网+的本质是传统产业的在线化、数据化。

[2] 加里·哈默是伦敦商学院战略与国际管理教授，战略研究的最前沿大师，被《经济学人》杂志誉为"世界一流的战略大师"。

原来只是区域性竞争的中小企业，现在面临全国乃至全球化竞争；从另一方面来讲，也让它们自成立之初起就可以直面全国客户，打开了发展空间。过去由于地域的区隔，跨地域竞争需要强大的品牌和资源（资本、渠道商等），使一些中小企业得以在大公司力量薄弱的区域发展。互联网＋相关技术和能力的发展已经彻底抹平了这一鸿沟。

一些原来不具有商业价值的分散、零星的需求，由于长尾效应[①]，成为一个值得挖掘的金矿。这类零散需求过去由于地域的分散，满足这些需求的成本高昂，从商业角度来看得不偿失，所以很多企业会选择忽视。而互联网＋时代电子商务和敏捷制造、第三方物流的发展，极大地降低了发现和满足这些需求的成本，而且这些长尾端的需求聚合后还可能成为一门大生意。

互联网＋颠覆了很多传统行业

很多传统行业，在互联网＋的迅猛发展下，已经消亡或正走向消亡，或者被改造得面目全非。报纸已经逐步被手机新闻取代，传统酒店电话预订已经被网络比价和网上预订取代，出租车行业被滴滴打车之类折腾得一度心力交瘁，传统电信语音通话业务也被以社交网络为代表的流量业务挤压得萎靡不振……

借助于互联网＋，一些原来名不见经传的小公司，如阿里巴巴、淘宝网、京东商城等，迅速崛起成为称雄一方的企业明星。更多的中小企业，则借助于这些电商平台，几乎从零起步，短短几年时间实现销售收入暴涨，有的甚至达到数十亿元。这种迅速发展的态势让传统企业难以望其项背。

企业如果不能跟上互联网＋的技术大潮，努力推进技术创新和管理创新，可能很快就会被后来者拍死在沙滩上。

[①] 按照长尾理论，只要产品的存储和流通的渠道足够大，需求不旺或销量不佳的产品所共同占据的市场份额便可以和那些少数热销产品所占据的市场份额相匹敌甚至更大，即众多小市场汇聚成可与主流相匹敌的市场能量。参见：《长尾理论》，克里斯·安德森著，中信出版社，2006年。

社交化的客户，成了商业的主导力量

以微信、微博、网站评论等为代表的社交网络，使客户由原来的单个个体，成为一个互相沟通交流的整体，获得了空前强大的力量。客户通过查看网络评论而进行购买、通过发表评论对企业商品/服务表达不满或赞扬，客户圈联盟形成强大的威力，造就了目前C2B（Customer to Business，即消费者到企业）的商业趋势，即以企业为中心的产销格局转变为以客户为中心的全新格局；这也使O2O（Online To Offline，即线上到线下）营销模式成为企业营销变革不可避免的趋势。

这种客户居于市场主导地位，驱动生产商、供应链服务商进行产品创新和交付的全新格局，其优点是极大地消除了库存、提高了个性化需求的满足程度。但从另一方面来看，企业经营必须更加小心翼翼，对这种社交化客户需求的一次漠视，就可能给企业带来一场商业灾难。三聚氰胺事件、美联航逐客事件、百度药品广告事件等，无不给我们以深刻警示。

互联网+，更快、更强、更高

集成了电子商务、电子支付、社交网络等的供应链系统，让企业能更方便地与客户、制造商、供应商、运输商及其他相关方进行无边界的沟通与协作，实现对整个供应链上的信息流、物流、资金流、业务流和价值流的有效规划和控制，从而将供应链各环节集成为一个完整的网状结构，推动企业产品升级换代更快、生产能力更强、产品/服务交付能力更高。

企业产品升级换代更快。得益于各种设计软件、3D打印等技术的发展，以及客户参与产品的研发讨论，使企业可以通过快速迭代、小范围试错和试销，并在得到客户的响应和反馈后，迅速进行产品升级。这使企业推出新产品的速度比过去要快得多。

生产能力更强。互联网+制造业，使企业敏捷制造能力得到加强，小批量、

多频次甚至能差异化生产每件产品。

产品/服务交付能力更强。企业产品/服务交付能力得到空前提高，客户提出一个创意需求，从产品设计、制造到送货上门，可能几天就能完成。

● 管理创新是企业生存之道

商业环境的巨变，使企业过去的成功经验难以派上用场，甚至有可能成为绊脚石。客户需求的多变、竞争的压力，迫使企业要么求变图存，要么被碾压而逐步消亡。

华为与联想，创新能力的高低造就气质截然不同的两家企业

华为和联想都是国内鼎鼎有名的IT企业，代表了两种不同的发展方式，一个通过持续的自主创新做强、做大，一个通过规模化生产和对外并购得以扩张。那么，它们孰优孰劣呢？

1987年，任正非因一笔合同受骗让公司损失200万元而被南油集团扫地出门，为了生存，这个陷入绝境的中年退伍军人和他人合作，投资2.1万元在深圳南山区成立了华为公司。而成立于1984年的联想，凭借当时世界一流的计算机专家倪光南主导开发的联想汉卡和联想微机，在1987年已经实现7 014万元销售收入，成为中关村高科技企业的翘楚。

在此后的30年中，任正非像个永不停歇的斗士，以执着的技术创新和管理创新，将一穷二白、毫无背景的华为，变成一头连思科、爱立信等国际巨头都为之色变的"土狼"，一路攻城掠地战无不胜。根据数据显示，在2016年联想销售收入为2 969亿元，华为销售收入为5 216亿元，将近联想的2倍。而当年的净利润，联想为37亿元，华为为271亿元，足足是联想的7倍之多。今天，华为已经成为中国技术实力最强、最优质的企业。其耗资数十亿元、多年持续推进的管理

创新，包括 IPD、ISC、IFS、LTC[①]、人力资源变革等，不仅让华为成为国内管理水平最高的企业，也带来了极大的外部效应——华为已经成了国内企业学习和模仿的榜样，同时不少离职的华为人成立管理咨询公司或到其他企业任职，促进了国内众多科技企业管理水平的提高！略感遗憾的是，华为的这一历史性贡献，目前还为人们所漠视。

反观联想，早期背靠中科院计算所的强大财力和技术实力，却自废武功，抛弃了倪光南当初力主的芯片开发、程控交换机业务[②]（后者正是华为发家之本）。在其后的 30 年中，坚持走贸工技路线的联想，逐步堕落为一个技术空心化的企业，在技术创新和管理创新方面鲜有建树。其 10 年的研发投入，还不如华为一年的研发投入多。华为坚持每年将 10% 以上的销售收入投入研发，近年来这一比例已上升至 15% 左右。过去 10 年，华为研发投入高达 3 100 亿元人民币，2016 年就投入了 764 亿元人民币。而联想的研发投入则相形见绌。2007 年，华为的研发投入是 79 亿元，是联想的 5.6 倍，到 2016 年这一比例已经扩大到 8.7 倍，且至今联想的研发投入没有破百亿元。

低调的任正非可能是国内最具影响力的商业思想家，其领导的华为，不仅仅是技术创新，对管理创新的痴迷和投入，也让人震惊。华为自始至终以实现客户的价值为经营管理的理念，围绕这个中心，为提升企业核心竞争力，进行不懈的技术创新与管理创新。在实践中我们体会到，不冒风险才是企业最大的风险。只有不断地创新，才能持续提高企业的核心竞争力。只有提高核心竞争力，才能在技术日新月异、竞争日趋激烈的社会中生存下去。[③]从最初的《华为基本法》到后来全面引入 IBM、HAY 等公司的管理咨询服务，华为在管理创新方面投入了巨大

[①] IPD 指集成产品开发（Integrated Product Development）；ISC 指集成供应链管理（Integrated Supply Chain）；IFS 指集成财务系统（Integrated Finance System）；LTC 即从线索到现金（Leads To Cash）。
[②] 倪光南当年力主走技工贸路线，选择芯片为主攻方向；而总裁柳传志则主张贸工技路线，发挥中国制造成本优势，以低价的自主品牌产品去抢占市场。在败于柳传志的贸工技路线后，倪光南离开联想。
[③] 摘自华为《创新是华为发展的不竭动力》，2000 年。

的人力物力，即使在2002年华为快要崩溃的情况下，公司也还是主抓管理。正是这种持久建立起来的科学管理体系，成就了今天华为的强大。在任正非看来，未来华为战胜对手的关键因素不是技术、资金、人才，而是管理和服务。

柳传志掌控下的联想，则由于缺少技术创新的专注和管理创新的决心，企业发展到目前，虽大而不强，在电脑、手机等众多产品中均缺乏核心技术；又缺乏华为式的管理创新能力，在收购IBM电脑和摩托罗拉手机业务后，整合乏力，以致被人称为"技术空心化的胖子"。

美的与科龙，管理创新能力的高低导致成王败寇的不同命运

现在如日中天的美的集团，在20世纪90年代其实是广东顺德另一家家电企业科龙公司的跟班小弟。科龙曾经是国内冰箱行业的"一哥"，进入空调行业后也一度名列前茅。作为国有企业，科龙的技术创新能力曾经让美的望尘莫及，但其管理机制却远不如作为乡镇企业的美的灵活。最终，通过一系列管理创新，美的成为家电企业之龙头，而科龙则在动荡中沉沦。

1997年，美的启动了以产品为中心的事业部制改革，转换"生产型企业"为"市场型企业"（原来是职能部门制，统一采购，各工厂分别生产，交营销部门统一销售；改革后以产品线为事业部，各自具有产供销职能），实现产供销一体化，形成"集权有道、分权有序、授权有章、用权有度"的分权经营模式。2001年，美的实施MBO（管理层收购），以张河川、方洪波等为核心的管理层成为公司第一大股东。一系列的管理创新，充分激发了组织活力，使美的集团发生了翻天覆地的变化，经营成果表现为公司收入和利润的倍增。1996年公司收入25亿元，1997年30亿元，1998年50亿元，2000年突破100亿元，到2016年猛增至1 600亿元，净利润约159亿元。

美的管理创新的能力还表现在其对外扩张时，这种能力的自我复制上。1998年，美的集团收购连年亏损、资产负债率高达90%以上的东芝万家乐（东芝和万家乐合资，生产空调压缩机，收购后改名为广东美芝）后，仅仅派出三个人进驻

（总经理蔡其武、管理部部长向卫民和一个财务部部长）[1]，复制推行美的集团的管理模式后，迅速将其转变为一个盈利连年倍增的明星企业。

科龙集团在创始人潘宁于 62 岁"高龄"被退休后（1999 年），由王国端接任，在 2000 年开始了大刀阔斧的营销变革，以年薪 500 万元引入屈云波空降进行操刀。但由于产权问题及内部矛盾重重，改革以失败告终。在其后一系列令人扼腕叹息的动荡中，科龙被折腾得奄奄一息。

管理创新能力的差异，导致了美的与科龙这对同城兄弟之间不同的结局。美的创始人何享健的眼界和胸怀在他那一代企业家中无疑是出类拔萃的。他对经理人、科技工作者的重奖，他所力推的"管理创新月"等活动，为美的集团铸就了强大的创新基因，促进了美的集团持续快速发展。潘宁由于产权关系制约没有完成科龙的管理变革，其继任者更缺少他的能力和权威，难以摆平内外部各种矛盾，致使科龙在经过一系列风雨飘摇后归于沉寂。

管理创新，企业生存之道

IBM 商业价值研究院（IBV）于 2014 年所做的一项调研显示，近一半的受访全球 CEO 表示，创新将成为其企业未来获得成功的唯一最重要的活动。

根据国家统计局对 2013—2014 年国内近 44 万家企业（其中规模以上企业 37.8 万家）所做的企业创新调查[2]，在所有企业家中，有 25.9% 的人认为创新对企业的生存与发展起了重要作用，另有 59.4% 的人认为起了一定作用，有 41.3% 的企业开展了不同形式的创新活动。这些受访企业家认为，对企业影响最大的创新类型分别为产品创新、工艺创新、组织创新和营销创新，认同比例分别为 35.8%、21.4%、21.8% 和 21.1%。我们将组织创新和营销创新都归为管理创新，另两类

---

[1] 东芝万家乐制冷设备有限公司为 20 世纪 90 年代初的大型企业，原华中理工大学研究生毕业的蔡其武当年和同班同学一起去该公司应聘，结果仅其同学被录取，蔡其武随后去了当时规模较小的美的公司。美的收购东芝万家乐后，委派当时任空调事业部技术部部长的蔡其武担任总经理，取代了原来面试他的总经理，实现王者回归。

[2]《2014 年全国企业创新调查统计资料》，中国统计出版社，2016 年。

归为技术创新,则已经实施组织创新的企业占 33.8%,实施营销创新的企业占 25.8%,同时实施组织创新和营销创新的企业占 21.4%[①]。

在实施组织创新的企业中,认为组织创新对企业影响程度为"高"的项目分别为提高了管理效率、提高了产品质量、加快了对客户或供应商的响应速度,如表 1-1 所示。

表 1-1 认为组织创新对企业影响程度"高"的各项目企业家占比

	认为组织创新对企业的影响"高"	企业家占比
1	提高了管理效率	42.8%
2	提高了产品质量	41.9%
3	加快了对客户或供应商的响应速度	40.0%
4	提高了新产品或新工艺的开发能力	33.4%
5	提高了信息交换与共享的水平	32.7%
6	降低了单位成本	29.8%
7	改善了员工工作条件	29.2%

认为营销创新对企业影响"高"的各项目企业家占比,如表 1-2 所示。

表 1-2 认为营销创新对企业影响"高"的各项目企业家占比

	认为营销创新对企业的影响"高"	企业家占比
1	保持或扩大了市场份额	38.1%
2	开拓了新客户群体	38.1%
3	开拓了新区域市场	35.2%

这次大范围的翔实调查所反映的结果说明,很多企业家充分认识到了管理创新的重要性及其带来的利益,并在企业中积极开展管理创新活动。对生存的渴望和对利润的追求,使很多企业并不缺乏管理创新的动力。

[①] 在对欧盟 27 国 2008—2014 年企业调查中,有 40.8% 的企业有组织或营销创新活动。说明这些国家的企业比国内企业更加重视管理创新。

●管理创新，黑暗中寻找光明

创新的窘境

正如前所述，很多企业也意识到管理创新对企业的重要意义，并付诸行动；然而，实际情况是，不少锐意进取、不断创新的企业，却也在市场竞争中败北。正如克莱顿·克利斯坦森所指出的"创新的窘境"，管理层做出的合理和适当的决策，可能会对企业的成功起着至关重要的作用，但也可能导致企业丧失其市场领先地位[1]。这样的案例在我们身边数不胜数。

可口可乐于20世纪80年代，耗资400万美元，推出新配方，遭遇消费者抵制后以失败告终。

万家乐，乐万家。20世纪八九十年代红遍中国的万家乐，当时实施多元化战略，以敏锐的眼光，先后和一些国际巨头成立合资企业，生产程控交换机、空调、空调压缩机等。由于管理创新能力的欠缺，这些项目都没有成功。

波导手机，手机中的战斗机！波导通过"低价竞争、渠道下沉和品牌优先"相结合的发展战略曾取得一时的辉煌，然而面对客户需求的变化、渠道环境的变化，管理创新不力而早已坠毁。

……

探究创新之源

有很多学者对企业管理创新之道进行了归纳总结。彼得·德鲁克指出创新机

---

[1]《创新者的窘境》，克莱顿·克利斯坦森著，中信出版社，2014年。

遇的七大来源[1]：

意外之事——意外的成功、意外的失败、意外的外在事件；

不一致事件——现实与设想或推测的不一致；

基于程序需要的创新；

每一个人都未注意的工业结构或市场结构的变化；

人口统计数据（人口变化）；

认知、情绪及意义上的变化；

新知识，包括科学和非科学的。

这七大创新来源并没有告诉我们企业该如何开展管理创新，甚至连作者自己都认为，这七个创新机遇来源之间的界限并不分明，彼此之间有相当多的重叠部分。尤其是如何基于这七大来源开展创新，作者没有展开深入的分析和详细介绍。

克莱顿·克利斯坦森从技术创新的角度阐述了企业创新失败的原因。在他看来，即使是最具突破性、最复杂的延续性技术，也很少会导致领先企业失败；而破坏性技术导致了领先企业的失败。前者是一种渐进式创新，而后者往往是一种突破式创新。当技术变革破坏了企业以前培养的能力价值时，企业将会遭遇失败；而当新技术提升了企业一直在发展的能力价值时，它们则会取得成功。这种观点对于企业在开展技术创新投资时是一个有效的忠告：技术进步的步伐可能会而且经常会超出市场的实际需求[2]。但在如下两个方面，作者没有论述，企业家们也很迷茫：

第一，与已有关的技术边界在哪里？

第二，如何利用新技术来开展管理创新？

实际情况是，很多企业由于对新技术的发展缺乏敏感（很多企业在进行战略研究时对技术环境的分析流于形式），当竞争对手利用新技术开展管理创新取得强大的竞争优势时，才恍然大悟。

---

[1]《创新与企业家精神》，彼得·德鲁克著，机械工业出版社，2009年。
[2]《创新者的窘境》，克莱顿·克利斯坦森著，中信出版社，2014年。

人才匮乏是制约管理创新的最主要原因

根据国家统计局对 2013—2014 年企业创新的调查，企业家认为影响创新成功的因素的各自占比如表 1-3 所示。

表 1-3　创新成功的影响因素占比

	创新成功影响因素	占比
1	高素质的人才	45.3%
2	有创新精神的企业家	42.6%
3	员工对企业的认同感	40.3%
4	企业内部的激励措施	38.7%
5	充足的经费支持	37.3%
6	有效的技术战略或计划	36.8%
7	畅通的信息渠道	36.7%
8	优惠政策的扶持	33.3%
9	可信赖的创新合作伙伴	32.5%

其中，"高素质的人才"的影响高居榜首，其次是"有创新精神的企业家"。另外，我们可以看到，排在前四位的都与人有关，一起构成企业"创新的能力和意愿"。而创新的意愿，显然也是可以通过管理创新（各种激励措施）来实现的。

管理创新人才匮乏！缺少掌握管理创新思维方法的人才，究其根本，正是由于目前关于如何创新还没有一套系统的理论方法。

第 2 节　以客户为导向，是管理创新之王道

在 2003 年前后，著名的战略管理大师迈克尔·波特[①]和杰克·特劳特[②]先后来中国讲学。在电视直播现场，有观众向杰克·特劳特提问：

"尊敬的特劳特先生，您的战略理论非常流行；不久前迈克尔·波特先生也来中国传播他的战略理论。请问，您的定位理论和波特先生的竞争战略理论，哪个更伟大？"

特劳特狡黠地笑了，说："都很伟大。波特先生的竞争战略理论研究的是竞争对手，我的定位理论研究的是客户。如果只给您一个选择，那么，您选谁？"

在场的观众都笑了。

选谁？——答案当然不言而喻。

●以客户为导向的管理创新成功率最高

很多管理大师一再告诉我们，企业的存在是为客户创造价值；众多成功和失

[①] 迈克尔·波特凭借其提出的三种竞争战略理论（差异化、总成本领先、定点突破）和价值链模型、五力模型等奠定了其战略管理大师地位。他的竞争战略和五力模型都强调围绕市场竞争来制定公司战略及构建竞争优势。
[②] 杰克·特劳特是定位理论的开创者，该理论深刻影响了营销和战略管理等诸多方面。定位理论强调抢占客户的独特心智。2001 年，"定位理论"击败瑞夫斯的"USP 理论"、奥格威的"品牌形象理论"、科特勒的"营销管理理论"、迈克尔·波特的"竞争价值链理论"，被美国营销学会评选为有史以来对美国营销影响最大的观念。

败的企业案例也告诉我们，企业经营的秘诀是以客户为导向。

IBM前CEO郭士纳在20世纪90年代初，拯救过处于水深火热之中、濒临破产的IBM，通过一系列管理创新，使IBM起死回生。其管理创新的主要特点，便是一切以客户为导向，把IBM转变为一家以市场为驱动力的公司，而不是一家关注内部、以流程为驱动力的企业。

华为自始至终以实现客户的价值为经营管理的理念，围绕这个中心，为提升企业核心竞争力，进行着不懈的技术创新与管理创新。也只有不断地创新，才能持续提高企业的核心竞争力。而只有提高核心竞争力，才能在技术日新月异竞争日趋激烈的社会中生存下去。

以客户为导向的管理创新，成功的概率最高！

以客户为导向，美宜佳逆势飞扬

当众多实体商业门店在电商的冲击下纷纷关门破产时，有一家经营便利店的企业——东莞美宜佳，却在房租高涨、电商崛起的夹击中，逆势飞扬，连年迅猛发展，成为中国便利店之王。

东莞美宜佳公司成立于1997年，专注于社区便利店业务，坚持以特许加盟为主要发展模式。公司在总经理张国衡的带领下，取得了飞速发展。公司成立的前10年，是逐步摸索零售业态的过程，张国衡以其过人的眼光，分别在2006年、2015年导入管理咨询变革[1]，从而为其走出东莞、走出广东奠定了坚实的基础。

---

[1] 本书作者是当年美宜佳管理咨询变革的见证者和咨询顾问，对张国衡总经理以客户导向推进管理创新的坚定信念与强大执行力深有体会。

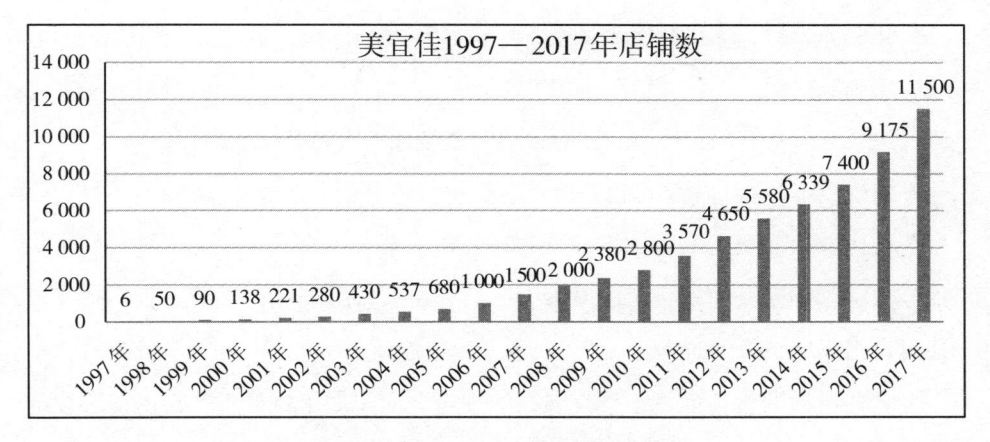

图1-1 美宜佳店铺数增长趋势

美宜佳的成功，主要归因于他们在以下方面所做的管理创新。

1. 对客户的精准定位。

公司将客户定位为加盟店店主和消费者，仔细深入地梳理店主和消费者的需求，为公司管理模式的设计奠定基础。

2. 对产品的优选和品质把关。

在分析消费者需求基础上，与超市、商场实施差异化策略，精选品牌和商品（约600个品牌、4 000种商品），满足消费者日常所需新鲜食品、日常用品、粮油副食、个护化妆品、冷藏冷冻品等。

3. 完善的便民服务。

美宜佳门店发展成为便民服务平台，可提供金融服务、充值缴费、代收代寄、便民支付、特色服务五大板块20余项的便民生活服务，每月服务顾客超过800万人次，为消费者日常生活、出行提供便利，有效地为门店带来人气，增强盈利能力。

4. 标准化的加盟管理体系。

对加盟者从投资策划到店铺装修、从商品选择到陈列布局、从开业培训到营销支持，全程专业指导、悉心服务。

5. 健全的配送支持体系，为加盟店店主服务。

通过信息系统的支持，为门店提供及时的补货和调货，针对不同类型门店进行差异化商品分析、优化及配送服务。

6. 实施股权激励，调动经理人积极性。

通过成立多个有限合伙企业，对公司职业经理人实施股权激励。

7. 鼓励员工开店，增强示范效应。

公司内部很多员工都自己投资开店，公司甚至可以提供贷款。这既提高了员工的收入，增强了公司对员工的凝聚力，对外也有很好的示范效应。公司很多员工通过自己开店，收入颇丰。

美宜佳所做的管理创新，具有强烈的客户导向（如果将员工看作内部客户的话更是明显）。首先，公司对外部直接客户（加盟店店主）和间接客户（消费者）进行准确定位及有效识别需求；其次，对消费者需求的有效识别，使其选品和服务模式设计与大型商超形成了有效的差异化（第2、3条）；再次，对加盟者需求及各环节需求的深入了解，使其解除了加盟者的后顾之忧，并保证其盈利能力（第4、5条）；最后，将经理人、员工视同内部客户，并实施有效激励，形成利益共同体（第6、7条）。

也许是美宜佳的成功，吸引了一些行业巨头的注意力，也或许是这些巨头开始认识到这种社区便利店业态的巨大市场潜力，2017年5月，阿里巴巴入股联华成为第二大股东，拿下3 600家超市进入便利店行业。几乎在同时，京东集团CEO刘强东宣布了"百万便利店计划"：未来五年京东将在全国开设超过100万家京东便利店，其中一半在农村，要做到每个村都有；店主在京东掌柜宝下单，由京东负责物流配送到店；规划的主营品类是快消品，其他如3C、家电、服饰、家居等品类可以支持部分摆样和代下单付佣模式。

行业巨头们的介入，无疑将在便利店行业掀起一股血雨腥风。谁能真正识别社区客户的差异化需求，开展相应的管理创新，谁就能赢得最后的胜利！

以客户为导向实施管理创新的企业，日子都过得很滋润

某公司开发了一种快速简便的妊娠测试方法，并打算进入消费者市场。市场调查发现，对检测是否怀孕有两种心理，一种是希望自己怀孕，一种是害怕自己怀孕。

很显然，该公司针对客户两种不同的心理特征，对需求进行了差异化设计，并由此对公司的运营管理进行创新。按照一般的理解，客户购买妊娠测试产品，其需求大致包括：测试快速简捷、测试准确性、产品价格；其中前两者是基本功能需求，产品价格则是其价格需求。客户的心理特征为：希望怀孕和希望没怀孕；希望怀孕的人会注重营养、保健养胎等；希望未怀孕的人，则会进一步采取严格的避孕措施。对两种不同心理特征的客户需求和特征的组合分析，如表1-4所示。

表1-4 需求与不同特征的组合分析

	基本功能需求（测试快速简捷、准确）	价格需求
希望怀孕	如果怀孕，会很高兴（喜庆）；会进一步购买有关营养保健品	价格承受能力较高
希望未怀孕	如果怀孕，会很郁闷（忧虑），可能去采取流产措施；如果没怀孕，则会进一步加强避孕措施	价格承受能力较低

公司根据客户特征和客户需求的组合分析，确立了两种不同的细分市场（期盼型：盼望自己怀孕；担忧型：担心自己怀孕）。

期盼型。品牌"孕育"，价格9.99元；包装：粉色包装盒，微笑的婴儿图像；货架位置：靠近妇女保健产品。

担忧型。品牌"轻装"，价格6.99元；包装：淡紫色，没有婴儿图像。货架位置：靠近避孕产品的地方。

该公司根据客户特征和客户需求的组合分析，对营销策略、产品定价与包装进行差异化创新，很明显会获得良好的经济效益。

对国内外大量企业管理创新的跟踪研究表明，以客户为导向实施管理创新的企业，其成功的概率要远远高于盲目创新的企业，如表1-5所示。

表1-5　客户导向的管理创新案例

公司/产品	管理创新焦点	取胜之道
滴滴打车	改变了传统打车方式，利用手机APP将线上与线下服务相融合，从打车初始阶段到下车线上支付车费，提供了一个良好的服务模式	优化乘客打车体验，改变传统出租司机等客方式，让司机师傅根据乘客目的地按意愿"接单"，节约司机与乘客沟通成本，降低空驶率，最大化节省司乘双方资源与时间
共享单车	利用手机APP注册，自助提车和还车；采用无桩单车取代过去的有桩单车；按租车时间计费，单价便宜；解决了客户出行最后一公里的问题	客户随时骑行，随时随地还车，支付宝支付，解决了客户需求实现过程的麻烦（取车还车不易、支付麻烦）
今日头条	基于移动互联网的推荐引擎，能迅速根据客户账号的标签、好友、转发等信息分析出其大致的兴趣爱好，并推荐相应的内容；随着算法的不断进化以及用户使用时长的增加，这种推送也会变得愈发精准	推荐读者喜欢的新闻，而不是过去那种由编辑选择并强推给读者，给了读者绝佳的用户体验
小米手机	通过社交网络聚合客户，收集客户意见改进产品研发；通过口碑和网络销售性价比超高的产品，没有中间商差价；利用第三方物流发货和退货维修回收，减少了销售渠道和售后服务渠道建设成本	管理和发展客户社区，客户参与研发；结合客户购物方式（需求实现过程）实施的营销创新（电商渠道、口碑、社交化）
一达通	外贸综合服务平台，通过互联网一站式为中小企业提供金融、保险、商检、通关、物流、退税、外汇等所有外贸交易所需的进出口环节服务，实现在线业务申报办理	为客户需求实现过程（进出口环节各种非核心业务）提供一揽子服务，降低客户交易难度和成本
余额宝	余额宝是蚂蚁金服旗下的余额增值服务和活期资金管理服务产品，对接的是天弘基金旗下的余额宝货币基金。其特点是操作简便、低门槛、零手续费、可随取随用；除理财功能外，余额宝还可直接用于购物、转账、缴费还款等消费支付，是移动互联网时代的现金管理工具	洞察了银行和基金们所忽视的普通百姓（处于长尾端的客户）理财需求——富余资金不多、可以随时需要支取，但又希望能有理财收益
红领西装	客户提出需求，上门测量客户总肩宽、中腰位、上臂围等19个部位的数据。客户选择面料花型、色系、胸口袋等10多种款式及里料、刺绣等。这些定制数据和要求在下单那一刻进入红领的订单平台。工厂按单生产，第三方物流发运交货	构建C2M（从顾客到厂商）+O2O模式，建立了直接面向顾客的生态体系；通过数据驱动的智能工厂和产业链协同作为保障

在上面所列举的这些成功的企业中，其管理创新都有一个共同的特点，即从客户角度出发。通过分析客户需求及客户需求实现过程的诸多环节，分析内部管理如何更好地满足客户，为客户创造价值。

客户是最重要的创新之源

拉里·基利等人在其共同著作《创新十型》中指出，经过对近2 000个卓越创新的案例进行研究，创新策略超过100多种，可以归结为10种类型（创新十型），包括：盈利模式、网络、结构、流程、产品表现、产品系统、服务、渠道、品牌、客户交互。

仔细研究作者归纳的这10种创新类型，我们会发现每一种都与客户紧密相关，甚至可以说，客户是每一种创新的主要来源和出发点。

盈利模式创新，是指找到一种全新的方法将企业的产品、服务和其他价值来源转化为利润，也就是企业如何让客户掏钱接受产品、服务。网络是指如何整合外部资源来为客户创造价值。组织结构、流程是公司内部管理的重要基础，目的是整合内部资源为客户服务奠定基础。产品表现和产品系统（如何组合单独的产品和服务形成强大且可扩展的系统）都是满足客户功能需求的核心。而服务、渠道、品牌则是公司和客户建立联系完成价值交付的过程。客户交互是指公司与客户在各环节的互动。

这10种类型的创新，都需要对客户进行深入的理解和洞察，否则难以完成。

●如何以客户为导向？雾里看花

其实，经营管理以客户为导向，并不是目前的新发现。就以作者所遇到的企业家、管理人员而言，几乎每个人都认为这个观点无比正确！在实际走访的众多企业中，"客户至上""以客户为中心""客户决定一切"等标语屡见不鲜，将此写入公司理念的也比比皆是。然而，如何真正将这一个人人熟知的理念贯彻到日常的企业管理创新中来，人们往往还是束手无策。

超市的售货员为了方便客户购买蔬菜，将蔬菜洗净后用绳子一把一把地捆好，这样客户可以直接拿了就去称重。可是，买过菜的人都知道，当你拿一把捆好的蔬菜时，发现炒一盘分量偏少，拿两把分量又太多。于是经常有人会将另一把蔬菜解开，从中再挑选一些和这把蔬菜一起去称重。为什么一个看似为客户创造价值的管理创新，却在无形之中还增加了客户的麻烦？这是因为，超市售货员一般是女同志居多，她们捆扎蔬菜时，往往是根据自己一只手能握住的蔬菜量来考虑的。她们没有从城市居民家庭特征来进行分析——城市一般多三口之家，她们用手握住的那一把菜，不够三口之家的蔬菜需要量。

一家锂电池企业总经理开车上班，发现自己的专用车库被占。他找来公司保安人员询问，保安人员解释说是来访客户的车，该总经理置之不理，还是让保安人员立刻将该车推出并将自己的车开进去。抬头望去，公司"客户至上"的标语正高悬墙上。这样的霸道老总，能引领公司开展以客户为导向的管理创新吗？

……

管理以客户为导向，有多少企业"想到做不到、说到做不到"呢？而且，不仅仅是企业管理实践，当前对客户的分析研究和应用，也更多地聚焦于市场营销、产品研发领域，缺乏系统地从客户角度来思考企业管理创新的工具。

第 2 章

客户导向的管理创新模型

是顾客决定了企业是什么。企业认为自己的产品是什么，并不是最重要的事情，顾客认为他购买的是什么，他心目中的"价值"何在，却有决定性的影响，将决定这家企业是怎么样的企业，它的产品是什么，以及它会不会成功兴旺。顾客是企业的基石，是企业存活的命脉。

——彼得·德鲁克，《管理的实践》

第1节　企业的存在是为客户创造价值

马云曾说，如果你有独特的方法，坚定不移地相信自己能为这个行业做出独特的价值，为这个行业的客户做出独特的价值，如果你这样想，就可以坚持走下去。彼得·德鲁克也说过，企业存在的目的是为客户创造价值。菲利普·科特勒同样认为，企业的任务是向市场提供有盈利的价值，并且，他将企业这一价值创造过程划分为三个环节，即选择价值、提供价值和传播价值[①]，如图2-1所示。

选择价值	提供价值	传播价值
客户细分　市场细分/目标　价值定位	产品开发　服务开发　定价　产品制造　分销服务	人员推销　销售推广　广告

图2-1　企业为客户创造价值的过程

这一模型是从传统的产品制造与销售过程来分析的，类似于迈克尔·波特的价值链中的基本活动。不同行业，这一价值创造过程会有所差异。尤其是在价值提供环节，不同行业不同企业可能会有所不同（有些企业将其中某些环节外包）。

其实，作为企业价值创造过程，也许图2-2的描述会更清晰一些。

① 《市场营销》（亚洲版·第二版），菲利普·科特勒等著，中国人民大学出版社，2001年。

第 2 章
客户导向的管理创新模型

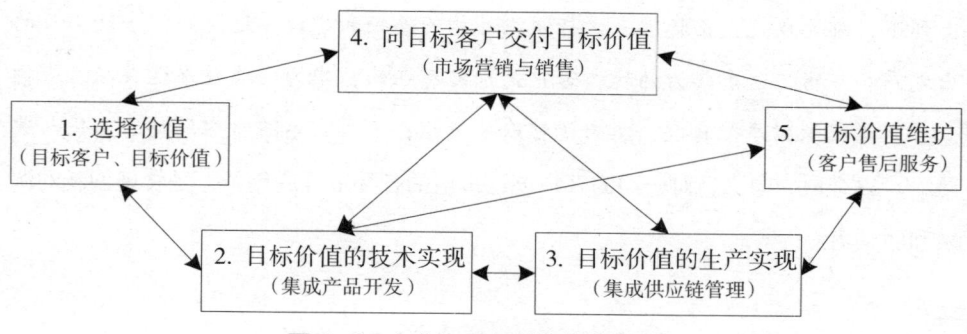

```
         4. 向目标客户交付目标价值
            （市场营销与销售）

1. 选择价值                          5. 目标价值维护
（目标客户、目标价值）                  （客户售后服务）

     2. 目标价值的技术实现    3. 目标价值的生产实现
        （集成产品开发）        （集成供应链管理）
```

图 2-2　企业为客户创造价值的过程

选择价值——公司决定为谁（目标客户）提供什么产品/服务（目标价值）。其输出结果包括两个方面：公司选定的目标客户和公司选定拟提供的目标价值（通过什么产品/服务来满足客户需求）。类似于华为的市场管理（Market Management，MM）。

目标价值（产品/服务）的技术实现——将有关产品/服务的创意开发出来（产品研发），使之可以规模化生产复制。相当于集成产品开发过程（Integrated Product Development，IPD）。

目标价值（产品/服务）的生产实现——将有关产品规模化制造出来（从原材料的采购到成品），使之成为可交付给客户使用的状态。是集成供应链管理过程（Integrated Supply Chain Management，ISC）。

向目标客户交付目标价值——目标价值（产品/服务）的营销与销售，即通过各种营销手段，将产品/服务销售给客户，完成价值交付并收款。相当于客户关系管理过程（Customer Relationship Management，CRM）。

目标价值维护——客户购买产品/服务后的维修维护和沟通，保障目标价值能满足客户需求。是售后服务过程（Customer Service，CS）。

深入理解企业为客户创造价值的过程，并由此开展各项经营管理活动，是企业成功的基础。正如华为的观点，"充分理解、认真接受'为客户服务是公司存在的唯一理由'，要以此来确定各级机构和各流程的责任，从内到外，从头到尾，从上到下，都要以这一条标准来进行组织结构的整顿和建设。这是我们一切工作的出发点和归宿，这是华为的魂，客户是永远存在的，华为的魂就永远存在。我们只要真正认识到这个真理，华为就可以长久生存下去，不随自然规律的变化而波动"[1]。以客户为中心，对公司为客户创造价值的各环节开展创新，是管理创新的源泉和驱动力。

---

[1] 来源：华为《管理工作要点》，2002年。

第 2 节　如何从客户开启企业管理创新

客户（特征）、客户需求以及客户实现其需求的过程，决定了一个公司可能的战略选择和运营管理方式，是一个企业管理创新最重要的源泉！

● 客户及其特征

我们需要从不同角度来准确、深入地理解客户，包括内部客户与外部客户、渠道客户与最终客户、外部客户与内部客户、主要客户与次要客户、现实客户与潜在客户、使用者／购买者／决策者，等等。

对客户特征的研究，是企业产品开发、营销组织、渠道、售后服务等管理的重要基础，有关的消费者行为学、市场营销理论等对客户特征有深入的分析。一般而言，对个体消费者的特征分析，通常包括以下四个维度：地理因素、社会因素、人文因素和心理因素。

很多企业对于客户及特征的研究，往往只应用在新产品开发和营销管理中，而如何将其运用到日常管理创新中，要么是被企业忽视，要么就是无从下手。

某电信运营商对客户的行为特征进行如下划分：通话量（分通话密集型、通话稀少型、有朋远方型、商旅人士型）、通话类型、费用敏感性、呼叫／呼出（哪种更多）、忙／闲（工作活跃型、休闲活跃型）、增值业务使用（按使用多少）、通话长短、呼转类型、活动范围（地点是否经常变化）、抱怨、异动情况（通话时长的突变），等等，并结合其他一些指标来对客户进行细分，以及对产品、服务方式的差异化设计。

某证券公司原来按照客户开户时的特征和投入的资金量，将客户划分为机构客户（以法人身份开户）和大、中、散户。由于证券公司的收益来源主要包括两部分：一是客户交易佣金，二是客户保证金利差（保证金总额 × 利差率 × 时间），而因客户交易的频率不同，客户的保证金经常在变动，其按照开户时保证金额投入来划分客户，显然没有真正识别公司的高价值客户，而且为此支付了不必要的成本（公司对大客户、机构客户在交易佣金方面有折扣，还有额外的附加服务）。该公司对客户特征（法人身份、投入资金、交易频率）进行深入分析后，重新对客户进行了划分，对高价值客户进行重点服务。

DELL公司早年根据客户的购买规模和购买方式将中国市场细分为：大型企业、中型企业、教育机构、政府组织、小型企业以及个体客户，等等，并设立相应的销售组织。

奶粉企业一般根据婴幼儿不同年龄阶段对奶粉营养成分的需求不同，对客户进行细分，并由此开发出不同的产品类别。

对客户特征的不同思考和选择，会对公司的管理方式构成重大影响。然而，正如前面所述，由于客户特征涉及众多的方面，企业应该选择哪些客户特征进行关注和研究，让很多企业市场人员绞尽脑汁。选择错误的客户特征来进行差异化的管理设计无疑是作茧自缚！例如，某公司以男女性别特征来进行牙刷的差异化设计和营销管理，惨遭失败。很明显，男女性别特征对客户使用牙刷的需求并无多大影响，反而增加了公司的生产、包装、仓储、营销等成本。

● **客户需求**

在彼得·德鲁克看来，企业的目的不在自身，必须存在于企业本身之外，必须存在于社会之中，这就是造就顾客。顾客决定了企业是什么，决定企业生产什么，企业是否能够取得好的业绩。由于顾客的需求总是潜在的，企业的功能就是通过产品和服务的提供激发顾客的需求。

理解客户需求是前提

理解客户需求是公司经营管理的重中之重。可是客户不可能说出他的全部需要，因为他们自己可能也没想清楚。直到某一天，某公司提供了一种满足他们需求的创新产品或服务，他们自然会展开双臂拥抱。正如苹果创造性地开发了 iPhone 后，尽管当时的一些手机行业巨头对此不屑一顾，可消费者却发自内心地欢呼，他们彻夜排队购买——苹果手机通过对消费者需求的挖掘和满足，也为摩托罗拉和诺基亚挖好了坟墓。

对客户需求的误解，常常使很多企业迷失了方向。

例如，在电动汽车行业，众多车企巨头认定消费者对电动汽车的需求是能够方便地充电、充电一次的续航距离长、充电一次所需时间短、每百千米消耗电力与燃料的费用相比较低，等等；并由此将公司研发精力集中在开发新的电池（功率、容量）、提高充电速度（目前充电一次一般需要 6~8 小时）等方面。可国外一家公司却独辟蹊径，他们开发了一种电池替换技术，可以让汽车用短短的 40 秒时间换上新电池上路（将电量耗光的电池更换为一块充满电的电池）。为此，他们开创了一种新的运营模式，大力合作推广建设电池替换站。在电池替换站，驾驶员将汽车开到一个正方形的地下平台上方，平台上的装置可以上升，将车体下部的旧电池取出，换上新电池，这个平台能适应不同类型的电池和汽车。而建一个这样的电池替换站需要花费大约 50 万美元，远低于普通加油站（需要 100 万~200 万美元）。对于汽车驾驶员来说，驾驶电动汽车每百千米的费用与驾驶汽油动力汽车大致相当，而电动车则更加环保。

在这个案例中,客户的真实需求是什么呢?很明显,大多数汽车企业对客户需求的定义与分析都是不准确的,提高电池容量、缩短充电时间仅仅是客户需求满足的解决方案之一。客户购车的真实需求是能方便、快捷、经济、尽可能持续地行驶。满足该需求,除了增加电池容量、缩短充电时间外,增加充电地点(在普通加油站设充电站)、快速更换电池、在电池没电时改为燃油动力,等等,都是潜在的解决方案。

客户不同需求的重要性不同,是企业差异化创新的源泉之一

诚然,客户的需求涉及多个方面,可以从不同维度进行分析。不过对于客户而言,其不同需求要素的重要性是不一样的,应该对客户需求的重要性进行排序。这种排序一般用调查表来进行,由相关部门专家和客户一起进行评价,如表2-1所示。

表2-1 客户需求重要性评价表

	评分者1	评分者2	评分者3	……	评分者N
客户需求1					
客户需求2					
客户需求3					
……					
客户需求N					
小计					

说明:
1. 每个评分者进行评价时,按其重要性由高到低评9~1分。
2. 汇总计算客户各需求的评分结果;得分高的为客户重要需求。

对这种不同需求的重要性所进行的差异化分析,为公司新产品开发、市场细分、运营管理创新等,均可提供有益的指导作用。以餐饮行业为例,消费者购买餐饮产品和服务的需求包括：价格、质量（菜式、味道）、卫生状况、等待时间、菜量（一份菜的数量）、环境（安静、灯光、隐私、附属设施等）、服务态度、距离（餐馆离本人所在地），等等，由于各类客户对这些需求的重要性有所差异，可以通过不同需求的组合，来设置公司差异化经营策略，如图 2-3 所示。

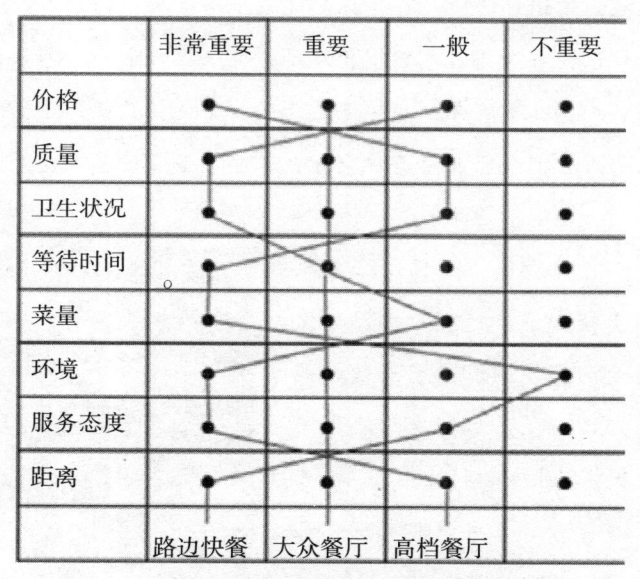

	非常重要	重要	一般	不重要
价格	●	●	●	●
质量	●	●	●	●
卫生状况	●	●	●	●
等待时间	●	●	●	●
菜量	●	●	●	●
环境	●	●	●	●
服务态度	●	●	●	●
距离	●	●	●	●
	路边快餐	大众餐厅	高档餐厅	

图 2-3 基于客户需求重要性不同的差异化经营

很显然，这些不同类型的餐饮企业是根据客户需求的重要性不同，而进行差异化的市场细分和管理创新设计。

●客户需求实现过程

> **案例**
>
> ### 街头艺术家的客户导向思维

你是否遇到过这样的情况？当你路过某个街头卖唱的艺人时，驻足倾听他演唱的美妙乐曲一会儿，本想捐款几元，可一摸口袋，没零钱，全是百元大钞。捐100元？心里不舍，想想还是算了，于是扭头就走了！除了偶尔闪过的一丝歉意，我们自己并没有觉得什么不妥，多数的艺人也没有思考过这个问题。

从右图中可以看出，这位街头艺人已经在地摊上摆出了银行刷卡机，方便客户（尤其是没零钱的客户）支付。很明显，他已经认识到了从客户角度出发能给自己带来实实在在的利益。

我们可以看看，客户需求实现过程是怎样的。

当行人（客户）经过时，被艺人的音乐打动，产生了想要捐款的念头，却面临支付问题。绝大多数人在这种情况下，一般都只会小额捐款（大多在几元之内，也就是客户心理能承受的交易价格）。如果他手头刚好没有零钱，只有50元、100元的大额钞票，那他捐赠的意愿将骤然下降——导致没有成交。

摆上刷卡机，客户可以捐赠任意数额的款项！从客户需求（能承受的交易价格）和需求实现过程（支付环节）组合，来分析和思考问题，很轻松地解决了这一难题。这位艺人明显是营销高手！当然国外的移动支付技术没有国内普及，如果是在国内的话，搞个二维码扫一下就可以了。

关于客户购买行为的几个模型

当前多种管理理论对客户心理、消费行为等进行了广泛而深入的探讨，并被应用在公司战略分析、营销管理等方面。下面简要介绍几种客户购买行为的模型，来进行分析。

1. 消费者购买行为的 7Os 框架[①]。

该模型从七个维度分析消费者的购买行为，即：购买者、购买对象、购买目的、购买组织、购买行为、购买时间、购买地点。这一模型是从点的层面（7个点）对消费者购买行为所做的分析，很难真正理解到消费者从需求产生至需求得到满足各个环节的过程活动（客户在每个环节会做什么），以及在每个环节客户的需求是什么。例如，它没有分析客户需求是如何产生的、客户如何搜集有关候选商品/服务的信息、如何对各候选者进行评价并决策，也没有分析客户在购买后会有哪些行为（如何使用、如何评价和传播等）。

2. 购买者经历周期。

W. 钱·金和勒妮·莫博涅两位作者在其著作《蓝海战略》[②]中，将购买者经历的周期划分为：购买阶段、配送阶段、使用阶段、修配阶段、维护阶段、抛弃阶段，并分析客户在这些环节的行为活动。同时，作者将消费者六个效用层面"效率、简单、方便、风险、乐趣、环保"和购买周期六个环节进行组合式矩阵分析。这种分析框架给我们提供了一定的借鉴意义；不过该理论将消费者的购买周期直接从购买阶段开始，把重点放在购买后客户的有关行为过程，其缺陷是不容易发现客户在购买前期的市场机会，难以对销售机会进行有效的跟踪，对公司如何以客户为导向开展管理创新的指导意义也大为降低。此外，作者概括的六个效用层面（客户需求），其实是有些简单化甚至偏颇的；而实际上每个行业不同客户的需求不同，应以行业具体的客户需求和需求实现过程组合分析。我个人认为，更重

---

① 《市场营销管理》（第2版），菲利普·科特勒著，中国人民出版社，2001年。
② 《蓝海战略》，W·钱·金、勒妮·莫博涅著，商务印书馆，2005年。

要的是应关注客户在每个阶段具体怎么做，做的过程会遇到哪些问题，有哪些需要，**企业应如何采取有针对性的措施**。

3. 科特勒：客户购买决策过程。

科特勒在《市场营销管理》中也提出了消费者购买决策理论，将其分为五个阶段：问题认识、信息收集、可供选择方案评估、购买决策、购买后行为。

科特勒所提出的消费者购买决策过程，与《蓝海战略》中的客户购买阶段划分相比，多了购买决策前的三个阶段：认识问题、信息收集和可供选择方案评估。对于公司营销的指导意义更大——不过，非常可惜的是，目前人们对于这一模型的应用，仅仅是在营销领域！

客户需求实现过程

结合以上的分析，本书统一将客户需求产生（确认存在问题，有了针对某产品／服务的需求）到该需求得到满足后的全过程定义为客户需求实现过程，并将该过程划分为五个阶段：需求确认、信息寻找、选择评价、购买决策和购买后行为。在不同的分析过程中，将客户范围扩大，可包括内外部客户，即外部利益相关者、公司内部接受业务过程（流程）的产出／服务的部门或个人。

1. 需求确认。

客户意识到一个问题或需求，感觉到目前实际状况和理想状况之间的差异，认识到他自身这种需求的存在和紧迫性，产生了想要满足这一需求的想法或愿望。需求确认是客户购买的起点，一旦他确认到这种需求的存在，必定会在自己的支付能力范围内寻求满足这种需求。

华为公司早年高价聘请 IBM 的电信专家免费为电信企业进行网络诊断与咨询，这实际上就是一个为客户进行需求确认的过程。在他们提交的诊断报告中，可以发现客户网络中存在的问题并提出改进建议，有利于客户进行投资决策（采购设备），而华为则因为知道客户需求形成原因和问题所在，更有利于它在投标中提出有价值的建设方案。

2. 信息寻找。

客户在有了强烈的需求后，会积极寻找可以满足其需求的各种有关信息。当然一些价格低廉的日用品，客户可能很少花时间去寻找信息，往往只选择自己偏好的某种品牌；而对于选购品、特殊品等，客户一般都会花费一些时间来收集有关信息，包括有关产品的种类、质量、价格、售后服务等所有影响到需求的因素。通常产品价值越高，则客户越愿意花更多的时间来进行信息寻找。

客户收集信息的途径可能包括各种广告、宣传单、网络搜索、朋友推荐、以往经验，等等。不同类型的产品，客户收集信息的途径也不一样。掌握客户信息寻找的方式、途径、媒介、频率、时间等，有利于企业进行合理的广告投放、采取合理的宣传策略等。企业在这个环节应力争让客户知道、了解公司产品和服务信息，并在客户的心智中占据一个有利位置。

3. 选择评价。

客户利用收集到的各种信息对可供选择的产品/服务/方案进行评价，并形成购买意向的过程。在这个过程中，客户会根据自己的购买能力、各种产品/服务评价结果等各种因素做出选择意向。

有时客户可能已经形成偏好（基于过去的经验，已经有了评价和选择），这时他可能不会再花大量精力来选择评价。

在客户选择评价阶段，公司可以采取一些措施来影响他们的评价。同时，了解客户评价的标准，甚至影响改变客户的评价标准（尽管他们可能没有明确表达，但一般客户在评价时都有一个大致的标准），对企业改进产品和服务也有重要意义。

4. 购买决策。

客户购买决策过程也就是客户对各种候选产品进行评价后，购买自己中意的产品并支付货款的过程。在这个过程中，有很多因素仍会影响到客户。

对客户购买决策行为的分析，也会影响到公司的业务范围。例如，亚马逊网上书店在创业开始时，创始人贝索斯就从一大堆候选产品中最终选择了图书。这主要是受客户购买决策行为影响，因为：由于图书的质量无差异，客户在没有看到产品实物时，也会购买。

在分析内部客户时，将内部客户"同意并决策"的过程，也看作是"购买决策"过程。

5. 购买后行为。

购买后行为包括购买后的一系列行为，例如使用产品、维护维修、升级、淘汰，等等。很多企业关注产品销售过程、关注客户满意度，却对客户购买后的行为过程没有足够重视。事实上，客户使用产品的成本、便利性，往往是影响客户购买的重要因素。

正如科特勒所指出的一样，这五个阶段，在某些情况下客户可能会越过或颠倒其中某些阶段，不过这并不影响我们后面要做的分析。

必须区分客户需求与客户过程需求

1. 客户需求与客户过程需求的区别。

客户在实现其需求的过程中，每个阶段都会发生各种活动，在完成这些活动的过程中，会产生各种需求，我将这类需求称为客户需求实现过程的过程需求（以下都简称为"过程需求"）。过程需求和客户购买商品/服务的需求其实是不一样的，客户需求是当客户因意识到问题的存在，而需要解决的、最直接最根本的关注焦点，基本上无可替代。客户过程需求是客户为满足其需求过程的五个阶段，为了更方便地开展有关活动而产生的需求，过程需求的满足通常有多种实现方式。过去在做客户需求分析时，人们经常会将两者混淆在一起。

客户购买衣服，他们对衣服的需求是：购买价格、衣服品位、颜色款式、是否合身、品牌，等等；而能够及时获知衣服有关促销信息、购买方便（距离近或交通方便或在网上购买等）、支付方便（现金、刷银行卡、微信/支付宝等）、是否支持一周内无偿退换货，等等，则是客户的过程需求。显然，客户对前者需求是必须满足的；对后者（过程需求），则均有多种途径可满足。

例如，客户要从深圳去北京而购买了一张机票，买机票本身不是客户需求，去北京才是。客户的需求包括从深圳去北京所花的总时间长短、金额、安全性、舒适性等;而客户的过程需求包括能够方便地获知各种旅行方式的信息(飞机、高铁、自驾等时间和成本信息)、能够方便地买到票、买票时付款方便、送票服务或取票方便、去机场/车站接驳方便(距离、是否堵车等)、机场/车站的服务细致(卫生、安检等)、旅行过程服务体验好(是否准时、舒适性、服务员态度、行李托运等)、售后服务周到(如积分等)。

2. 如何分析客户需求实现过程以及过程需求。

分析客户需求实现过程,了解客户在每一个阶段会进行哪些活动,并洞察在实施这些活动时会遇到哪些困难,有哪些需要解决的需求,如表2-3所示。

表2-3 客户需求实现过程分析框架

	客户需求过程活动	过程需求	问题挖掘
需求确认	客户意识到某类问题,产生了解决该问题的需求并得到确认		客户在什么时间、什么情况下产生和确认需求,是否需要立项和报批,是否有前期可行性研究 客户需求确认条件/原因是什么 是谁确认(或审批)该需求 怎样诱发客户的需求
信息寻找	通过各种途径寻找潜在的候选产品/服务信息	怎样才能尽可能多而且方便、低成本地收集到该类信息 怎样确保收集到的信息可靠	谁来负责搜集该信息 客户会在什么时候、在哪里、通过什么方式寻找有关信息(候选产品/服务) 怎样让企业的产品/服务能最容易地被客户搜集到
选择评价	客户建立选择评价标准 客户对各种候选方案进行选择评价	最好能有可供参照的评价标准;评价标准明确可行 能方便地进行评价和确认(如能方便地组织招标)	客户由谁负责建立评价标准,是什么影响到评价标准的建立 客户评价标准是什么 我们的产品/服务是否符合标准,或者能否引导/影响客户评价标准的建立

续表

客户需求过程活动	过程需求	问题挖掘
购买决策	客户决定购买某种产品/服务，并完成交易过程（交易协议、付款等）	购买现场环境好、服务态度好 购买过程方便 支付方便 物流方便快捷（取货/送货）	客户由谁负责购买，谁会影响到购买过程 客户会去哪里购买（哪个渠道） 哪些因素影响客户购买过程的体验 哪种支付方式对客户最方便 如何将货物交给客户
购买后行为	客户使用、维护维修、升级、淘汰产品	产品使用方便；维护维修方便；升级方便；产品淘汰后环境污染少，等等	谁在使用产品/服务，其有何特征 客户如何使用产品/服务，是否方便、安全 客户如何维修维护和保养该产品 该产品淘汰后客户如何处理

说明：在实际挖掘问题时，可以借用5W2H分析工具，即对象（What，何事）、原因（Why，何因）、地点（Where，何地）、时间（When，何时）、人员（Who，何人）、方法（How，何法）、程度（How much，做到什么程度）。

过去人们对客户的这类过程需求也会进行零星的分析，但是很少用系统的思维方式来挖掘。只有从客户需求实现过程的几个阶段入手，才能得到完整的信息。

● 管理创新：客户特征与需求的组合分析

对客户特征和需求进行组合分析，是公司管理创新的重要来源

前几年，晨光牛奶公司推出了一款名叫"谷道"的屋形包装和纸盒形包装的牛奶。也许是受"剑道""茶道""柔道"等文化影响甚深，该公司将产品取名为"谷道"，想表明该产品来源于五谷精华。可是，按照中国传统文化，谷道是指后

窍[1]（直肠到肛门的一部分）或肛门[2]。对中国传统文化有所了解的人，看到这个产品的名字，估计就没有了喝的欲望，怎么可能会买？

晨光谷道取名的失败，很显然与客户对牛奶产品本身的需求（味道、口感、色泽、蛋白质含量等）无关。晨光对传统文化认知的不足，使其忽视了客户这一心理特征。

2001年，中国名牌战略推进委员会发布中国名牌产品标志：其中心的双闪电象征着经济发展指标的四个箭头，合在一起构成"中国名牌"的"名"和"品牌"的"品"字；四个箭头又是四个阿拉伯数字的"1"，象征着中国名牌产品的四大评价指标、四大核心理念和"科学、公平、公开、公正"的四项评价原则；四个箭头同时又是英文"Best"和"Business"缩写的字首"B"……

如果不做专门的解释，国人其实很难悟出上述深意，最直接的感受就是那两道触目的闪电。很多欧洲人看到该标志的第一反应却是"党卫军"。在网上搜索"党卫军标志"的图片时，也会同时出现"中国名牌"的标志图片。

可以想象，当贴上该标志的产品在欧洲销售时，会面临怎样的尴尬。

中国名牌产品标志的欠妥，其实最根本的也不是该标志晦涩难懂，而是其对海外文化的理解不够。很显然，获得该"中国名牌"称号的企业都具有强大的实力，大多数都会放眼全球，并期望该标志能为市场拓展增强信誉。可贴上一个这样的LOGO，可能导致产品更难卖。那又有什么意义呢？

所以单纯的客户需求分析是不够的，企业管理人员必须跳出这种思维定式，分析对客户需求有影响的特征，进行客户多元特征与需求的组合分析。

---

[1] 李时珍《本草纲目·草七·藜》："使水道转入大肠，仍以葱汤频洗谷道，令气得通。"
[2] 苏轼《仇池笔记·般运法》："其法：重足坐，闭目，握固，缩谷道，摇飓两足，如气球状，气极即休，气平复为之。"张仲景《伤寒论·阳明全篇》："大猪胆一枚，泻汁和清醋少许，以灌谷道内，如一食顷，当大便，出宿食恶物甚效。"

深圳公交快线，客户特征与需求组合的经典管理创新

2006年，深圳推出快速公交线路，其后陆续开通了50多条；2007年又开通高峰专线——只在上下班的高峰期间开通，目前已有60多条高峰专线。在国内首创，取得良好经济效益的同时，也具有巨大的社会效益。

为什么深圳会在2006年和2007年首创公交快线、公交高峰专线呢？我们可以从客户特征及客户需求的组合分析得到相关逻辑。

2005年以前，深圳房价相对较低，小汽车保有量为50多万辆；深圳市人口也远比现在少，上班族一般在公司附近居住。普通打工者在深圳几大著名的牵手楼社区①（如白石洲村、大冲村、岗厦村等，这些地方均临近工业园或商业中心），上下班相对较近。同时，由于车流较少，深圳的公交车都开得飞快，当时人们形容深圳的公交车"不是开得太快，而是飞得太低"。因此，上班族都没有特别感到不便。

但在2005年后，随着房价的暴涨、市内房租的暴涨，市内几大主要的牵手楼社区陆续被拆除改造，越来越多的人不得不选择在市内上班而居住在关外（深圳早年设立经济特区时，对城市所划分的二线关口）。与此同时，深圳的人口越来越多，小汽车越来越多，交通越来越拥挤。由于地铁线路不完善，每天从关外到市内坐公交上班已经成了很多人所必须面对的头痛难题。在南头、布吉、梅林等关口几乎每天都会上演冲锋陷阵的大戏，夸张到甚至连公交车车门都被挤破。早晨的这一折腾，已经让无数白领消耗掉了一天上班的体力与心情。

在这一案例中，我们可以看到，对于公交公司而言，其客户需求表现在方便、快捷、安全、卫生、价格等方面。可随着上述问题（距离更远、更加拥堵）的日趋严重，快捷已经成了最为困扰客户的问题（客户需求未变，但不同需求的重要性发生巨大的变化）。要优先满足客户这一需求，靠提高车速已经非常困难（汽车

---

① 牵手楼：对深圳城中村的农民房的戏称，指两栋楼之间的距离非常近，可以从这栋楼伸手去牵住临近楼的人的手。

保有量的暴增，深圳公交车已经飞不起来了）。

深圳公交公司调查发现，早晚高峰出行人数占到了全天公共交通出行人数的60%（这其中绝大部分为上班族）。这可能是深圳作为一个年轻人居多的城市的特有现象。对客户特征进一步分析，会发现如下现象。

居住地点：在市内上班而居住在关外的上班族，大多居住在距离关口比较近的地方，一般不超过5千米。

乘车时间：高峰期集中在早晨7：00～9：00、下午5：00～7：30。

乘车起始地点：在几大主要关口（梅林、布吉、南山等）是早晨上车最密集的地方，最容易堵车；目的地则相对比较集中在市内的几大主要的工业园、商业中心、金融中心，如科技园、天安泰然工业区、华强北、东门、福田保税区等。

基于客户特征和客户需求的交叉分析，如表2-4所示。

表2-4　公交乘客特征及需求组合分析

客户特征	客户需求		
	方便快捷	安全卫生	价格
乘车时间（早晨7：00～9：00、下午5：00～7：30）	开通高峰专线，只在上下班的高峰期运行，其他时间停开	车上安装高清摄像头；两边车窗放置逃生安全锤	价格从来都不是主要问题。深圳公交车价格全国最贵，上车起步价2元，远的甚至到20多元
乘车下车地点（上车地点是几个主要关口；下车地点主要是几个科技园商业中心等）	设定特定的公交路线，尽可能从居住地到工业园/商业中心迅速快捷地点对点运行	在上下班高峰期，增加几个主要关口的警察执勤（整合外部资源）	
乘车方式（早晨大多是从关外出发赶往上班地点，下午则相反）	前一天晚上将大多数车辆停在第二天居住地始发站，而下午5点前则将车辆主要停在工业园/商业中心始发站		

从这个表中，根据客户特征和客户需求的组合分析，可以很容易推导出为满足客户需求应采取的措施，为公司差异化管理创新打下坚实的基础。设立高峰专线，只在一些上下车密集的地方（始发地、商业中心、工业园、科技园等）停靠，其他小站一律取消，减少了停车时间、提高了速度（进站停靠费时且车速慢易堵

车);只在上下班高峰期开通运行,其他时间车辆停在始发站,减少了跑空车,降低了车辆的运营成本;前天晚上把大部分车辆停在居住地始发站,下午下班前则把大部分车辆停在工业园/商业中心始发地,可以增加车辆运行频率。这种高峰专线的推出,深受广大上班族的欢迎,创造了良好的经济效益和社会效益。

客户特征与需求的组合分析框架

在过去的客户研究中,人们有时也会基于客户特征来推演一些客户需求,但常常是不系统的;对应该分析客户的哪些特征,常会感到束手无策或者是很片面的。

我们可以将客户的各种特征和有关需求,按照如下的矩阵进行排列,然后对各项特征和需求进行一一对比分析,看某项特征是否对需求构成影响;并将这些对需求有影响的特征纳入分析范围,和需求进行组合分析,采取差异化管理创新,如表2-5所示。

表2-5 客户特征与客户需求组合分析框架

	客户需求1	客户需求2	客户需求3	……	客户需求N
心理特征					
生理特征					
地域特征					
……					
特征N					

基于客户特征与需求的分析结果,可以让我们更加深入地了解到客户需求的诱因,并根据客户特征与需求的关联性开展管理创新活动。当然,目前快速发展的大数据技术,使得对客户特征和需求的跟踪分析变得更加容易且精准。

●管理创新:客户特征与需求实现过程的组合分析

将客户特征与客户需求实现过程组合分析,也会为企业运营管理提供很多创新思考的机会。

我们看看男厕小便池的创意。在小便池中摆了一个小小的足球球门和一个小小的足球！无需劝说，绝大多数男人小便时肯定会尿到那个球门里面，很多人会瞄准球上，试图通过尿液的冲击力把球推进球门——当然，实际是很难成功的，因为球是固定在那里的。

一个小小的创新，没有劝说、没有调侃、没有讽刺，将男公厕小便池的难题迎刃而解！

这是为什么？从客户角度分析可以获知答案！

客户（到公厕小便的男人）在需求实现过程中，有些人会尿到外面，可能原因包括：小便池比较脏，怕靠近了弄脏裤子；有些人实在等不及了（非常少）；较多的情况估计是，很多人就是随意地站住后即开始小便，根本就没有考虑是否能尿到小便池中。

可是，考虑到男性的另外一个心理特征——爱瞄准、爱射击、爱足球（请注意，这个心理特征与小便根本就不沾边），将客户的这一心理特征和客户的需求组合起来分析，便有了上述充满创意的便池球场！

在实际分析过程中，我们可以通过下面的表2-6来进行组合分析。

表2-6 客户特征与客户需求实现过程的组合分析框架

	心理特征	生理特征	地域特征	……	客户特征N
	与需求有关的心理特征描述	与需求有关的生理特征描述	与需求有关的地域特征描述	……	……
需求确认					
信息寻找					
选择评价					
购买决策					
购买后行为					

对客户需求和需求实现过程有影响的特征，都需要纳入到这种分析矩阵中，以便具体分析其交互影响的过程和方式。

● 管理创新：客户需求与客户需求实现过程的组合分析

将客户需求与客户需求实现过程组合，有利于我们扫描发现制约公司市场与运营管理的薄弱环节，探寻管理创新的源泉，如表2-7所示。

表2-7　客户需求与客户需求实现过程的组合分析框架

	价格	性能	品牌	质量	保修政策	……
需求确认						
信息寻找						
选择评价						
购买决策						
购买后行为						

备注：上表中，"行"为客户需求，"列"为客户需求实现过程。

案例　我查查，深受喜爱的商品"照妖镜"

曾几何时，消费者常常面临一个困境：看着自己从琳琅满目的货架中选出的商品，却犹豫不决！自己选中的这个商品，价格是不是贵了？要不要和售货员砍价？该商品质量怎么样？别人对它的评价如何？这些困扰正是需求实现过程中，由于信息的不对称，使消费者对该商品能否满足其需求面临的决策困难。

2010年年初，"我查查"横空出世！它是我国条码比价类APP的开创者，通过比质、比价、防伪，建立起一个基于手机平台和商品条码的强大的物联网应用服务系统。上市当年，尽收"苹果商店年度最佳生活应用大奖""中国移动APP100最实惠奖""腾讯最受欢迎Android应用""移动互联网创新典范"等各类荣誉。到2018年年初累计激活用户数逾4亿。简单来说，"我查查"就是解决了消费者需求在实现过程中的痛点：当消费者打开该APP，用它扫描商品条码，商品相关信息就会跃然于屏幕，立刻实现价比三家、真实来源、品质安全和放心购买。

当消费者扫描商品条形码后，附近超市中该商品的价格以及网上该商品的价格一目了然；而且还能进一步看到其他消费者对商品的评价，自己也可以发表对该商品的评价供他人参考。可以说，这个APP就像一个强大的"照妖镜"，能让商品价格质量等信息一下就暴露在消费者面前。其比价、促销、信息、防伪的四大无线电子商务功能，赢得了政府和消费者的高度评价。

很显然，这些功能对消费者在需求实现过程起到了巨大的帮助。"我查查"已是公平透明消费的代名词，成为科技"执法"公平消费的典型代表。目前"我查查"已经和国家发改委合作，围绕超市重点商品的价格展开持续的监测和分析，为国家发改委价格主管部门监测重要民生商品的价格波动、进行合理价格调控、分析预测价格水平变化提供重要支撑。

第3节　客户导向的管理创新模型

在《创新是华为发展的不竭动力》一文中写道，华为自始至终以实现客户的价值为经营管理的理念，围绕这个中心，为提升企业核心竞争力，进行不懈的技术创新与管理创新。在实践中我们体会到，不冒风险才是企业最大的风险。只有不断地创新，才能持续提高企业的核心竞争力。只有提高核心竞争力，才能在技术日新月异、竞争日趋激烈的社会中生存下去。

●客户分析模型

客户分析的花朵模型

我们可以用下面的这幅图，来表示客户及特征、客户需求、客户需求实现过程之间的逻辑关系，如图2-4所示。

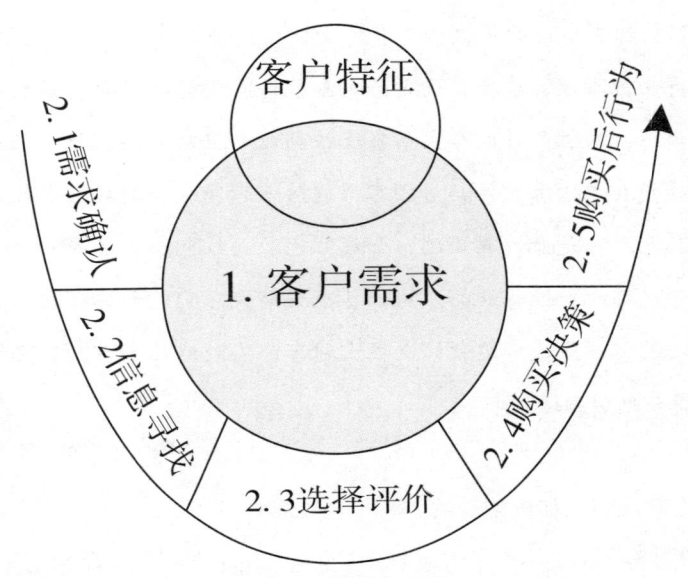

图 2-4　客户分析的花朵模型

这一图形作为一个分析客户的基本框架，包括如下几方面的含义。

1. 从客户特征、客户需求以及客户需求实现过程三个方面进行组合分析。

2. 只有对客户需求有影响的客户特征，才纳入分析。

3. 客户需求实现过程是一个开放的社会化过程：需求确认阶段，除源于自身的匮乏引起外，还会由于外部的影响诱发；购买后行为阶段，通过在社会媒体上发表评论，进一步扩大社会影响。

4. 将客户特征与客户需求实现过程进行组合分析。

5. 将客户需求与客户需求实现过程进行组合分析。客户需求实现过程仅仅围绕客户需求。

这一图形有点类似一支花朵，不妨称为客户分析的花朵模型。

女性专用出租车，为女性安全而生

目前在伊朗、俄罗斯、印度、墨西哥等国家的城市，纷纷推出一种女性专用出租车，也是基于女性特征和需求所做的商业模式的差异化设计。

女性专用出租车公司的司机，全部是女性，30 岁以上、5~7 年驾驶经验，必须热情，懂得女性心理，最重要的是她们要能与人沟通，还要会讲故事。女司机都接受医疗训练，粉红色计程车上备有女性药物与卫生用品，让女顾客觉得很贴心。她们只接受女性顾客预约，男顾客只能陪女顾客，拒绝男扮女装者。车辆都漆成统一的颜色，都是女性喜欢的，如酒红色、粉红色，车厢内一尘不染，而且车里播放的音乐都是女性喜欢的。她们甚至帮助乘客购物和接送孩子。这种女性出租车大受欢迎，一些城市运营的女性出租车都达到好几百台，甚至还建立了专门的女性出租车电台频道。

我们来看看他们是如何创新的。

作为女性乘客，乘坐出租车的基本需求也包括叫车方便（有需要时能及时有车出现）、司机服务态度、价格、安全、卫生。就乘车安全而言，通常是指不要发生交通事故。可是，这些国家几乎都面临比较严重的治安问题，女性单独乘坐出租车时，不仅仅是担心交通安全，她们更担心来自出租车男性司机的劫财劫色甚至生命威胁。

正是基于女性特征和需求所做的运营创新，使这些公司抓住了这一细分市场，并取得了良好的经营业绩，如表 2-8 所示。

表 2-8 女性乘客特征与需求的组合分析

	叫车方便	服务态度	安全	价格、卫生
女性心理需要（安全）	成立专门的女性出租车呼叫中心	对司机服务态度、方式进行重点培训	司机全部为女性；司机经过严格选择	
女性生理特征		车上备用女性生理所需卫生巾等；对司机进行基本医疗培训		
女性审美观				车辆外观刷成女性喜欢的颜色；播放女性喜欢的音乐
女性生活习惯		帮助单亲女性接送小孩等		干净整洁；司机不抽烟

也许是看到这些企业的成功，深圳也引入了粉红色女性专用出租车。

2016年，一家名叫LadyCar的女性专用出租车公司在深圳成立，面向女性提供专车服务。面对女性雨中出行的尴尬、孕期的不便、生理期的郁闷、晚间出行的担忧等，提供雨具、姨妈巾、婴儿座、充电宝、一次性化妆包、小零食等服务。公司司机为三年以上驾龄、身高170cm以上，男女不限。

很显然，深圳这家公司东施效颦地引入此种服务时，并没有真正理解该服务的核心。首先，女性专用出租车出现的诱因是当地治安条件的恶化，女性单独出行面临人身安全，所以这些公司结合女性的其他一些特征和需求，开发出符合女性要求的运营管理模式。而在深圳，由于目前遍布全市的各种监控摄像头，治安条件已经相当不错，女性出行其实很少担心人身安全问题（只要不坐黑车，正规的出租车极少出现安全问题）。所以面向女性的专用出租车，就是在客户定位上自我设限，针对客户并不非常迫切的需求进行差异化经营，无疑只会增加公司的运营成本。而且，该公司很有可能就没有深入去思考如何结合客户特征、需求及客户需求实现方式来设计其管理模式，否则，就不会招聘男司机。试想一下，当司机为男性时，女性乘客能安心地换卫生巾或给婴儿喂奶吗？抽烟的男性司机遗留在车上的烟味，女性乘客能忍受吗？

对客户分析不足、运营管理模式的互相冲突，使我对这种业务的发展前景非常看淡。

●客户分析模型与企业价值创造过程的组合分析

将企业价值创造过程，与客户（特征）、需求及客户需求实现过程紧密联系在一起进行组合分析，是企业管理创新的基础。这种对应逻辑关系，如图2-5所示。

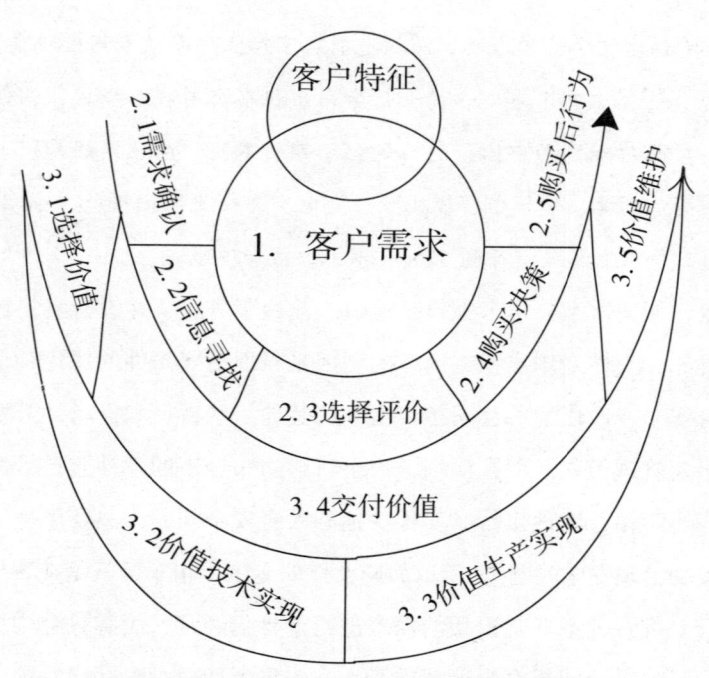

图 2-5　企业为客户创造价值的花朵模型

上图揭示了企业为客户创造价值的过程与客户之间的对应关系，这一图例揭示的关系如下。

第一，选择价值。即为谁提供何种价值。是基于对客户（特征）、客户需求以及客户实现需求过程的组合分析，而做出的价值选择，是市场管理过程。

选择价值包括五个阶段：评估环境、分析客户、行业/市场细分、内部资源分析、选择价值定位。

客户细分不能仅依据客户特征和需求，必须考虑客户需求实现过程，并将三者进行组合分析。

在分析客户的基础（客户花朵模型）上，基于公司的能力而选择目标客户以及为目标客户提供的价值定位（目标价值）。

选择价值环节有两个重要输出项：为谁提供价值（客户定位）、提供何种价值（产品/服务定位）；分别为营销和销售价值、价值技术实现提供输入。

第二，价值技术实现。基于选择价值的结果而开展的研发过程，以及将目标价值（产品／服务）技术实现的过程（转变为可批量生产的产品）。此过程和选择价值（MM，市场管理）、价值生产实现（ISC，集成供应链管理）、交付价值（CRM，客户关系管理）、价值维护（CS，售后服务过程）紧密相连。

价值技术实现包括集成产品开发（概念、计划、开发与测试、验证与发布、产品生命周期管理几个阶段）和技术开发。

价值技术实现（研发）与交付价值，即营销和销售价值（CRM）的关系：CRM对客户需求的进一步调研为产品研发提供补充输入，实现产品试销测试；技术实现的成果（产品／服务）为CRM提供可销售对象。

研发与价值生产实现（ISC）的关系：ISC提前寻找和认证供应商，及时完成研发物料采购，缩短产品研发周期；同时，研发过程中应考虑产品的可制造性和易维护性。

第三，价值生产实现。价值的生产实现过程是根据CRM所获取的订单，将已经技术实现的产品进行批量生产（从原材料到成品），转变为可批量交付客户的产品。

这一环节包括需求与计划管理、采购、生产、配送、退货[①]；

CRM关于市场需求的预测和实际订单，是ISC环节生产计划的基础和输入；

ISC要保障产品的质量和易维护性；

ISC为CS提供维修物料。

第四，交付价值。即营销和销售价值的过程，承接公司价值选择结果，在这一环节完成向目标客户交付目标价值（公司产品／服务）。

这一环节包括推广管理、关系管理、销售执行、销售管理；

市场管理（价值选择）环节对目标客户的选择定位是该阶段的基础输入；

客户（特征）、需求以及需求实现过程，是CRM必须研究和关注的焦点；围绕这三者制定有关的宣传广告、客户互动、渠道策略、营销计划等，引导客户购

---

① 按照国际供应链协会开发的SCOR模型（适合于不同工业领域的供应链运作参考模型），供应链管理涵盖五大领域，即计划、采购、生产、配送、退货。

买并交付公司提供的价值（产品/服务）;

CRM 环节通过介入产品研发过程（价值技术实现），进一步补充修正目标价值（完善有关产品/服务的需求定位）;

CRM 阶段的输出为 ISC 和 CS 环节的重要输入，在 CRM 阶段对客户的各种承诺，应在公司能力范围内（很多企业销售人员为了完成销售任务而对客户胡乱承诺，结果给生产、售后服务造成巨大的麻烦）。

第五，价值维护。即客户服务，保障公司为目标客户提供的目标价值能真正满足客户需求。

这一环节包括服务策略、问题管理（反馈、建议及投诉）、备件管理、安装维修管理等；

收集管理客户反馈、建议及投诉，为产品改进（IPD、ISC）提供参考；

收集客户意见，反馈给 CRM，改进公司营销过程。

在实际分析时，还可以借助如表 2-9 所示的分析模板。

表 2-9 客户组合分析框架

业务过程 \ 客户分析		客户/特征	客户需求	客户实现其需求的过程				
				需求确认	信息寻找	选择评价	购买决策	购买后行为
选择价值	客户细分							
	市场细分/目标							
	价值定位							
价值技术实现	概念							
	计划							
	开发与验证							
	测试与发布							
	产品生命周期							

续表

客户分析＼业务过程		客户/特征	客户需求	客户实现其需求的过程				
				需求确认	信息寻找	选择评价	购买决策	购买后行为
价值生产实现	供应需求管理							
	原材料采购							
	制造							
	计划与订单执行							
交付价值	推广管理							
	关系管理							
	销售执行							
	销售管理							
维护价值	服务策略							
	问题管理							
	备件管理							
	安装维修管理							

以上是一个制造行业的通用分析模型。当然，不同产业、不同企业，该模型都有所不同，会跳过某些环节，这需要企业进行具体的分析和差异化设计。在互联网＋时代客户发生巨大变化的情况下，这种结合客户的分析，并应用于公司组织、流程、营销、供应链等管理变革创新时，往往能给企业带来独特的竞争力。

第 4 节　客户的变化趋势引领企业管理创新趋势

任正非指出，面向客户是基础，面向未来是方向。如果不面向客户，我们就没有存在的基础；如果不面向未来，我们就没有牵引，就会沉淀、落后。在我看来，面向未来，首先是看客户未来的变化趋势。洞察这种趋势，并主动引领公司开展管理创新，是公司决胜未来的基础。

客户的趋势是什么？如何理解客户的这种变化趋势？

在互联网+为代表的新兴技术（如移动信息化、物联网、电子商务、社交网络、云计算等）影响下，客户已经完全开启和适应了数字化生活趋势，它们严重影响了客户的需求以及需求实现过程。这种变化趋势是如此的广泛和深刻，正引领着各行各业的优秀企业展开新一轮管理变革！

●互联网+时代客户数字化特征

最近 10 多年，互联网+相关基础设施（宽带网络、移动终端、物联网等）的普及，移动信息化、社交网络、电子商务、大数据等有关技术和应用的广泛发展，正深刻改变着人们的生活方式，使客户特征呈现新的变化趋势。

消费者的数字化特征

1. 全民触网，移动生活。

根据互联网络信息中心所做的统计调查，截至 2016 年 12 月，我国网民规模达 7.31 亿，93% 的网民年龄在 10~60 岁；而且网民男女比例为 52.4∶47.6，与我国人口性别比例（男女比例 51.2∶48.8[①]）非常接近。

网民总数的 95.1% 同时为手机网民，使用移动终端上网，不受时空限制，随时随地利用碎片化时间上网。移动互联网的快速发展，推动了消费模式共享化、设备智能化和场景多元化。网民平均上网时间每天 226 分钟，已经直逼观看电视时间[②]。

2. 电子商务的迅猛发展，消除了客户地域分布的鸿沟。

过去由于客户地域分散分布的特征，很多大企业都会设置不同的地域营销机构，或者寻找各省级、地区级和县级代理商；很多中小企业，由于品牌、资金实力的制约，很难建立全国性的销售渠道，面向的客户范围受限。

电子商务和第三方物流的迅猛发展，使网络购物已成为一种趋势；甚至在很多偏远的农村地区，也可以足不出户利用手机终端完成网络购物过程。根据商务部发布的数据，2016 年中国电子商务交易额 26.1 万亿元[③]，同比增长 19.8%；中国网络零售交易总额达 5.16 万亿元，同比增长 26.2%，在社会消费品零售总额（33.23 万亿元）中所占比重为 12.6%。

3. 客户因网络聚合，单个客户也具有群体特征。

根据《中国青年创业现状报告》[④]针对 "2016 年中国网络消费参考因素" 的调查显示，网上评论（口碑）、朋友或熟人推荐已经成为影响消费者购买的最重要因

[①] 根据国家统计局 2015 年 2 月 27 日发布的数据。
[②] 根据一项调查，2011~2015 年电视观众规模呈现逐年下降趋势，平均每年以大约 2% 的速度流失，2015 年为 62.3%。收看时间也逐步减少，2015 年观众收看时间为 156 分钟（忠实观众每天收看时间 251 分钟），比 2012 年减少了 12 分钟。
[③] 包括 B2B 业务，作者注。
[④] 来自人力资源和社会保障劳动科学研究所做的调查报告。

素，分别占 40.6% 和 17.9%，如图 2-6 所示。

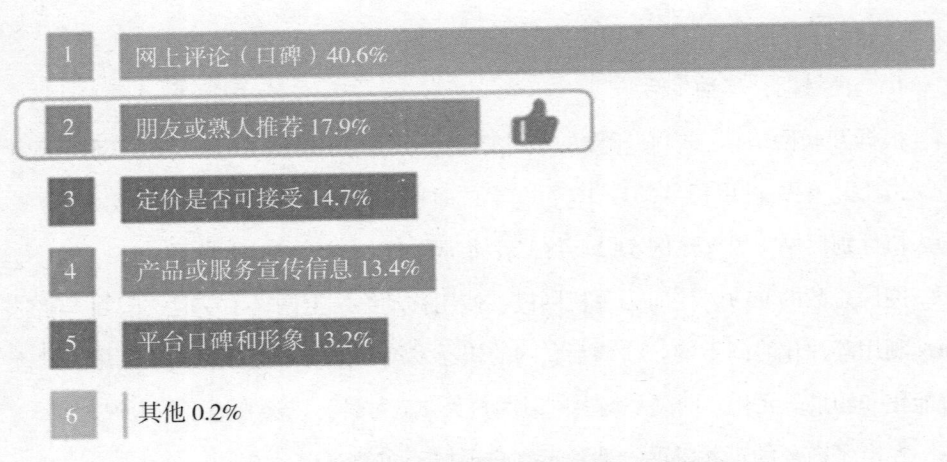

1	网上评论（口碑）40.6%
2	朋友或熟人推荐 17.9%
3	定价是否可接受 14.7%
4	产品或服务宣传信息 13.4%
5	平台口碑和形象 13.2%
6	其他 0.2%

图 2-6　2016 年中国网络消费参考因素排名

互联网，尤其是移动互联网彻底改变了人们的社交方式，过去因地域分散而被隔离的消费者，正因共同的兴趣、爱好、价值观、审美趣味、人格认同、体验共享等，借助于互联网聚合在一起。他们在购物前查看别人的评论分享并做出比较，购物后又进一步发表评论来影响他人。个体行为聚合为群体行为，单个客户也具有群体的特征。单个客户对其产品/服务的不满，会迅速发酵和传播，影响到整个网络社群。

企业客户的数字化特征

很多企业面向的客户为机构客户（包括企业、事业单位和政府机构等），在互联网+时代，企业客户的数字化特征也有显著变化。

根据中国互联网络中心的调查，截至 2016 年 12 月，全国使用计算机办公的企业比例为 99.0%，使用互联网办公的企业比例为 95.6%。通过固定宽带接入方式使用互联网的企业比例为 93.7%，通过移动宽带接入互联网的企业比例为 32.3%。在接入互联网的企业中，有 91.9% 在过去一年中使用过互联网发送或接收电子邮件，其中 63.7% 的企业建有企业邮箱。此外，分别有 77.0%、73.3% 和 63.6% 的上网企业通过互联网了解商品或服务信息、发布信息或即时消息、从政府机构获取信息。截至 2016 年 12 月，60.0% 的上网企业部署了信息化系统，相比 2015 年提高了 13.4%；其中分别有 50.4%、28.2% 和 25.9% 的企业建有办公自动化系统（OA）、企业资源计划系统（ERP）和客户关系管理系统（CRM）；全国开展在线采购的企业比例为 45.6%。

得益于互联网金融、云服务等新兴企业级服务市场的发展，服务于企业采购的电子商务平台正在向集信息流、资金流、物流于一体的综合性供应链协同服务平台转型，企业在线采购流程更加便捷、安全。

客户的数字化生活趋势

互联网 + 已经深刻改变了客户的生存和生活方式，日常生活中的很多内容，已经通过网络实现或需要借助于网络实现。我们可以为客户描绘一个数字化生活图谱，如图 2-7 所示。

理解企业客户和个人客户的这种数字化特征，是我们分析客户以及基于客户来开展管理创新的重要前提。

● **互联网 + 时代客户需求变化趋势**

谷歌执行总裁埃里克·施密特（Eric Schmidt）于 2015 年在瑞士达沃斯参加世界经济论坛时指出，传统互联网将会消失，生活中的所有东西都将可联网。一个高度个性化、互动化和非常有趣的世界正在浮现出来。互联网 + 对各行业的客户需求均有深远影响。

图 2-7 客户数字化生活趋势

互联网 + 引发的客户需求变迁

由于互联网尤其是移动互联网的便利性、不受时空限制的特点，随着它的普及，正深刻改造着客户需求，很多传统行业都将受到严重冲击乃至消失。客户需求的变迁按其受到互联网冲击的严重程度分为四类。

传统需求完全消失，被互联网＋提供的需求替代。例如，过去的纸质邮寄信件、明信片、贺卡，已经完全被微信、QQ 等即时通信工具替代。

传统需求逐步萎缩，由线下转移到线上。主要是资讯类行业的客户需求，例如对报纸、杂志的购买需求，对图书馆资料查阅、纸质地图购买及查询需求等，正迅速被网络新闻、网络文学、网络搜索、移动导航等替代；2013 年百度广告收入超过央视，也间接说明客户通过网络在线媒体获取资讯已经超过传统媒体。

客户基本需求未变，但行业被互联网＋改造升级，或者以另一种方式出现。包括餐饮、医疗、机票/火车票、旅游（酒店景点等）、服装等诸多行业。此外，互联网＋还使一些传统需求发生改变，以另一种方式出现，如共享单车的普及，使客户购买单车的需求锐减，而转化为随时随地使用共享单车；这使单车制造企业的客户对象由无数个人转为面向几个寡头，对其研发、营销、生产等构成的冲击是巨大的。

因互联网＋而诱发新的客户需求。众多传统行业由于客户的变化、竞争的压力而迫切需要借助互联网＋有关技术，来实施企业内部管理变革创新，这造成对云计算、移动互联网、物联网、大数据、3D 打印等新兴产业巨大的应用需求。这类需求，催生了很多眼光独到的新兴企业。

利用大数据、LBS 等技术，使客户需求更易被识别、记录、跟踪和满足

在过去，客户交易数据仅被企业零星记录，被分散和分割，很难聚合并产生经济效益。现在由于人们对移动终端的依赖，其衣食住行以及其他踪迹都被记录下来储存在服务器上，形成涵盖客户方方面面的海量数据，对这些数据进行有效的分析，几乎可以为每个客户的习惯、需求形成一个比较精确的画像。通过数据分析后对客户的归类，可以发现很多过去被忽视的需求，以及对这些客户采取精准营销策略。

例如，我们浏览过哪些网页，一些网站记录后，会根据我们的兴趣来发送与此有关的广告；美团外卖、大众点评等，通过查找附近的供应商，可以更好地为客户提供相关服务。

个性化需求的满足，成为可能和必须

进行企业战略分析时一项非常重要的工作便是客户细分与选择。过去由于地域及线下完成交易的限制，使很多小众需求由于没有足够的规模支持，企业在成本上不划算而主动放弃了这些客户。但互联网+的发展，尤其是网上订货、敏捷制造、第三方物流消除了这种成本障碍，使这类客户的需求满足成为可能；而且根据长尾理论可知，这类客户需求聚合后是一项巨大的生意，成为企业不可忽视的力量。

比如，红领集团为客户网上定制西服、上门量体并将有关数据录入订单管理系统，然后通过 MES（Manufacturing Execution System，制造企业生产执行系统）实现敏捷制造，利用互联网实现了西服一对一的个性化定制和服务。

● 互联网+时代客户需求实现过程的变化趋势

客户需求实现过程的变化趋势

总体而言，客户需求实现过程呈现如下变化趋势。

主动查找和获取商品/服务信息。 通过搜索引擎寻找信息、网上比价（如"我查查"[①]），极大地改变了过去那种信息不对称现象，使商家的价格彻底透明，消费者完全掌握了主动权。只有顺应消费者的这种行为趋势，制订合理的定价策

[①] "我查查"是一款基于图形传感器和移动互联网的商品条形码比价的生活实用类手机应用，下载用户超过 9 600 万次。对准商品条码或二维码进行扫描，手机上便立刻显示出该商品名片、生产厂家、产品有关信息，以及该商品在各大商场、网站的销售价格。

略，才有可能赢得消费者的青睐。

他人的评价已经成为极其重要的购买依据；购买后发表评论和朋友群分享，已经成为很多人的习惯。这种社会化的购物体验、商品评价与分享，聚合和放大了客户个体，使商家的每次销售过程都不仅仅是面向一个客户，而是一个群体。一个客户的不满意，就可能通过网络迅速放大，使企业信誉受损。而客户对商品的评价，已经成为企业产品/服务优化的重要来源。戴夫·埃文斯和乔·科瑟尔提出的社会化反馈周期[1]反映了这一变化趋势：客户通过数字化的口碑（社会化媒体）连接到社会化网络，从预期到试用、评级再到分享实际体验的循环，已经成为几乎每个购买或者转化过程的一部分；人们转向其他消费者，寻求所需的信息以做出明智选择。这种对信息、其他人意见和经验的收集、访问和了解，以及购物后进行评级、评论和发表自身体验，使得客户购买过程更像一种社会化体验过程。它将客户聚合成一个群体，形成交互影响。

线上线下的结合，共同完成客户需求实现过程。客户需求实现过程的五个阶段，每个阶段线上线下的有机结合，使客户有了更好的体验。

客户需求实现过程的趋势对比

在互联网+时代，客户需求实现过程的行为方式已经发生了巨大的变化。我们可以通过下表的对比来分析，如表2-10所示。

表2-10 客户需求实现过程的变迁

	过去的行为方式	现今及未来趋势
需求确认	可能是看到有关电视/报纸/宣传等广告产生购买欲望 商场促销活动等	可能是受网络广告/微信朋友圈/朋友博客等的刺激、推荐而产生需求

---

[1]《社会化客户体验——用社交媒体吸引和留住客户》，戴夫·埃文斯、乔·科瑟尔著，机械工业出版社，2015年。

续表

	过去的行为方式	现今及未来趋势
信息寻找	通过报纸/杂志/电视广告、路牌广告、超市陈列、宣传单等，获取有关供应信息 向朋友打听有关信息	通过搜索引擎来主动寻找有关信息 通过查看电商平台上其他客户的评价信息 通过微博/微信等朋友圈转发的企业促销信息、团购信息等 通过大众点评网、美团、去哪儿网之类的网站，搜索附近有关供应信息
选择评价	对各种收集到的方案进行评估 可能是公司内组织专家评估或领导批准 可能是家庭内部讨论 或者是个人大致判断	通过"我查查""比价网"、微信扫一扫功能、团购信息、网络搜索后信息对比等方式，对各种候选方案进行对比评估（更加方便明了） 其他人对该商品的评价已经成为最重要的参考之一
购买决策	到商场/超市/专卖店购买 使用纸质优惠券 支付现金或刷银行卡 自己取回商品或超市送货	参加网上团购或发起网上团购 在网上直接完成购物过程，或收藏后在促销活动时购买 除现金支付外，还可能通过微信、支付宝、银联等支付；通过手机使用电子优惠券 第三方物流送货上门
购买后行为	购买后使用、维修维护、淘汰等 需要维修时通过维修手册或售后服务手册上的客服电话找厂家维护 与公司没有其他更多联系	在有关购物网站或社交网络上发表有关该产品和服务的评价 分享到微博、微信朋友圈，形成广告效应 通过扫描产品上的二维码，获取有关产品使用、维修维护知识，和有关客服人员建立在线联系和沟通 通过扫描产品二维码、关注公司公众号接收有关产品服务优惠信息、公司新闻，或参与互动

客户在其需求实现过程的行为方式、活动内容发生了巨大变化，过去都是在线下完成的各种活动、行为，现在越来越多地在线上进行，或者线上线下进行互动。

●客户导向的管理创新——美国无线T恤公司

服装行业是一个传统的竞争激烈的红海，无数企业为了赚取微薄的利润而苦苦挣扎。互联网+有关技术的发展，在改变客户的同时，为行业内企业创新提供了基础。美国无线T恤公司（Threadless）在洞察客户基础上，重构了企业为客户创造价值的过程，迅速崛起！

美国无线T恤公司创立于2000年，公司建了一个网站，每周都在网上举行设计竞赛，会员将自己设计的T恤图案上传陈列，并让浏览者按5分制打分。每件作品下方可直接预下订单（尺寸可选择），平均每件T恤售价20美元。网站每周发布约800个会员设计的新方案，每周都会收到75万条左右的评分。评选结束后，公司根据得分排名挑选出4~6件最优作品，作为这一周公司外包生产T恤的图案，并接受网上预订；只有预订单达到一定数量才会被投入生产。最优作品的设计师每人将获得2 500美元的现金和奖品，名字也将出现在T恤的标签上。无线公司最后做的只是按照顾客填写的地址，将产品及时送出去。这实现了一个三赢局面：设计者的创意得到发挥，消费者有更多选择，而无线T恤省下了雇用设计师的费用。

目前，Threadless已经成为为50多万T恤爱好者群体提供服务的平台，并以不断扩大的规模带来更大的影响力。网站上共有多达94 000个由客户设计的不同T恤方案。迄今为止还没有一款Threadless的T恤是失败的，每件最后投入生产的T恤都被抢购一空；公司连续多年年营业收入增长率超过100%，利润率30%以上。

与传统服装企业相比，美国无线T恤公司对其基本价值创造活动过程进行了重构，如表2-11所示。

表2-11 无线T恤公司与传统企业价值创造过程的对比分析

	选择价值	价值技术实现	价值生产实现	交付价值	价值维护
传统企业	各有差异	自己招聘设计师设计服装	自行生产或委外生产	自行开展线下线上的营销与销售	售后服务基本上只涉及质量问题的退换货等
无线T恤	为年轻人提供休闲服装（T恤）	社会化设计（众包）	委外生产	线上线下与客户互动沟通，社会化营销；在线销售	售后的互动与奖励

无线T恤公司在差异化地选择价值后，只掌控了几项关键的价值活动（社会化设计、社会化营销、在线销售），将其他活动全部外包。同时对其掌控的每一个价值创造活动过程，都根据客户社交化特征进行了精心设计。

1. 选择价值。

目标客户：年轻人（大多为10多岁到30多岁）。将年轻人的心理特征（追求个性化、表达自我）、行为特征（喜欢上网及网络社交）等结合起来。

目标价值：休闲服装（T恤）及其带来的体验。与西装、衬衣、西裤等正装相比，T恤单价低，需求量大，更容易展现个性化；图案设计多样，更能彰显个人风格。

2. 社会化设计。

在价值的技术实现阶段，公司通过众包的方式实行社会化设计，并结合客户作为设计者的特征和需求以及需求实现过程（设计过程）的组合，开展相关价值活动创新。作为设计者，他们的需求和需求实现过程与单纯的购买者是不一样的，如表2-12所示。

表 2-12　无线 T 恤公司的社会化设计价值创新

		客户特征	社会化设计价值活动创新
		年轻人、体形多样、个性化追求、喜欢社交、很多非专业设计人士	
需求	休闲服装	有彰显个性意愿；喜欢和别人交流对某款服装的看法；喜欢自己设计自己喜欢的 T 恤	让客户自己参与 T 恤的设计和选择
客户需求实现过程	需求确认	<u>想自己设计一件 T 恤</u>	固定每周设计比赛诱发客户设计需求（短周期有结果）
	信息寻找	能方便地看到各种款式；能看到他人的评价供参考 <u>掌握如何进行设计的有关知识；和他人交流设计创意和方案</u>	可看到各种款式下面的他人评分 根据他人意见改进设计方案并与其交流 线上线下的设计技能培训；提供 HMTL 设计代码；可在网站写博客、交流设计问题；会员可方便地上传自己设计的方案
	选择评价	能方便地对自己喜欢的款式评分 能和他人交流对某种款式的看法 <u>自己的改进意见能被采纳</u> <u>能发动亲友对自己设计的方案进行投票</u> <u>尽可能让自己的方案被选中</u>	可对他人作品进行评分 鼓励将自己的作品链接到社交网络邀请亲友评分（拉选票并扩大销售） 设计者可以和自己的粉丝交流，收集改进意见
	购买决策	<u>自己设计的方案能被选中</u>	选择得票最高的款式
	购买后行为	<u>自己作品被选中的激励</u>	作品被选中者有奖金 T 恤标签印上作者名字

备注：
（1）黑体字部分为客户（特征）、需求以及需求实现过程组合分析后，得到的客户过程需求。
（2）灰色背景部分（楷体字）为公司基于客户组合分析后的价值创新活动。
（3）带下划线部分表示对应客户身份特征为 T 恤设计者；无下划线部分表示对应客户身份特征为购买者。

3. 交付价值（营销和销售价值）和价值维护（售后服务）。

在交付价值环节（从需求确认到购买决策），通过社会化推广、客户线上线下的互动沟通管理、社会化营销创新活动等方式，促进公司销售的连锁滚动发展，而这些竟然建立在公司没有销售人员的基础上。

在价值维护阶段（购买后行为），通过鼓励客户社会化分享带来进一步的扩散。

这两个环节的创新过程，如表 2-13 所示。

表 2-13　无线 T 恤公司的交付价值和价值维护创新

		客户特征	交付价值环节创新 （推广、关系管理、销售执行与管理）
		年轻人、体形多样、个性化追求、喜欢社交、很多非专业设计人士	
需求	休闲服装	想要购买一件价格适中、自己喜欢的 T 恤	采取社会化设计和社会化销售 T 恤
客户需求实现过程	需求确认	能方便地看到各种款式	浏览网站的他人评价可诱发客户购买 朋友转发过来的链接诱发购买需求（可能是朋友设计） 定期通过电子杂志和邮件联系注册客户，诱发客户购买需求 邀请朋友购买自己设计的衣服
	信息寻找	能方便地对自己喜欢的款式评分 能看到他人对某款式的评价并交流 自己的改进意见能被采纳	定期发送邮件和电子杂志 公开的评价与排序 在公司网站、博客上开展有趣的讨论来吸引客户光顾 设计者可以把自己的方案链接方便地发到社交网络上邀请亲友投票和购买
	选择评价	价格合理；款式型号可自选 自己设计的方案能被选中	平均每件 20 美元（实惠） 各作品下面可直接评分和评论，并公开 公布负责人即时联系方式可直接联系 可在网上回复用户的评论 可发链接推荐亲友评分和购买，每次成功会获得奖励（购买者和设计者都可以）
	购买决策	选中商品并购买 能方便地下订单；支付方便	对喜欢的款式可预订 一键购买和支付。在正式方案图标下方可选择直接下单购买 可通过"寻宝"方式在网站寻找优惠券 带有设计者名字的 T 恤更容易被其亲朋好友购买

066

续表

	客户特征 年轻人、体形多样、个性化追求、喜欢社交、很多非专业设计人士	交付价值环节创新 （推广、关系管理、销售执行与管理）
购买后行为	交流穿上衣服后的感觉并发表评论 自己作品被选中后激励自己更大的设计兴趣	客户穿上T恤并自拍照片可上传到相应服装目录；上传照片会给予奖励 鼓励客户购买后拍照上传到社交网络，诱发其朋友圈购买 发送客户订阅的电子杂志 在客户博客上发表有趣评论与客户进行互动

备注同上。

第3章

客户导向的组织结构创新

我们设置机构的目的，就是作战，作战的目的，是取得利润。平台（支撑部门和管理部门，包括片区、地区部及代表处的支撑和管理部门）只是为了满足前线作战部队的需要而设置的，并不是越多越好、越大越好、越全越好。平台的客户就是前方作战部队，作战部队不需要的，就是多余的。谁来呼唤炮火，应该让听得见炮声的人来决策[1]。

——华为总裁　任正非

---

[1] 摘自任正非于2009年1月在销服体系奋斗颁奖大会上的讲话。

第 1 节　客户是如何影响组织结构创新的

腾讯 CEO 马化腾说，在互联网行业，谁能把握行业趋势，最好地满足用户内在的需求，谁就可以得到用户的垂青，这是行业的生存法则。我们必须聚焦用户、顺势而变，从用户需求的角度、从产业发展的角度重新调整我们的组织架构。

那么，是组织决定流程，还是流程决定组织？或者说是先有流程后有组织，还是先有组织后有流程？不同行业为何组织结构差异很大？在实际的咨询与培训过程中，经常有客户问到这类问题。著名管理学家钱德勒指出，战略决定结构，结构紧随战略。在我看来，战略的核心就是企业决定选择为哪些细分客户提供何种产品和服务，既然公司是为客户创造价值，那么在公司战略选择确定后，所服务客户的特征、需求以及需求实现过程，就是公司价值创造过程的瞄准点和着力点，决定着公司能否真正为客户创造价值。因此，这些应该是公司组织和流程的关注焦点以及出发点。所以，既不是组织决定流程，也不是流程决定组织，而是在既定的战略选择下，客户决定了公司的组织和流程。同时，公司为客户创造价值的端到端过程及其支持过程（流程价值链），应该是我们设计组织部门和部门职责的最核心来源。客户的变化趋势为我们组织创新、流程创新指明了方向。

华为总裁任正非也持有类似观点，他指出"我们建立了以客户需求为导向的公司发展目标，为了满足这个需求，后面所有的组织建设都应该是流程化的组织建设，这样才可以快速响应，同时又保持低成本。为了这个目的来进行组织建设，需要什么就保留什么，多余的组织及人员都要裁掉，这样就会高效、低成本"[1]。

华为公司组织结构的确定，就是先理顺主干流程，再根据主干流程确定组织结构。通过全球流程集成，把后方变成系统的支持力量。沿着流程授权、行权、监管，来实现权力的下放，以摆脱中央集权的效率低下、机构臃肿，实现客户需求驱动的流程化组织建设目标[2]。

理查德·L.达夫特提出了一个组织设计相互作用的模型，包括结构性维度和关联性维度。结构性维度描述了一个组织的内部特征，它们为衡量和比较组织提供了基础。关联性维度反映整个组织的特征，包括组织规模、技术、环境和目标等，它们描述了影响和改变组织维度的环境[3]，如图3-1所示。

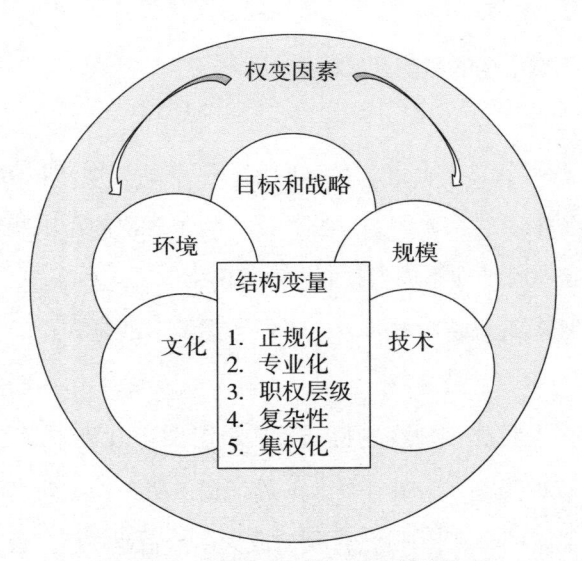

图3-1 与权变因素交互的结构变量

影响组织设计的关联性维度包括环境、目标与战略、技术、规模、文化五个方面；影响组织设计的结构性维度包括正规化、专业化、职权层级、复杂性、集权化五个方面。达夫特所描述的外部环境，包括客户、竞争对手等10

---

[1] 任正非在2004年三季度国内营销工作会议上的讲话。
[2] 华为《谁来呼唤炮火，如何及时提供炮火支援》，2009年。
[3]《组织理论与设计》，理查德·L.达夫特著，王凤彬等译，清华大学出版社，2017年。

项要素。

本书作者认为，在公司战略选择已定的情况下，客户是影响和决定公司组织结构的最关键因素。

●客户如何影响组织结构

客户对组织结构的影响，包括客户的特征、需求以及客户实现其需求的方式三个方面。具体影响的方式，有所差异。

客户特征对组织结构的影响

客户特征，从本质意义上讲，是人们进行客户研究时可以分析的外在表象，它对组织结构的影响，其实是因为这些特征影响了客户的需求或客户实现其需求的方式。否则，这些特征便不成为我们思考的因素。

当前客户特征对组织结构的影响，人们考虑最多的是客户的性别特征和地域特征。

很多服务性企业根据客户性别特征，在组织设计上划分为男宾部、女宾部；一些服务行业设置母婴室，为带有婴儿的母亲提供服务（主要是考虑到母亲为婴儿喂乳担心隐私泄露的心理特征）。性别也成为不少企业在产品设计、营销与服务等方面进行差异化细分的基础，例如朵唯女性手机，专门为女性提供产品并进行差异化的服务管理设计，其组织结构和一般手机企业存在巨大差异。

根据客户所在不同地域，企业通常将其市场范围划分为不同的片区，分别设置不同的销售机构（例如很多公司将国内市场设置为华北区、华东区、华南区等区域）；一些公司甚至将生产基地也设在距离客户最近的地方。基于客户地域差异而进行组织设计，一方面不同地域客户的同类需求会有差异（如麦当劳、肯德基在中国都增加了米饭供应，而在印度提供的产品则带有咖喱味）；另一方面，根据地域来设置组织（营销、生产等），可以更有利于贴近消费者。

客户的数字化生活趋势催生了一些新的部门。现在一些领先的企业，已经开始设置一些专门的网络客户部。这些部门的职责是利用先进的信息技术，从各种网络平台上搜集、整理、分析挖掘所有与公司有关的信息，并及时做出回应。这一部门的设置，主要是由于充分考虑到客户的行为特征（上网搜寻供应信息、发泄自己对某品牌的不满等）。公司通过这一部门，可以及时发现潜在的客户，并对在网上表达不满的客户，通过即时的联系与之互动沟通，将客户的不满消灭于无形而不至于扩散。

类似以上客户特征影响组织设计的例证不胜枚举。

客户需求对组织结构的影响

一般而言，客户的需求包括产品质量、性能、价格、供货期、服务等方面。客户的需求差异，是公司部门设置的重要基础，往往是决定企业设置某部门的"看不见的手"，指引企业在组织结构上做相应的安排。

郭士纳在20世纪90年代初就任国际商业机器公司（IBM）首席执行官，当时很多人认为应该将公司肢解为多个规模更小的公司。郭士纳认定IBM的这种战略有悖于客户的愿望，因而犯了"方向性的错误"。郭士纳认为对于客户而言，相对于要自己动手将从不同的供应商处所采购的软硬件进行组装的做法，他们更希望能够获得已组装集成完毕的成品。于是，他引导IBM开始进行客户导向，成功地将IBM组织结构从产品导向型转变为客户导向型，从而紧跟客户需求牢牢抓住客户。

对于郭士纳而言，当IBM公司完成组织结构变革，并形成前端/后端混合模式的新结构时，成功已然来临。这一新型组织结构的特色是通过客户导向型的强有力"前端"完成产品以及包罗万象的"解决方案"的销售，而原有的IBM公司个人电脑、服务器、软件和技术服务业务单元则成为解决方案销售人员的"后端"供应商，销售人员将负责帮助客户组装完整的计算系统。

客户需求对企业组织结构设计的影响，几乎无处不在。

目前流行的事业部管理，就是由于不同事业部所服务的客户对象不同，不同客户对象需求存在巨大的差异（部分企业基于不同地域设置营销事业部，这是基于客户地域特征所做的组织安排），因客户需求差异而导致公司在产品设计、营销、生产、服务等方面也需要进行差异化的设计安排。

公司的质量管理部，实际上就担当了对产品质量有一定要求的客户在公司的代言人。该部门需要识别客户质量要求、分析公司所有影响到客户质量要求的过程，并拟定控制策略。一个客户导向的组织，除了在机构设置上保证售出的产品质量符合要求外，还应保证能有效收集客户对质量的反馈意见。与此同时，我们会发现，对很多单纯提供服务的企业，则无需设置专门的质量管理部，这主要是因为客户关注的是服务过程的体验，企业可以建立服务标准，却很难在服务过程中进行实时的质量监督。

医院里设置急诊室，是因为有些急诊病人需要得到紧急救助，他们在时间上（也是某种意义上的交货期）比普通病人要求更高。

很多企业常常设立贵宾部或大客户部，这是根据客户的特征和需求（可能是交易金额或交易频率、购买潜力等）交叉组合分析得到的结果，通过这种细分和大客户部的设置，可以更好地调动公司资源，聚焦服务这些高价值客户，提高公司盈利能力。

客户需求实现过程对组织结构的影响

客户实现其需求的过程（需求确认、信息收集、选择评价、购买决策、购买后行为），对公司组织结构的影响，主要是在公司的市场营销与售后服务方面。当客户对某产品的售后服务要求很高时，公司就不得不设立比较庞大的售后服务部门来提供服务，例如家电企业的售后服务部门；相反，对于提供餐饮、旅游服务的企业来说，客户对售后服务的要求不高，企业也不会设立专门的售后服务部门。

餐饮企业一般不设立售后服务部门，而工程设备类企业却不得不建立强大的售后服务部门，这是因为两者客户的需求实现过程存在巨大差异，客户购买工程设备后，因为技术、操作、维护等方面需要更多的专业知识，只有在企业提供相应保障时，客户才会更放心地购买。

由于患者在医院治病时，医生的专业意见对其购买决策行为的影响非常巨大（医生的处方常常决定了患者对医药的选择），所以很多制药企业建立了针对医院和医生的销售机构（其成员被称为医药代表）；而随着国家医药（医院和药店）分离的政策出台，使大量消费者能够自行在药店购买医药，促进了近几年药店的迅速扩张，这也使得很多药品生产企业开始设置专门面向药店的营销组织。

当朵唯公司定位为女性提供手机及服务时，其基于客户购买后行为所提供的一系列服务创新（女性软件库、伊乐园、女性电子杂志、衣帽间、美容顾问、营养家庭），显然需要强大的组织部门和人力来完成这些工作。这些服务的提供和部门的设置，是朵唯差异化竞争力的重要源泉。

当客户数字化生活方式越来越普及时，电子商务、社会化网络营销已经深刻影响了众多的营销与服务组织结构。独立的网络营销部在企业中越来越普遍，同时，由于电子商务、物流的发展，一些企业甚至不再按地域设置营销、服务部门，完全依赖网络销售、第三方配送/退货来提供服务。正是基于客户的数字化生活趋势（电子支付），阿里巴巴所推出的新零售，已经完全颠覆了零售行业的组织管理模式。

很多一流企业的组织结构都在有意或无意中以客户为导向，部分企业的组织结构已经转成"全面客户体验"的模式。他们认为，现在已经不强调"产品竞争"了，或者说客户已经根本不关心具体的产品了，客户只关心你怎么帮助他赚钱。企业必须"从客户的角度出发"，为客户提供创新的盈利模式。

●客户导向的组织创新趋势

互联网+及有关技术，在改造客户的同时，也在深刻地改造着企业组织。阿里研究院总结了在互联网+时代组织变革的趋势特征[1]：

组织结构：云端制。外显结构为云端制，即以后端坚实的、广泛意义上的云平台（管理或服务平台+业务平台）支持前端的灵活创新，并以"内部多个小前端"实现与"外部多种个性化需求"的有效对接。内在结构呈现"动态网状化"。

组织过程：自组织化。凭借爱好、兴趣，快速聚散，展开分享、合作乃至集体行动。

组织边界：开放化。

组织规模：小微化。

个体：专家化与柔性化。专家型员工具有自我驱动、自我管理、自我监督、自我提升的特点。

站在客户角度来看，由于客户的数字化生活趋势（如前面第2章第4节所描述的客户特征、需求以及客户需求实现过程的变化趋势），正引导企业的组织结构朝无边界、开放式、社交化、去中心化、流程导向等方面加速变革。

无边界

无边界组织是由 GE 前董事长杰克·韦尔奇提出来的一个概念并在 GE 推广实施。其初衷是将公司各职能部门的障碍全部拆除，并推倒外部的围墙，让供应商和客户也成为一个单一过程的组成部分，还要推倒那些看不见的种族和性别藩篱[2]。传统企业有四种边界：纵向、横向、外部和地理边界[3]。GE 通过群策群力打破纵向边界，通过推动事业部合作打破横向边界；通过推进与利益相关者的合作打破内外部边界；通过推行全球化和本土化战略打破地理边界；通过再造和重塑、领导人才的培养，来打破心理边界。

---

[1]《互联网+，从 IT 到 DT》，阿里研究院著，机械工业出版社，2015年。
[2]《杰克·韦尔奇自传》，杰克·韦尔奇、约翰·拜恩著，中信出版社，2001年。
[3]《通用商战实录》，罗伯特·史雷特著，机械工业出版社，2000年。该书作者提出了一个测评企业是否为无边界组织的评分标准。

互联网+时代，客户正迅速推动企业无边界组织的变革趋势。主要表现在：

电子商务和网络技术的发展，使中小企业可以自成立开始就直面全球客户，打破了客户的地理边界。

客户对移动终端的使用和依赖，打破了企业与客户交流和交易的时间边界。

客户的社交化习惯、购物评论及分享，模糊了客户作为消费者和传播者（公司营销者）的角色。

客户参与公司产品研发，模糊了公司内外部边界。

客户的这种变化趋势，促使企业必须打破企业与外部的边界，促进企业与客户更高效地沟通、分享和协作。

众包是无边界管理的另一种常见方式。众包物流就是将原来由专职快递员所做的工作交给大众来做。只要你有一部智能手机，一个简单的交通工具，在空闲时间就可以配送货物。生活服务商家在众包物流平台下单后，平台上注册的配送员抢单，或者由平台派单后进行配送，并按单获得酬劳。猪八戒网是国内最大的服务众包平台，企业可以将产品、营销方案设计等服务外包，以降低企业成本。

前面介绍的无线T恤公司，通过吸引客户深入参与到公司产品研发、营销过程，已经彻底打破了公司内部与客户之间的边界。这种新的组织管理模式，既有利于公司降低成本，更可以锁定客户，完全实现客户导向的经营管理。

开放式

红帽公司CEO吉姆·怀特赫斯特将开放式组织定义为"同时纳入了内部和外部积极参与的群体的组织——对机遇的反应速度更快，能通过组织外部的资源和人才开发启发、激励并赋权给各个层级的员工，让大家以可靠的方式共同行动[1]"。红帽公司推动的软件开源是一种典型的开放式管理。

当今信息技术极度发达，信息通过各种社交网络的传播已经远远超过了传统

---

[1]《开放式组织》，吉姆·怀特赫斯特著，机械工业出版社，2016年。

的电视、报纸等媒介，客户获取和传播信息非常迅速，而客户网络聚合效应又进一步放大了这种力量。企业如果不能和客户建立真诚开放的协作关系，则可能使公共关系面临困境。

深圳水务集团在旗下14个水厂举行公众开放日活动，还制定了全年的水厂开放日活动主题，每个月都将给市民带来不一样的活动体验，增强市民对水务集团供水安全保障能力的认识。深圳市民都可通过官方网站或微信公众号预约，凭身份证入场，10岁以下儿童须由大人陪同。目前国内一些牛奶厂也有类似开放日，如光明牛奶、蒙牛牛奶等，在开放日吸引客户来工厂参观、监督有关质量，作为一种与客户的沟通、宣传方式。

小米开放日。小米手机有一段时间被人质疑其销售数据和供货能力，为此公司做了"开放日"活动。邀请数百名业内人士、媒体记者、普通用户，深入代工厂参观了小米手机的生产过程，还在小米物流中心观看用户在小米官网购买小米产品的订单被公司电商系统推送到物流中心后验货、打包的全过程。透明的开放日活动，让深入参与到整个生产、订单和物流环节的人打消了对小米各种"不可思议"的误解，比花大价钱做广告更有成效。举行这些活动后，业界的质疑声越来越少。

社会化/社交化

社会化企业（Social Enterprise），在国内有时也翻译为社交化企业，是指企业借助于社交网络（软件平台），实现公司内部员工之间、公司与客户/供应商等外部相关单位的高效、透明、便捷、互动的沟通与协作方式[1]。

由于目前社交网络无处不在，客户和员工都普遍使用频繁。这种社交网络一

---

[1] 百度百科的定义为：将企业内部社交网络引入到企业管理中，以实现企业内部员工间高效、透明、便捷的沟通与协作的云时代企业。我觉得这个定义不够准确，一些企业采用公共社交平台如微信（微信公众号）、企业微博等实现与员工、客户、供应商等互动沟通，也是一种企业社会化过程。

方面作为信息传播的渠道，另一方面很多社交网络平台也成为企业的销售平台。这种趋势正深入影响着企业的组织变革。例如：

很多企业通过设置专门的部门来管理社交网络平台，以精心编辑的软文在微博/博客、微信公众号、企业门户网站等平台进行发布和传播，并鼓励客户、公司员工参与信息的转发和分享。

不少企业通过建立合理的利润分享机制，吸引和组织微商来开展社会化营销，有力地促进了公司的营业额，同时增加了客户黏性。

一些企业通过构建社交网络作为企业私密的社交平台，来适应这种社交化沟通的需要，例如金蝶的云之家：可以搭建企业内部社交网络，实现从"一点到多点"向"多点对多点"传播方式的转变，打破了传统的传播瓶颈。这种网络协同机制，使得企业员工之间、企业与客户之间、企业与供应商之间，在任何时候都可以选择最合适的设备，以最佳的方式进行沟通。这种信息交互方式，有利于突破时空限制、降低企业沟通成本、提高工作效率，凝聚专业知识工作者和远程同事。

组织社交化发展的结果，进一步促进了组织无边界发展的趋势。

去中心化

组织管理的"去中心化"，是指企业的整套运作体系不再单单以管理者为中心，而是以员工为中心。互联网+时代的到来，使企业的工作方式发生转变，随着组织内"小团队""自组织"的不断涌现，一些领先企业开始探索"去中心化"的组织创新。这种组织变革趋势，是由于客户变化所诱发的。

客户个性化需求更加突出，传统的大规模生产已经难以满足这种个性化需求，强有力的"后台+小前端"是满足客户个性化需求的有效组织方式，如海尔的"自主经营体"、韩都衣舍的"买手小组"、联想让员工做"发动机"而不做"齿轮"等。"小前端"是灵活贴近客户的小组，后台是公司共享资源。

这种因客户驱动的"去中心化"，并不是说企业不要中心，而是形成多个中心，各自面向客户。

案例：深圳图书馆去中心化变革

传统的图书馆一般都位于城市的某个中心位置，或者在城市不同区域的中心位置，以方便客户（市民）去借阅。每个图书馆都是一个中心化的组织，为客户提供服务。然而，由于交通成本、时间成本等加起来可能还超过了购买一本新书的价格，导致读者宁可去买书都不太愿意去图书馆借阅。漂亮辉煌的图书馆、巨大的藏书量、众多的图书馆管理人员，这些都成了政府财政投入后没有产生效益的沉没成本。

2003年下半年，深圳市文化局在全国首次提出建设"图书馆之城"的构想，即把深圳建成为一个没有边界的大图书馆网，以全市已有、在建和将建的图书馆网点和数字网络为基础，联合各图书情报系统，建立覆盖全城、服务全民的文献信息资源共享网络，实现图书馆网点星罗棋布、互通互联、资源共享，为市民提供功能完善、方便快捷的图书馆服务，达到提供丰富资讯、支持终身学习、丰富文化生活的目的。其核心，就是去中心化！

其主要举措便是由政府出资建设遍布全城的城市街区自助图书馆，走进街区，深圳市民可就近借书、还书、申办读者证，享受图书馆预借送书等各项免费服务。截至2016年已经建设了240个网点，覆盖全市98%的街区。

其次，从纸质文献为主的传统图书馆服务转型为现在的复合型图书馆服务，构建了多元化的服务平台，如电子阅览室、门户网站、深圳文献港网站、移动APP、微博、微信等，甚至与粤港澳图书馆检索信息联网。

深圳图书馆去中心化的变革，为客户借书看书还书等提供了极大的便利，有效盘活了沉淀的知识资产，使深圳图书馆得以与时俱进，迸发出新的活力。2016年，仅中心区深圳市图书馆及其下属三个分馆，就接待到馆读者410万人次，文献外借服务量431.6万册次；其中全年使用自助图书馆借、还图书230

万册次（其中借出略小于 100 万册次，占图书外借量 431.6 万册次的 20% 多）[1]，受理预借请求 20.25 万个，成功配送预借图书 19.2 万册次，成功率 94.86%。

水平型结构 / 横向型 / 流程导向

水平结构[2]（The Horizontal Organization）是弗兰克·奥斯特罗夫提出的一种组织模式，是一种按照核心流程来进行组织的方式。在国内有时被译为横向结构[3]，其实国内对该类型结构比较流行的叫法是流程型组织。这种组织结构将员工的注意力转移到客户身上，增进了协调，能极大地提高公司的灵活性和对客户需要的反应能力。

传统职能型结构，难以高效应对外部客户需求。职能部门以完成本部门职能为己任，员工以上级命令为导向，使企业缺乏市场活力——难以及时有效捕捉客户需求，也很难高效、端到端地满足客户需求。

打破职能部门之间的"部门墙"。部门之间存在上下游，支持部门其本质也是内部服务部门，所面向的是内部客户。要更好地为内部客户服务，单纯的职责界定和划分难以满足。

以核心流程（尤其是为客户创造价值的主业务流程）为中心，动态梳理企业各种流程及其关系，围绕如何快速响应市场需求为目标，优化、重组企业流程和调整组织架构，在此基础上建立和完善组织的各项功能，促成信息流和物流等在水平方向和垂直方向的顺畅流动。

这种流程型组织变革的结果，将会推动组织的扁平化发展。

客户数字化生活特征，社交网络对信息的传播，以及客户的个性化需求、网

---

[1] 数据来自深圳图书馆官网。
[2]《水平组织——一种简约有效、最具竞争力的组织模式》，弗兰克·奥斯特罗夫著，陶宇辰译，海南出版社 / 三环出版社，2006 年。
[3]《组织理论与设计》，理查德·L. 达夫特著，王凤彬等译，清华大学出版社，2017 年。

络聚合效应等，使客户获得了强大的力量；与此同时，电子商务又将全球的竞争者放在同一个平台。企业要想生存，就必须适应客户；僵化的职能型结构只会让企业被竞争的大潮淹没。上述种种组织变革趋势，正是客户引领的企业管理创新结果。

第 2 节 美的集团事业部制与中兴通讯准事业部制——是什么导致了两者组织结构的差异[①]

美的集团和中兴通讯都是大型电子企业，都设立有事业部和职能总部，美的集团从 1997 年开始实行事业部制，中兴通讯从 1998 年开始实行准事业部制，尽管只有一字之差，但两者的职责和定位却大相径庭。笔者在这两家企业都工作过，对两者的差异很感兴趣，而且做过专门比较研究。那么，是什么导致了这两家企业不同的组织模式选择？

● 美的集团事业部制

美的集团是国内著名的家电企业，产品范围包括空调、厨具、小家电、电机、空调压缩机、冰箱等家电产品；客户对象是广大的消费者。集团从 1997 年开始实行事业部制，当时按照产品线设立了冷气机事业部、小家电事业部（后来分裂为小家电一部、小家电二部）、电饭煲事业部、电机事业部、工业设计公司、香港公司、压缩机事业部（1998 年收购）等；同时在集团层面设立了多个职能部门：董事局秘书室、总裁办公室、企划投资部、人力资源部、财务部、市场部、资金结算中心、科技与知识产权部、总务部，等等。各事业部都实行独立核算并自负盈

[①] 这部分内容根据本人原创、曾发表在新浪博客的文章整理修改而成。

亏，有独立的人、财、物支配权利，彼此之间关联度不大。其组织结构在1998年底如图3-2所示。

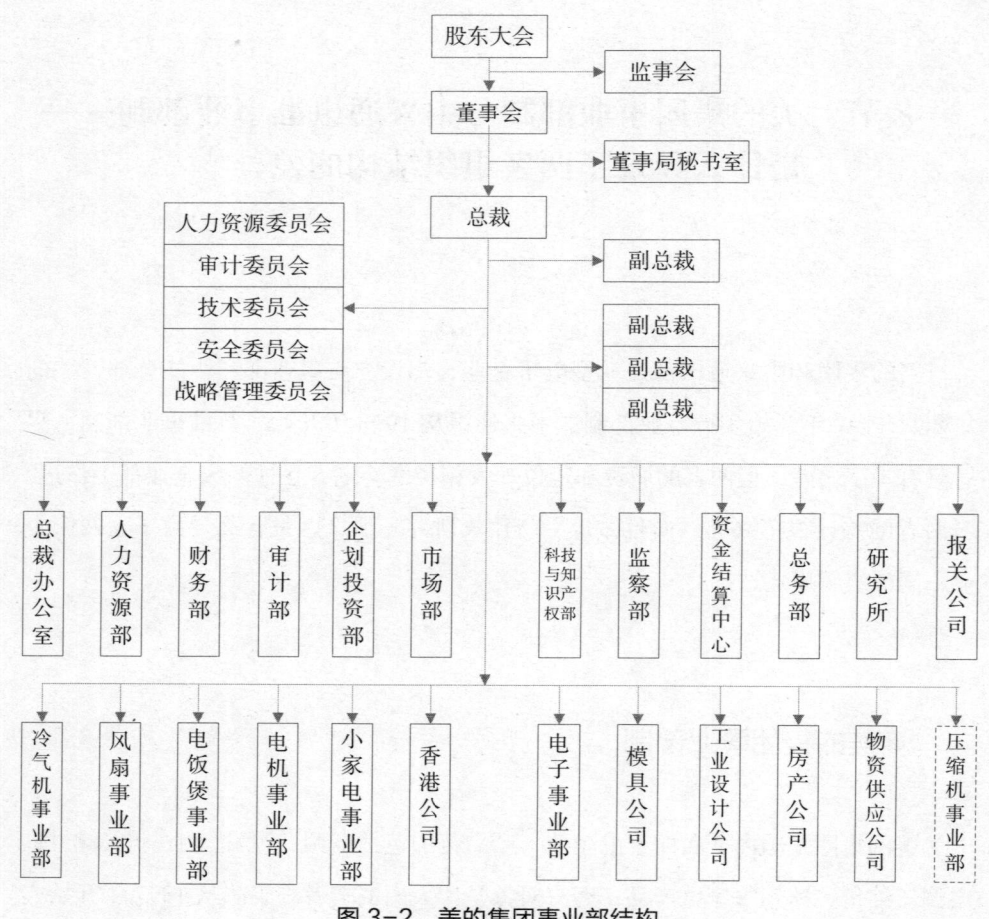

图3-2 美的集团事业部结构

备注：各专业委员会及党、团、工会组织均非专职机构；压缩机事业部为1998年刚收购。

●中兴通讯准事业部制

中兴通讯是国内著名的通信设备制造企业，产品涵盖无线产品（CDMA、

GSM、3G、WiMAX 等)、网络产品 (xDSL、NGN、光通信等)、数据产品 (路由器、以太网交换机等) 和手机终端 (CDMA、GSM、小灵通、3G 等) 四大产品领域;面向的客户是国内外电信运营商 (当时手机也是由电信运营商定制)。中兴通讯在 1998 年开始推行准事业部制,公司按照产品线设立了网络事业部、移动事业部、本部事业部、CDMA 事业部、手机事业部、康讯公司 (采购与物流平台);同时按照不同客户设立了几个营销事业部,包括第一营销事业部、第二营销事业部、第三营销事业部 (后来又增加了两个营销事业部)。在总部设立了六大职能中心:质企中心、IT 中心、市场中心、人事中心、财务中心、总裁办。各事业部都是虚拟的利润中心,没有独立的财权和人事权。1998 年设立的组织结构如图 3-3 所示。

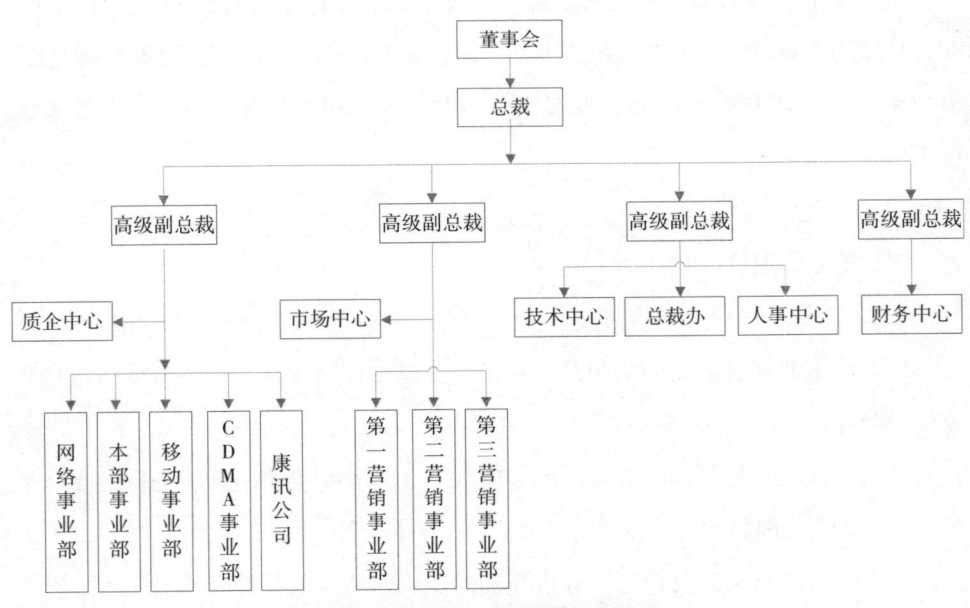

图 3-3 中兴通讯准事业部结构

质企中心下设质量部、企管部、计划部、IT 部、可靠性部等。

市场中心下设集成部、信息部、宣传部、培训部 (对客户的培训)、工程部和客户部。

技术中心下设技术部、研究部、××研究所等。

总裁办下设法律部、基建部、招标部、行政部等。

人事中心下设招聘部、培训部、薪酬部。

财务中心下设产品会计部（负责产品事业部的核算）、营销会计部（负责营销事业部的核算）、国内融资部（负责货款回收）、国际融资部（负责货款回收）、证券部、综合部，等等。

●美的集团与中兴通讯组织比较分析

从名字上，中兴通讯的准事业部制只比美的集团的事业部制多了一个"准"字；从架构上看，两者似乎也相差不大。但实际上，两个公司在总部各职能中心、事业部的职能之间相差甚大，表现在人、财、物的权力分配上以及一些重要流程中。

总部的职能定位

1. 采用事业部制的美的集团总部对各事业部的控制较弱，主要是战略管理和监控功能。

集团经营战略管理部负责集团的战略规划、对各事业部的投资进行指导和平衡，以及集团层面新的对外投资。

总部的人力资源部负责考核各事业部的经营业绩，以及集团总部的人力资源管理。

财务部负责事业部报表汇总；证券部负责投资者关系和信息发布。

总体而言，美的集团总部的职能较弱，对各事业部的影响相对有限。

2. 采用准事业部制的中兴通讯，具有强大的职能总部。总部控制财务管理权、人事规划权、战略规划权；重大决策由集团总部执行委员会做出，日常运作由事业部自己负责，集团总部对事业部按照虚拟公司进行单独考核。总部的职能定位如下。

公司政策制定：制定公司战略发展规划，制定公司市场、销售、研发、生产、人事、财务等政策，公司制度体系、企业标准体系的建立和管理。

财务方面：总部实行财务统一，对外只有一个账户，事业部财务部门由总部实行统一管理（产品会计部和营销会计部）。总部有投资管理办法和预算制度，有统一的财务管理及接口制度。对外投资权和超过一定数额的支出审批权由总部掌握，总部决定预算的审批、修改和调整。各事业部财务总监由公司总部财务中心派驻，业务、人事归属、考核、奖惩受总部财务中心领导。

公司研发管理：负责公司技术管理和中长期技术规划。

人力资源管理：事业部总经理由总部任命；事业部副总经理、部门经理、副经理由事业部提名，总部任命和备案。部门经理以上干部培训由总部负责，其他管理干部和技术培训由事业部负责。薪酬制度由总部统一制定，浮动工资部分由事业部负责。

公司信息化建设：负责公司信息化建设规划，建立公司公共信息平台，提供决策支持手段。

事业部职能

1. 美的集团的各事业部都有自己独立的研发、生产、采购、销售、财务、人力资源等体系，基本上是个可以独立运作的公司。

事业部自己负责采购物料、自己生产和销售。

自己有独立的人事权力（高层的任免由事业部的董事会负责）。

各自编制独立的财务报告（总部汇总）。

事业部的职能部门和集团的相应职能部门之间会有定期的信息沟通（主要是向集团上报有关资料）。

2. 中兴通讯各产品事业部只负责产品研发（一些战略产品由公司遍布全球的

研究院研发）和生产，从本质上讲，几乎就像一个研发部加生产车间。各产品事业部没有独立的投资权、采购权、销售权、人事权和财务权。

产品事业部物料采购统一由康讯公司（中兴通讯控股公司，是一个采购和物流平台）负责。

产品销售统一由几个营销事业部负责（这几个营销事业部是按照不同客户划分的），而营销事业部也仅仅是销售产品事业部的产品，有关市场功能统一在总部的市场中心。

人力资源由总部人事中心负责。

各事业部的财务报表由总部财务中心的营销会计部（负责营销事业部的财务报告）或产品会计部（负责产品事业部财务报告）编写，收款统一由总部财务中心的融资部负责。

产品事业部有一个策划部，不过完全是为了和公司的营销事业部做好衔接而设立的，本身不独立销售产品。

事业部有一个办公室和总部相关职能部门对应；离开总部的强力协调和支持，事业部难以独立运作。

应该说，美的集团和中兴通讯的不同组织模式，都获得了极大的成功。美的集团自从1993年实施事业部制改革后，充分调动了事业部经营者的积极性，使公司获得了飞速发展，销售收入从1997年的30多亿元迅速增长到1998年的50多亿元、1999年的80亿元，2000年突破100亿元。而中兴通讯所实施的准事业部制，也保证了公司的飞速发展，从1997年的6.3亿元迅速增长到2000年的40.23亿元、2001年的93.3亿元、2004年的212亿元，成为国内上市公司中最大的通信设备制造企业。

在当年中兴拟实施准事业部制改革时，曾有个国内著名的管理专家建议中兴通讯实施事业部制，总部仅保留财务部、企管部和证券投资部，其他全部下放，不过没有被当时的总裁侯为贵先生采纳。

是什么原因导致美的集团和中兴通讯组织结构的巨大差异？为什么美的集团

没有实施准事业部制（实际上，国内大多数大型家电企业都是实施的与美的集团类似的事业部制）？为什么中兴通讯要实施准事业部制，建立强大的总部（有意思的是，国内另一家著名通信设备制造企业华为公司也是如此）？

答案是：这是由客户决定的！这两家公司不同的客户对象以及客户需求、客户需求实现过程的差异，决定了它们采取不同的组织模式。

我们来比较美的集团和中兴通讯的客户对象便会发现：美的的产品——各种家电，面向的客户是广大消费者，客户对各种家电的选择和购买是独立的（不需要组合在一起就能使用），没有任何一个客户买家电时，要求家电厂商提供一揽子的家电解决方案（不同的家电组合），也不会一次性购买全部家电，同时，客户选购家电无需高深的专业知识。而中兴通讯的客户是电信运营商，电信运营商在采购设备时，一般要求供应商提供一整套组网（通信网络）的解决方案，可能包括交换机、接入网、服务器、基站，等等。

客户需求及需求实现方式的差异，意味着美的集团的各事业部可以单独面对客户，销售产品给客户；而中兴通讯的单个产品事业部则无法独立满足客户的要求。美的集团为了充分调动事业部的积极性，而实施充分的放权，让每个事业部独自在市场上搏杀；而中兴通讯为了把各产品事业部紧密联系起来满足客户需求，则构建了强大的职能总部（以客户为导向的营销事业部自己去协调各产品事业部会面临极大困难）。如果美的集团延续 1997 年以前由公司统购统销的模式，无疑不会有今日的辉煌；如果中兴通讯听从那位管理专家的建议实施事业部制，绝对不会有现在这样面对市场的灵活性，也难以获得后来持续多年的高速发展。

第 3 节　中兴通讯客户导向的组织变迁

中兴通讯前董事长侯为贵曾说过,我们需要围绕更好地适应产业环境以及客户需求的变化,来不断地进行我们的组织变革。纵观中兴通讯 10 多年来重大的组织变革过程,正印证了这一说法,如表 3-1 所示。

表 3-1　中兴通讯客户导向的组织变迁

时间	组织变革焦点	变革诱因
1998年以前	实行直线职能制。设市场体系、研发制造生产体系、财务体系、人事行政体系和综合管理体系。市场职能设八个部（分别按专业分工、产品、客户设置）	原来公司规模不大、产品线不多,面向客户协调难度不大
1998年	实施准事业部制改革。主要特点：总部设六大职能中心（质企中心、IT 中心、市场中心、人事中心、财务中心、总裁办）,下设三大营销事业部（第一、第二、第三营销事业部,分别面向不同客户）、四大产品事业部以及一个采购物流平台（康讯公司）	产品线增多,客户增多。需要以客户为导向进行营销,但又需要强力协调各产品线的研发生产
2001年	推行产品总经理[①]负责制改革。产品总经理是产品的经营者,负责从产品企划到退市整个生命周期的管理；通过核心层、研发骨干层、研发支持层三个层次之间的协同合作,共同完成产品策划、市场支持、产品研发、专利标准、质量控制、工程服务、商务成本、物流生产、财务监控的全过程	把产品生命周期中的关键链条和环节按流程连接起来,提高产品市场竞争力,在为客户提供解决方案时更有效地整合内部产品线

[①] 关于中兴产品总经理运作模式的详细介绍,可参考作者写的《流程制胜——业务流程优化与再造》（中国发展出版社,2005 年）一书中第 5 章的供应链优化案例。它是以中兴当时的物流优化项目为基础整理所得（该项目首次对中兴产品总经理运作模式进行了详细规划）。

第 3 章
客户导向的组织结构创新

续表

时间	组织变革焦点	变革诱因
2002年	对营销事业部进行重大调整：改过去按照地理区域划分的方式为按照客户对象划分，形成新的第一、第二和第三营销事业部。第一事业部负责海外客户；第二事业部负责中国电信、广电、铁通等；第三事业部负责中国移动、新网通、中国联通	中国电信分拆为南北两部分，重组形成新"中国电信集团"和"中国网通集团"
	撤销国内各营销事业部地县级办事处，统一设各省办事处（销售和工程售后）	客户采购权的集中（原来地县级市的采购权都收归到省级运营商）
	将手机产品的研发、生产等环节独立出来，成立手机事业部（原来在网络事业部）	原来手机产品主要通过运营商渠道销售，而社会化销售渠道销量越来越大，独立运营更有利于拓展社会渠道
	成立中兴通讯全球客户中心，采用 7×24 小时工作制全天候为客户提供售后技术支持工作。建立中兴通讯学院，为客户提供技术和管理培训	海外客户增多，收入占比大增；需要统一对客户的培训资源和售后服务资源
2004年	将原来的第一事业部裂变为第一、第四、第五营销事业部	通过划小责任区域、提高本土化人员比例等方式精耕细作国际市场
2005年	对总部职能重新定位，采用"经营控制型"和"职能型"混合模式： 1. 将总裁办、质企中心撤销，有关职能并入人事行政体系 2. 成立企业发展部（负责战略和综合协调功能） 3. 技术中心精简下沉，总部只设技术管理功能和中心研究院 4. 新的市场与运营职能体系下有六个部门：运营管理部、技术质量部、方案营销部、商务管理部、市场研究部、PR 部（品牌） 5. 新的销售职能体系：销售管理部、客户部、跨国运营商管理部、售后管理部、售后客服中心	1. 将行政人事有关职能整合，减少事业部沟通复杂性 2. 突出对公司战略及事业部战略的协调 3. 除前沿技术外，与产品有关的技术研发放到产品事业部，更贴近市场 4. 新市场运营体系体现为对市场研究和品牌管理的统一调度，以及对政策标准的统一管理 5. 新销售体系统一管理销售政策、跨国客户协调、售后政策、客户政策

091

续表

时间	组织变革焦点	变革诱因
2006年	1. 在销售体系内部设立MTO（跨国运营商）部（多达500人），扩大高端客户的销售额 2. 对国内市场销售体系实施整合，负责国内市场的两大营销事业部（第二事业部、第三事业部）合并	1. 高端客户（占市场需求70%）全球运营；按国家/洲来划分不合适，按客户整体划分 2. 国内市场客户需求增长放缓
2008年	汶川地震发生后，在第一时间成立"5·12抗震救灾指挥部"，并组成工程抢修队，以空降、徒步等方式分赴各重灾区，抢救"通信生命线"，并在灾情发生36小时后打通了灾区通往外界的第一个电话。在唐家山堰塞湖排险中，空降队员7小时内完成了全套监控设备的安装调试，为成功排险做出了重要贡献	地震后客户的设备受损严重，人民（客户的客户）生命安全堪忧。中兴快速反应成立临时机构统一指挥，为客户排忧解难的同时也为客户的客户创造巨大价值
2009年	营销事业部变革：第一事业部（面向亚太、独联体和南亚）、第二事业部（面向中东和非洲）、第三事业部（国内市场）、第四事业部（面向欧美）、第五事业部（面向拉美）、印度营销事业部	欧美和新兴市场需求不同，原来混在一起（分别在第四和第五事业部），分拆有利于专业化 印度市场需求大、发展快、公司占有率相对较高，单列
2011年	把技术支持和宣贯前移到营销事业部，展开顾问式销售 同时还将研发体系的核心人物——架构工程师前移到海外高端市场，与运营商一起把握用户需求	最终用户的需求已经发生了颠覆性的变化，按运营商要求提供解决方案和产品的模式失效。公司研发管理从关注运营商需求发展到关注最终用户的体验
	成立云计算事业部（主要面向云化的电信设备市场和云化的企业网市场），并建立全球性的企业网销售体系	诸多客户提出云计算建设规划。如中国移动于2010年5月发布大云1.0；中国电信2011年8月发布天翼云计算战略

续表

时间	组织变革焦点	变革诱因
2012年	战略调整，将客户定位为三类（电信运营商、政府企业、个人用户和家庭），设立了政企网方案经营部	政府/企业与电信运营商的特征和需求完全不同，已经发展成为一个很大的市场
	设立面向运营商的方案经营部，主要承担市场需求的调研和提出，最终形成研发的方向和立项，原先面向全球市场的产品线也由此变为更加聚焦区域市场	改变了过去那种根据现有产品为客户搭建解决方案，而根据客户解决方案开发产品
	对销售体系推行扁平化管理；实施"总部－事业部－代表处"的方式，取消区域管理，减少决策层级；扩大一线销售权限	放权一线，面向客户更加灵活
2013年	将政企网提升为公司二级经营单位，与原有运营商业务一起构成中兴未来的三大业务支柱	政府企业市场需求规模及销售额的扩大，升级为二级单位配置更多资源凸显重要地位
	成立终端事业部，独立运营。产品线由原来的手机产品扩展到智能穿戴、智能投影仪、运动相机、智能家居等更多领域	手机通过非运营商渠道销售已成主流，公司传统B2B已经不合时宜；产品线更宽，重新命名更符合实际

中兴每次重大的组织调整，几乎都与客户有关，或因客户的调整而调整。这种以客户为导向的组织变革，使中兴在过去10多年里一直保持着快速发展。

第 4 节　美的组织变革，因客户而美的

美的集团在 2014 年和 2015 年做了两次大刀阔斧的组织变革：一次是整合各事业部的电商资源，成立电商公司；一次是整合美芝公司和威灵电机，成立部品事业部。重组的背后，是非常清晰的客户导向逻辑！

● 美的电商有限公司，整合面向客户是最佳选择

2014 年 2 月，美的集团宣布整合各事业部电商人员以及代运营商资源，成立美的电商公司，负责天猫美的官方旗舰店和美的官方在线商城的运营。并将建立美的粉丝社区、在美的官网全面对接美的在线商城、上线移动端官网、在旗舰店推出 O2O 应用。推进由"工厂到消费者"的传统模式向"消费者到工厂"的 C2B 互联网定制模式转型，实现线上线下融合的良好消费体验。

前面已经介绍过，美的实行的是事业部制，各事业部独自面向市场、具有完整的研发采购生产销售售后服务等全过程，各事业部在全国各地设置销售分公司或办事处，面向当地的渠道商或自己运营旗舰店。是什么原因促使美的成立电商公司统一电商运营管理呢？

答案是：客户！客户消费习惯（客户需求实现过程）的变化，使美的不得不做出这种变革。

传统情况下，地域的分割，使消费者习惯于到当地的电商商场（如苏宁、国

美、沃尔玛等）去购买家用电器。而家用电器的产品属性，使各事业部需要自行在当地设立销售点来搞好和渠道商的关系并完成促销。可是随着电子商务的发展，大量消费者到网上购买家用电器，而网络和第三方物流，完全抹平了地域的鸿沟；而且网络具有天然的规模效应，展示的产品越多，越容易吸引客户。如果各事业部仍然自行建设和运营电商销售网络（自建销售平台、在各电商平台开展运营等），必将造成巨大的资源浪费。所以整合电商是最佳选择！

在这种模式下，电商公司如何就客户反馈信息向有关事业部的研发机构、生产质量机构、售后服务机构进行联络与沟通，则必须借助有效的流程设计。

●美芝事业部与威灵电机合并，客户重合是其最大诱因

2015年7月，美的集团宣布旗下两大上游零配件公司——GMCC广东美芝公司（美的压缩机事业部）与威灵电机公司（美的电机事业部）整合为美的"部品事业部"。美的部品事业部成立后将全面整合两家公司的研发、制造、销售及各职能部门，相关的组织架构及人事任命也将全面调整，实行一体化管理。这一变革可谓石破天惊！要知道，两家公司都是庞然大物：威灵电机是美的控股的一家香港上市公司，在空调电机、滚筒洗衣机的电机领域处于领先地位；而美芝也是全球最大空调压缩机企业，占全球空调压缩机三分之一的市场份额。是什么原因促使美的要将两个大块头整合在一起？

答案是：客户！美芝压缩机与威灵电机这两家企业的整机客户几乎覆盖了空调、冰箱及洗衣机行业的全部企业，两者面向的客户对象在相当大程度上是重合的。

我们来看看这一客户导向的变革措施：

美的部品事业部还将成立压缩机开发研究院和微电机开发研究院，实现压缩机和电机研发的互补增强——压缩机、电机和控制器是空调、冰箱、洗衣机等家电的三大核心部件；控制器相当于电脑主板，一般由家电企业自行开发。将压缩

机和电机的研发协同，通过产品整合引领行业技术发展，更好地满足客户产品解决方案。

美的部品事业部对营销资源实现全面整合，以区域为中心建立客户经理负责制——原来两家企业分别面向客户进行产品销售，各自设置区域销售经理和客户经理，而且关于该客户的研发、产销等情报信息彼此也不共享，造成资源浪费；新架构整合后，可以统一收集信息、统一销售、统一进行客户关系维护。

美的部品事业部成立电机公司，负责统一管理原电机事业部的各工厂制造系统；原压缩机事业部各工厂保持不变——两者制造体系是独立的，但采购体系有很大的整合潜力。压缩机和电机都要用到大量的钢材和铜线，通过统一供应商的认证和考核管理、整合采购人员、集中采购扩大采购量等，有利于公司降低采购成本。

总体而言，此次合并是起源于客户，通过优化组织架构，整合双方资源，降低成本，能够更有效地实现和客户的无缝对接，增强在市场竞争中的话语权。

第 5 节　其他优秀企业组织变革实践：以客户为导向

还有很多卓越的企业，在深入洞察客户及其变化趋势后，对组织进行了随需变革，并取得了良好的效果，如表 3-2 所示。

表 3-2　优秀企业的客户导向组织变革案例

公司名称	组织变革焦点	变革诱因
IBM	郭士纳上任 IBM 首席执行官后，成功地将 IBM 组织结构从产品导向型转变为客户导向型，并形成前端/后端混合模式的新结构：通过客户导向型的强有力"前端"完成产品以及包罗万象的"解决方案"的销售；而原有的个人电脑、服务器、软件和技术服务业务单元则成为解决方案销售人员的"后端"供应商	郭士纳认为，对于客户而言，相对于要自己动手将从不同的供应商处所采购的软硬件进行组装的做法，他们更希望能够获得已组装集成完毕的成品 通过为客户提供解决方案，减少了客户对有关专业技能的要求
亚马逊	有一个工作系统"亚马逊用户卓越系统"[①]，其中有一项工作流程"从用户体验倒推工作"：将亚马逊的技术团队按照向客户提供的各种服务来划分，每个团队 8~10 人。小团队在和客户快速简单沟通的基础上，负责分析运营中客户出现的任何问题，围绕客户的体验和需求，倒推自己的工作流程，寻求创新的解决方案	亚马逊为优化管理和改善客户体验所做的"精细化创新"，是一种完全以客户为导向的思维。按客户使用产品场景的分类聚合设置团队、以客户体验和需求沟通为工作导向

---

① 《云端致胜——亚马逊电商帝国的财富密码》，王晨晖著，中国宇航出版社，2014 年。

续表

公司名称	组织变革焦点	变革诱因
美国西南航空	设立首席道歉官。负责查出西南航空公司有哪些服务不够周到之处，然后写信向乘客道歉。每年大概要为180个航班写道歉信，向乘客解释该航班存在疏漏的原因。一年大概要向2万多人发函致歉，并且每封信后都附有其直拨专线电话	经常的航班延误，会让客户不满；设立首席道歉官，以正式的方式和客户沟通，有利于取得客户的谅解，增加客户满意度
海尔	海尔集团将原来的金字塔式结构完全分解为"三类三级"自主经营体，这是一种自我创新、自我驱动、自主运行、自负盈亏的弹性组织，即"小企业家"团队；员工以"抢单"的方式进入，按单而聚，按单而散	将来自市场的压力传递给员工，打造彻底的以客户为导向的组织
腾讯	实施开放平台战略，成立开放平台部，制定有关开放管理规则。开放后提升了平台资源竞争质量、引进了外部创新基因，开阔了视野	3Q平台大战引起客户不满和监管层注意。以此为契机主动开放公司平台，整合社会资源为客户提供更好的服务
吉利汽车	吉利建立了以专家中心、业务伙伴中心、共享服务中心三个中心运营的人力资源共享服务模式，以减少缩短业务流程、统一管理标准、优化资源配置。该变革提供了实现事务性工作管理的规模经济，不仅降低了运营成本，而且提高了服务交付质量	HR的客户包括公司高层领导、中层部门经理和员工。三类客户对HR管理的需求不一样。规模庞大的吉利集团需要解决跨地域多分支机构情况下的HR管理难题。专家中心为领导和机构服务；业务伙伴中心为机构提供服务；共享服务中心集中为日常行政事务服务
华为等手机公司	这些企业将即将上市的手机产品提交给第三方专业机构、自媒体大咖进行公测，由他们发布测试结果，并借助社交媒体进行传播	客户相信专业机构的公信力；自媒体大咖本身具有庞大的粉丝群（潜在客户）；他们的测试结果和社会化传播，对公司有良好的宣传效应

续表

公司名称	组织变革焦点	变革诱因
小米	1. 小米成立专门的微博运营团队,配备产品经理、主编、编辑、设计师以及软件工程师等数十人;为每个需要长期运营的微博话题配备专人来运营 2. 微信流行后,随即组建了微信客服运营团队;同时在百度知道和百度贴吧上直接服务客户	小米产品定位为网上直销,由此粉丝(客户和潜在客户)经营、互动极其重要。这些潜在客户上网的习惯、经常利用的网络平台,就成了小米与客户营销互动的主战场。针对这些平台来设计、细化营销组织是再正常不过的事
伊利	搭建"Y-Milk未来牛奶"平台,以牛奶为基础,搭建"消费者+创客+平台"共创交互的未来牛奶平台。在这个平台上,消费者、创客、伊利品牌三方共创、共享,共同成为创新产品的研发员,品牌产品研发的参与者,以及创新产品研发的首批用户,享受更加便捷便利、绿色健康、有趣个性和智能化的产品和体验。已推出首个品牌"暖哄哄"女性生理期饮品	当前牛奶产品同质化严重、市场已趋饱和,完全靠价格竞争的时候,如何更有效地识别客户需求、挖掘细分市场极其重要。随着客户的数字化生活趋势,与客户进行联合研发不仅可以促进客户互动、增加客户好感,更主要的是可以增加创意的收集选评以及收获种子客户
韩都衣舍	把员工按每2~3个人组成产品小组,组长负责设计和研发,一人负责制作视觉呈现部分,另一人负责库存管理。由三人小组全权负责某一款产品的设计、营销、库存管理等个性化非标准化环节,独立核算、自负盈亏。生产、物流、客服标准化环节由业务部门负责。通过有效的供应链管理,实现以销定产、多款少量、快速返单要求	以客户为导向,以产品小组制为核心,单品全程运营管理,充分试错
民生银行	2007年,启动事业部制改革,实现"专业化销售、专业化管理、专业化评审"。业务单元拥有完整的客户链,如拥有"产供销"一体的客户服务链。业务单元独立核算、拥有充分的人、财、物支配权,责任和利益明晰,在总行制定的规则下自主地配置资源。总部策划并组织实施关键业务活动,对分支机构实行垂直化管理	以客户需求为起点,以有利于业务流程的完整、顺畅运作为目标来设置组织架构和管理权限,谋求构建"以客户为导向的流程银行" 基于产品和客户细分建立专业化的营销架构和团队,建立明确的协作模式和收入共享机制

续表

公司名称	组织变革焦点	变革诱因
华为公司	2009年，华为成立员工健康与安全保障委员会，由公司主要负责人担任"首席健康官"，关注员工健康与安全，并形成了一整套保障机制	那几年华为接连有员工由于连续加班出现过劳死，或者压力过大而自杀。这是将员工当作内部客户，从内部客户需求（身心健康）角度出发对组织结构所做的变革
其他	一些先进企业成立专门的网络客户部。借助于网络管理技术，主动发现抓取各网站上与公司有关的信息，分类整理后在公司共享。对于客户在社交网络上的抱怨，则主动和客户取得联系进行交流互动，化解客户的不满	客户的需求碎片化地分散在各大社交网络上，如何发现、收集、管理、利用这些需求非常重要。成立专门的部门来管理，在整理后提交相关部门利用和决策，并及时和客户互动，可以有效减少客户抱怨，改进公司管理

第4章

客户导向的流程创新

▼
▼

企业再造，从根本上说，就是站在顾客的立场重建企业，这要求企业对顾客的需求要有精准的把握。如果做不到这一点，再造工程一开始就会偏离方向，以错误的目标来创造新流程或取消旧流程将毫无意义。

——迈克尔·哈默、詹姆斯·钱皮，《企业再造》

第1节　客户如何影响流程创新

被誉为"企业再造之父"的美国管理大师迈克尔·哈默说过,对于21世纪的企业来说,流程将非常关键。优秀的流程将使成功的企业与其他竞争者区分开来。优秀的流程定义为四个特点:Right、Cheap、Easy、Fast,即在保证正确(Right)的流程输出(客户需要的产品或服务)的前提下,尽量使流程快速(Fast)、容易(Easy)和便宜(Cheap)。

● 客户需求的产生和满足,对应流程的起点和终点

流程管理的目的就是从端到端以最简单、最有效的方式,来实现流程贯通,满足流程客户需求。端到端的流程管理概念已经被广为接受,但什么是端到端的流程管理,企业管理人员普遍认知不足。其实,并不是在流程图上设置一个"开始"和一个"结束"的节点,就是流程的端到端;而是指从客户的需求端来,到准确及时地满足客户需求端去,也就是从流程客户需求的提出到客户需求的满足这一完整的过程。在应用工具 SIPOC 高端流程图[①]分析流程时,首先就是界定流

[①] SIPOC 高端流程图,其中每个字母各代表为流程提供输入的供应商(Supplier)、流程输入(Input)、流程过程活动(Process)、流程输出(Output)、客户(Customer)。有关流程管理的基础知识,可参考本人著作:《流程制胜——业务流程优化与再造》,中国发展出版社,2005年。

程客户，分析流程客户的需求。正如华为的理念，谁来呼唤炮火，应该让听得见炮声的人来决策。就是把决策权根据授权规则授给一线团队，后方起保障作用。这样我们的流程优化的方法就和过去不同了，流程梳理和优化要倒过来做，就是以需求确定目的，以目的驱使保证，一切为前线着想，就会共同努力地控制有效流程点的设置。从而精简不必要的流程，精简不必要的人员，提高运行效率，为生存下去打好基础[1]。

如何基于客户需求来设计端到端的流程，目前企业普遍存在以下困难。

客户界定模糊，尤其是缺乏对内部客户的认知

外部客户相对清晰，但在分析面向内部客户的流程时，常常由于界定比较模糊、困难，很多企业就干脆忽略不讨论。而实际上，企业大部分支持流程都是面向内部客户的，这使得企业大部分的流程设计"以客户为导向"实际上仅仅是一句口号，没有落到实地。

可以按照以下提问来逐步确认流程的客户：

这个流程设置的目的是什么？

通过这个流程解决了一个什么问题？谁对这个问题最关心？

这个流程在过程中和最终输出了哪些东西（包括实物、结论、文件、信息等）？

哪些单位或岗位从此流程中直接或间接受益？哪些单位、岗位直接或间接使用流程产出？

这个流程的存在主要为谁服务？其次为谁服务？

如果这个流程运作不好，对哪个单位或个人影响较大？

通过头脑风暴这种不断提问的方式，来讨论确认流程的客户。流程的客户可能不止一个，需要对这些不同客户进行一一识别。

---

[1] 来源：《谁来呼唤炮火，如何及时提供炮火支援》，2009年。

例如，采购管理流程的直接客户包括生产部、研发部（采购研发物料）、客服部（采购客服物料）；间接客户包括仓储部、销售部（有时一些材料采购后直接发给客户，此时销售部是该流程的直接客户）等。

人力资源管理流程的客户包括公司、用人部门（有时和公司重合）和员工。人力资源的二级、三级流程客户则有些差异。如员工请假流程，直接客户是员工，间接客户包括公司、员工所在部门。

质量管理流程的最终客户是外部购买公司产品/服务的人/公司，而采购物料质量、生产产品质量、研发产品质量、客户服务质量等作为子流程，分别面向不同的过程客户，过程客户的需求是由最终客户需求传导得到的。

对客户需求界定不清

流程可能存在多个客户，其不同客户的重要性是不一样的，而且不同客户之间其需求可能存在差异甚至冲突。这时需要进行仔细识别，并确认哪些需求是真正需要关注的。

以员工请假流程为例，直接客户是请假者本人，其需求是——请假能得到批准，审批过程迅速、快捷。间接客户是公司、员工所在部门、与之有业务联系的部门。公司的需求是请假符合公司规定；用人部门/有业务关系部门的需求是该项请假不影响业务的正常开展或将影响减少到最小（设计请假流程时，就需要考虑节点或活动：如何与部门负责人和其他有关部门进行沟通，及时将有关休假信息发送给相关部门，并安排好有关工作衔接）。

客户需求的提出和满足，对应流程起点和终点。这种思维方式可以有效避免我们将流程割裂，或者考虑不周全。但正如上所述，很多企业对流程客户及客户需求的认知不足，所以具体设计流程时就对流程的起点和终点不清楚。例如，很多企业在设计招聘管理流程时，可能含有以下几个节点，如图4-1所示。

收集招聘需求 → 制订招聘计划 → 发布招聘信息 → 简历筛选 → 面试

录用通知 → 对方接受Offer → 办理入职手续 → 试用管理 → 转正评估及手续办理

图 4-1　不同企业招聘流程的节点设置

对于该流程起点的设置，不同公司可能会分别把"收集招聘需求""制订招聘计划""发布招聘信息"作为起点。在设置流程终点时，可能会把"对方接受Offer"作为招聘流程终点，还有一些把员工"办理入职手续"作为招聘流程终点，也有一些将完成"转正评估及手续办理"作为流程的终点。流程的起点/终点到底在哪里？认知比较模糊。

那么，我们该如何理解这一流程的起点和终点呢？从该流程的客户及需求出发，问题就会迎刃而解。招聘管理流程的客户是用人部门（直接客户）、公司（间接客户），他们的需求分别是：

用人部门：业务有人做而且能够胜任。

公司：控制用工成本（员工薪酬福利、招聘成本）、业务有人做、人员符合公司价值观要求等。

对于用人部门而言，招聘流程的触发点是业务没人做而需要招聘。在什么情况下会出现业务没人做的情况？一般包括两种情况，一是人员离职，二是业务发展需要。人员离职可能是临时性的（一般企业都要求提前1个月提出辞职申请），业务发展需要一般是根据年度计划而拟制。因此调研客户（用人部门）需求应该是该流程的起点。

该流程的终点，则是招聘的员工经过试用后合格转正，这样才能完整满足用人部门需求。至于人力资源部门所理解的对方接受Offer、办理入职手续等都不符合。因为应聘者收到Offer后也可能不来入职、入职后也可能试用期不合格被淘汰或试用期内自己觉得不适应就离职。很多企业由于对这种以客户为导向的端到端流程的认知不足，流程起点和终点的设置比较随意，甚至将"办理入职手续"这个分解的流程归到了"员工关系管理"流程中，导致流程的割裂。

公司作为该流程的另一个客户（间接客户），其需求是成本的控制、员工认同公司价值观和文化。公司的需求也应该被贯彻在流程节点的设计中——这也就是为什么企业不能随意花钱做招聘广告、只有高端职位才可以通过猎头招聘的原因。

● 客户需求实现过程是流程节点设计的最重要依据

对流程客户过程需求的关注，是目前普遍被忽视的问题；极少有人去分析客户实现其需求的过程是怎样的，在这个过程中客户一般会有哪些节点活动，客户在完成这些活动时有哪些过程需求。缺少这种分析，就难以清楚理解客户，在设计流程时对每个节点活动的安排、节点的输出要求等均难以实现以客户为导向。

客户需求实现过程的五个环节，包括需求确认、信息寻找、选择评价、购买决策和购买后行为，基于这一模型来分析流程节点具有极好的实战价值。它能让我们设计流程的节点时都围绕客户的这五个环节的活动及需求来进行，例如，前面介绍的招聘管理流程对两类客户需求实现过程的分析，如表4-1所示。

表4-1 招聘流程客户过程需求及流程节点设置

	用人部门的过程活动及需求	公司的过程需求	流程节点设置与控制
需求确认	产生明确的用人需求（出现岗位空缺）	控制用工成本（新增岗位说明、预计薪酬）	调研招聘需求（节点输入：岗位说明书）
信息寻找	尽量寻找更多候选者简历	招聘成本控制	收集简历：发布招聘广告（内外）；参加招聘会；委托猎头
选择评价	收集的简历符合要求		简历筛选与推荐
购买决策	合理安排面试时间；面试过程管理		面试评估；薪酬谈判；报批

续表

用人部门的过程活动及需求		公司的过程需求	流程节点设置与控制
购买后行为	尽快入职	用工成本；能融入公司文化	入职前期管理
	入职后尽快开展/适应工作		入职手续办理
			新员工培训/以师带徒
	能胜任工作		试用期管理
			转正（及转正后薪酬谈判）

通过分析流程客户、客户需求和需求实现过程，不仅能准确地把握流程的起点和终点，而且对流程节点应设置哪些活动及如何满足客户过程需要等方面，均有重要的指导意义。比如，针对用人部门"购买决策阶段"（面试后同意录取）的过程需求，在设计流程节点时，需要安排活动内容或者节点的输入模板如下：

合理安排面试时间——和客户（用人部门）沟通面试时间安排以便通知应聘者、应聘者到达（或者延期取消等）时均应及时与面试者沟通等。

面试过程管理——面试技巧培训（可以将面试技巧培训文档作为流程节点输入）。

招聘阶段——针对公司的成本控制要求，招聘部门应提前规定哪些职位可以通过猎头招聘。如不考虑公司成本要求，而为了不受用人部门责难，一些普通的岗位也有可能通过猎头招聘，极大地增加了公司的成本。这显然不合适。

● 客户需求的满足程度是流程绩效目标的评价标准

流程绩效目前得到了越来越多企业的关注，但人们对流程绩效指标的选择，往往非常头痛，找不到可行的操作方法。吉尔里·A·拉姆勒和艾伦·P·布拉奇在其经典著作《流程圣经》中提出了关于流程绩效的四个维度，包括时效、成本、质量和其他。这四个维度作为通用性指标，当然没问题，但在实际应用时会发现，还是难以准确界定。

其实，我们可以从流程的本质来思考：既然流程管理是为了满足流程客户的需求，那么流程客户需求的满足程度就应该作为流程绩效评价的标准，而且应该是唯一的标准！

此外，也正如前面所述，流程可能存在多个客户，每个客户可能存在多个需求且不同需求的权重可能不一样。我们不仅需要识别流程客户，而且需要理解客户的这种需求重要性差异；需求重要性的不同，是设置流程绩效指标权重的基础。这需要流程经理组织流程客户、流程供应商和有关过程参与者代表一起来讨论，对需求重要性进行评价，按这种评价结果来设置权重（详见本章第3节）。

第4章 客户导向的流程创新

第2节 流程规划：客户导向，端到端

在《华为公司的核心价值观》一文中提到，端到端流程是指从客户需求端出发，到满足客户需求端去，提供端到端服务，端到端的输入端是市场，输出端也是市场。这个端到端必须非常快捷，非常有效，中间没有水库，没有三峡，流程很顺畅。

流程规划的目的，就是为了系统地梳理流程之间的逻辑关系，避免流程的遗漏和彼此交叉，它是流程优化或再造的基础。工作内容主要包括流程的总体识别、流程分类分级、识别流程负责人，等等。

从客户角度入手，分析公司为客户创造价值的过程，是流程规划成功的基础。

● 流程规划：理顺企业为客户创造价值的过程

流程分类框架（PCF）

当前企业和流程咨询顾问在进行流程规划时，用得比较多的工具是美国生产力与质量中心（American Productivity and Quality Center，简称 APQC）提出的流程分类框架（Process Classification Frammework，PCF），最初由 APQC 的一群会员在 1992 年所创立，目的是创建高水准而通用的企业流程模型。该框架自提出来后不断进行更新，目前已经发布了 7.0 版本，如图 4-2 所示。

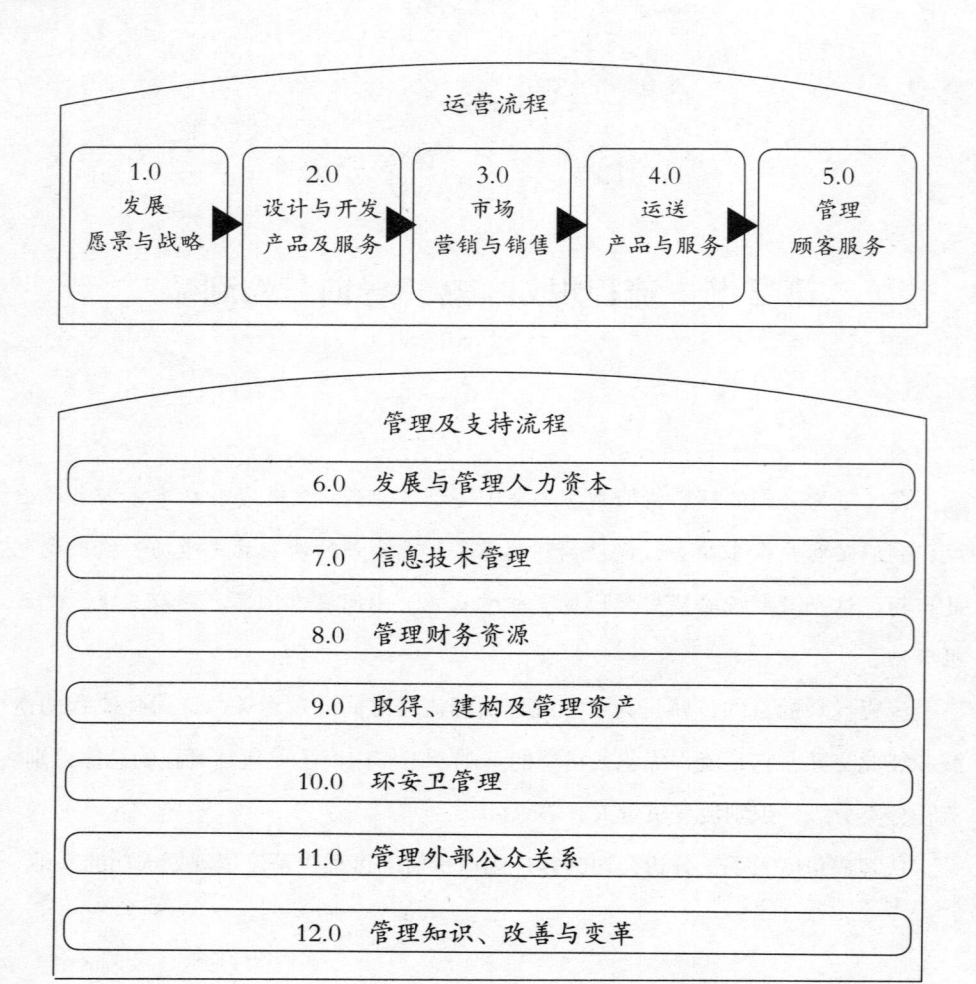

```
                          运营流程
┌─────────────────────────────────────────────────────────┐
│  ┌──────┐   ┌──────┐   ┌──────┐   ┌──────┐   ┌──────┐  │
│  │ 1.0  │▶  │ 2.0  │▶  │ 3.0  │▶  │ 4.0  │▶  │ 5.0  │  │
│  │ 发展 │   │设计与│   │ 市场 │   │ 运送 │   │ 管理 │  │
│  │愿景与│   │ 开发 │   │营销与│   │产品与│   │ 顾客 │  │
│  │ 战略 │   │产品及│   │ 销售 │   │ 服务 │   │ 服务 │  │
│  │      │   │ 服务 │   │      │   │      │   │      │  │
│  └──────┘   └──────┘   └──────┘   └──────┘   └──────┘  │
└─────────────────────────────────────────────────────────┘
```

```
                        管理及支持流程
┌─────────────────────────────────────────────────────────┐
│       6.0   发展与管理人力资本                          │
│                                                         │
│       7.0   信息技术管理                                │
│                                                         │
│       8.0   管理财务资源                                │
│                                                         │
│       9.0   取得、建构及管理资产                        │
│                                                         │
│      10.0   环安卫管理                                  │
│                                                         │
│      11.0   管理外部公众关系                            │
│                                                         │
│      12.0   管理知识、改善与变革                        │
└─────────────────────────────────────────────────────────┘
```

图 4-2 流程分类框架

这个顶层框架（0阶）含有12个一级流程，往下分解出一系列的流程（分解到了四级）。尽管该框架按照不同行业主要流程进行了梳理，列出了流程清单并分级，但并没有清楚地说明企业如何为客户创造价值的过程、这些流程和客户之间的逻辑关系是怎样的，以及流程之间的逻辑关系是怎样的。

其实，该模型脱胎于迈克尔·波特的价值链理论，把企业为客户创造价值的过程分为基本活动（运营流程）和支持活动（管理及支持流程）。其所描述的"1.0 发展战略与愿景"就是企业价值选择过程，很多人把它理解为一个战略规划过程，这样就很难理解它和流程 2.0 到 5.0 之间的逻辑关系。

由于不同企业的规模、价值活动的设计、人员结构和能力等都不相同，流程规划清单和流程分类框架会有很大差异。特别是在当前各种新兴技术的影响和推动下，很多企业的业务围绕客户发生了巨大变化——如无线 T 恤公司无边界组织方式、移动信息化和社交网络在流程中的应用，等等。而这种变化趋势下的流程设计，在流程分类框架 PCF 中是没有体现出来的。

如果不理解流程之间的逻辑关系，在流程规划过程中生搬硬套流程分类框架，会导致应用效果并不理想。

基于企业价值创造过程的流程规划

从企业为客户创造价值的角度来看流程规划，才真正能够理顺公司流程框架，哪怕是没有 PCF 模板的情况下。我们可以结合前面所介绍的企业价值创造的花朵模型（见图 2-4）来分析，如图 4-3 所示。

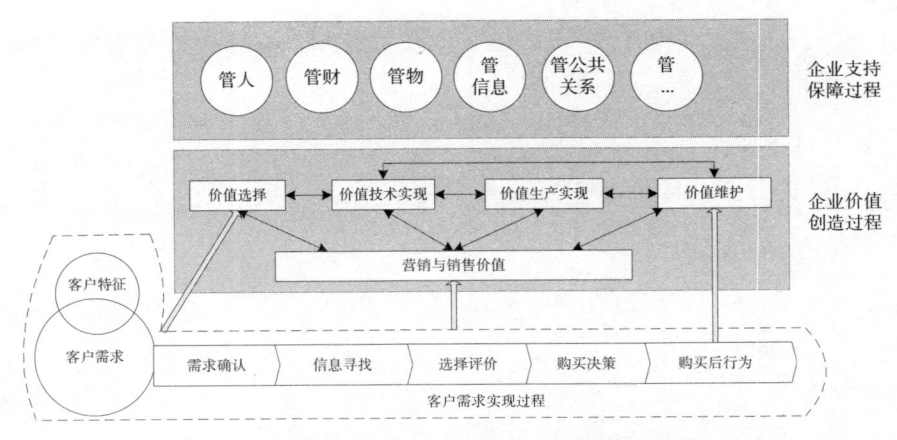

图 4-3 基于企业价值创造过程的流程规划

这张图清晰地表示了公司为客户创造价值的过程和支持保障过程，以及它们彼此之间、它们与客户之间的逻辑关系。企业存在的目的是为客户创造价值，企业的活动包括两类：一类是直接为客户创造价值的过程，一类是保障价值创造活动顺利开展的过程。

价值创造过程包括价值选择（为谁提供何种产品/服务）、价值技术实现、价值生产实现、营销和销售价值、价值维护。而保障公司价值创造过程的有效开展，公司需要的基础设施管理包括人（人力资源）、财（财政金融）、物（生产物资除外）、信息（流程和IT系统）、外部关系、战略执行监控（年度计划/预算、组织绩效），等等。这些仍然可以按照流程客户（考虑内外部客户）的需求来进行流程的梳理及进一步分解。

例如，人力资源管理流程（管人），其客户包括公司、用人部门、员工[①]。他们的需求分别是：

公司：业务有人做、做的人能力足够、做的人有意愿做、合理控制人工成本、认同公司文化（符合公司价值观）。

用人部门：业务有人做、做的人能力足够、做的人有意愿做。

员工：获得合理收入、可以提高个人能力、工作氛围好。

其中员工需求"获得合理收入"和公司需求"做的人有意愿""合理控制用工成本"交叉；"可以提高个人能力"和公司需求"做的人能力足够"交叉。要对客户需求汇总整理，如图4-4所示。

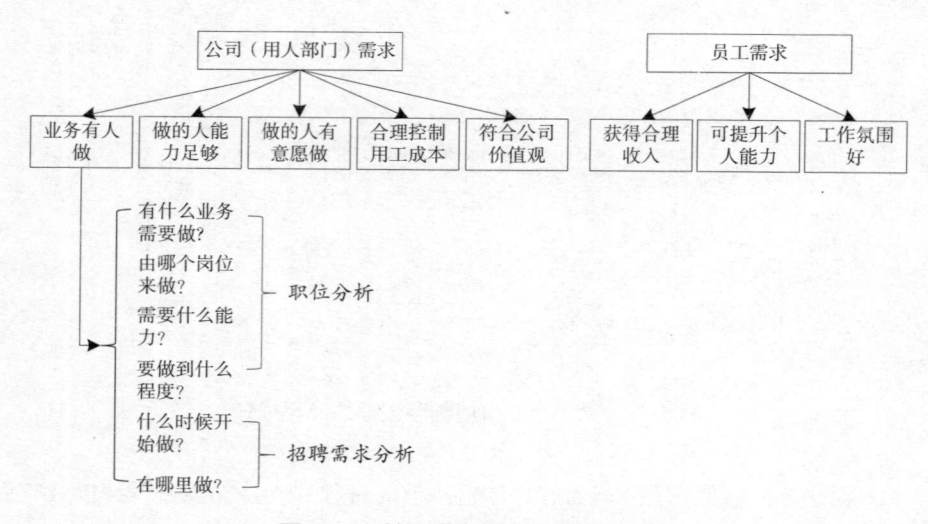

图4-4 基于客户需求的流程规划

---

① 还有外部的一些次要客户，如遵守劳动法律法规的要求等。

● 华为流程规划：客户导向，端到端[①]

流程变革必须以客户为起点，以一线为中心，从一线开始，也只能从一线开始。平台（支撑部门）是为一线作战部队服务的，一线不需要的，就是多余的（摘自华为 EMT 决议 [2008]030 号）。

华为从 1998 年下半年开始构建端到端的流程体系，从最开始的 IPD（集成产品开发），到 ISC（集成供应链管理）、CRM（客户关系管理）、IFS（集成财务管理）等，在咨询公司的帮助下，融合业界最佳实践，并不断"僵化、优化、固化"。10 多年来的重金投入和持续努力，使华为逐步构建了高效的客户导向流程体系，加上华为独特的激励方式，助力其攻城拔寨所向披靡，在电信设备行业内一骑绝尘。

华为早年与客户有关的流程涵盖五个方面，如图 4-5 所示。

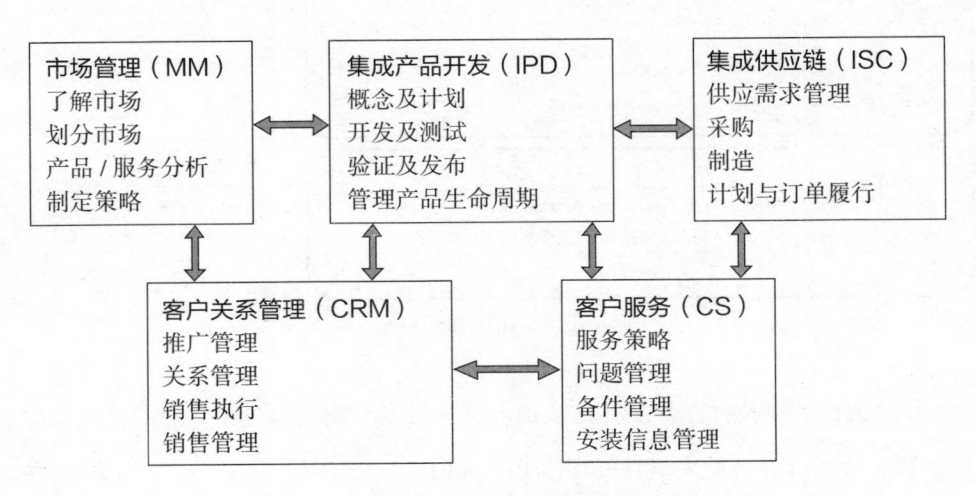

```
市场管理（MM）         集成产品开发（IPD）      集成供应链（ISC）
了解市场               概念及计划              供应需求管理
划分市场               开发及测试              采购
产品/服务分析           验证及发布              制造
制定策略               管理产品生命周期        计划与订单履行


         客户关系管理（CRM）      客户服务（CS）
         推广管理                 服务策略
         关系管理                 问题管理
         销售执行                 备件管理
         销售管理                 安装信息管理
```

图 4-5 华为早年客户价值创造流程框架

[①] 本案例的编写，参考了百度文库中的有关华为流程管理资料，如《华为业务流程体系》《供应链管理》《LTC 概述（基础介绍）》等文档。

这种流程结构与前面提到的企业价值创造的花朵模型几乎完全吻合，是企业选择价值（MM）、价值技术实现（IPD）、价值生产实现（ISC）、价值交付（CRM）、价值维护（CS）的全过程。

华为流程框架

华为的流程体系，在经过多年演变后，形成了目前的流程框架（0阶）[1]，如图4-6所示。

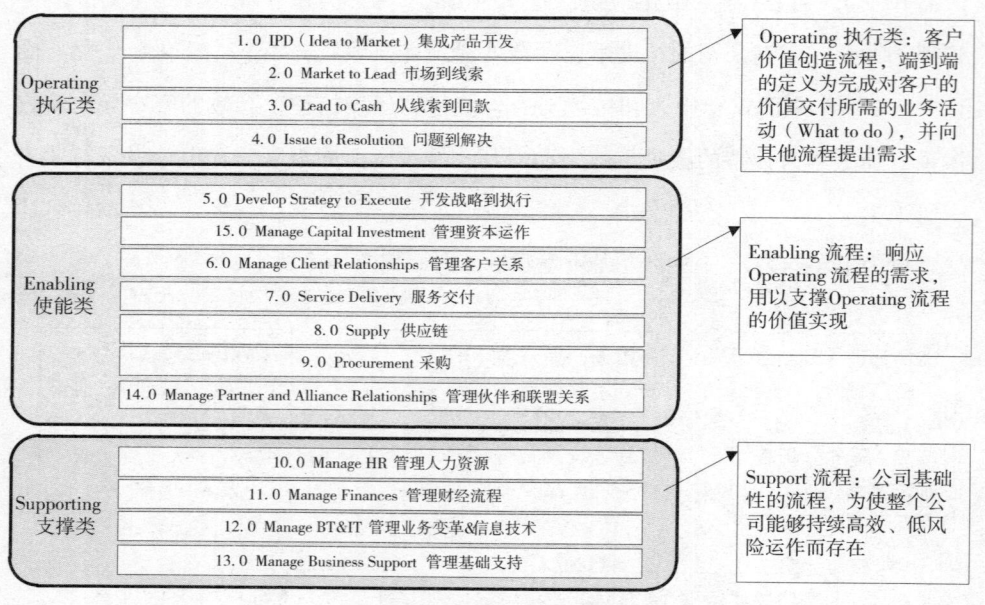

```
Operating 执行类
  1.0 IPD（Idea to Market）集成产品开发
  2.0 Market to Lead 市场到线索
  3.0 Lead to Cash 从线索到回款
  4.0 Issue to Resolution 问题到解决
→ Operating 执行类：客户价值创造流程，端到端的定义为完成对客户的价值交付所需的业务活动（What to do），并向其他流程提出需求

Enabling 使能类
  5.0 Develop Strategy to Execute 开发战略到执行
  15.0 Manage Capital Investment 管理资本运作
  6.0 Manage Client Relationships 管理客户关系
  7.0 Service Delivery 服务交付
  8.0 Supply 供应链
  9.0 Procurement 采购
  14.0 Manage Partner and Alliance Relationships 管理伙伴和联盟关系
→ Enabling 流程：响应 Operating 流程的需求，用以支撑Operating 流程的价值实现

Supporting 支撑类
  10.0 Manage HR 管理人力资源
  11.0 Manage Finances 管理财经流程
  12.0 Manage BT&IT 管理业务变革&信息技术
  13.0 Manage Business Support 管理基础支持
→ Support 流程：公司基础性的流程，为使整个公司能够持续高效、低风险运作而存在
```

图4-6 华为流程框架

0阶架构（也被称作0层）是从价值链的角度对流程的分类，对0阶架构中的流程进行逐级分解形成了各流程的分层架构。一层架构中的流程是主流程（跨职能部门端到端的业务流程，一级流程），二层架构中的流程是子流程（职能部门

---

[1] 华为目前的这种流程框架和分类方式在一定程度上受到了APQC提出的流程分类框架（PCF）的影响。

内的业务流程，二级流程），三层架构是职能内部的分解（三级流程）。

华为的 0 层流程框架包括 15 个一级流程，分为三类：执行类、使能类、支撑类。

执行类流程是客户价值创造流程，实现对客户端到端的服务——从客户需求到需求满足。它包括 4 个一级流程：集成产品开发、市场到线索、线索到回款、问题到解决。

使能类流程是响应执行类流程的需求，支撑执行类流程来满足客户价值要求。它包括 7 个一级流程：开发战略到执行、管理资本运作、管理客户关系、服务交付、供应链、采购。

支撑类流程是公司基础性流程，保障公司持续高效、低风险运作。包括 4 个一级流程：管理人力资源、管理财经流程、管理业务变革和信息技术、管理基础设施。

上述 15 个一级流程，都按照一定逻辑往下分解。例如 IPD 管理流程，由 IBM 咨询顾问协助导入，融合门径管理[①]等有关理论和实践精华，将产品开发过程分为概念、计划、开发、验证、发布、产品生命周期管理六个阶段，并对每个阶段有关角色（如产品经理、系统工程师、软件工程师、硬件工程师、测试工程师、质量工程师、财务人员、采购人员、生产人员、市场人员、项目经理等）的流程活动进行规划与分解；并通过几个评审节点（阀门）来控制流程。华为的 ISC（集成供应链）参照 SCOR 模型[②]规划了计划（Plan）、采购（Source）、制造（Make）、物流（Deliver）、退货（Return）几个二级流程。

由于篇幅所限，本书仅介绍华为线索到现金流程（LTC）、服务交付流程（SD）的分解过程。

[①] 可参考《新产品开发流程管理》，罗伯特·G·库伯著，机械工业出版社，2003 年。
[②] SCOR 模型是国际供应链协会（Supply-Chain Council）开发支持，适合于不同工业领域的供应链运作参考模型。

一级流程的分解：线索到现金流程

线索到现金的过程，体现了对客户需求实现过程的对应管理关系，梳理公司内部采取何种流程来满足客户需求实现过程，以及如何支撑该过程，如图4-7所示。

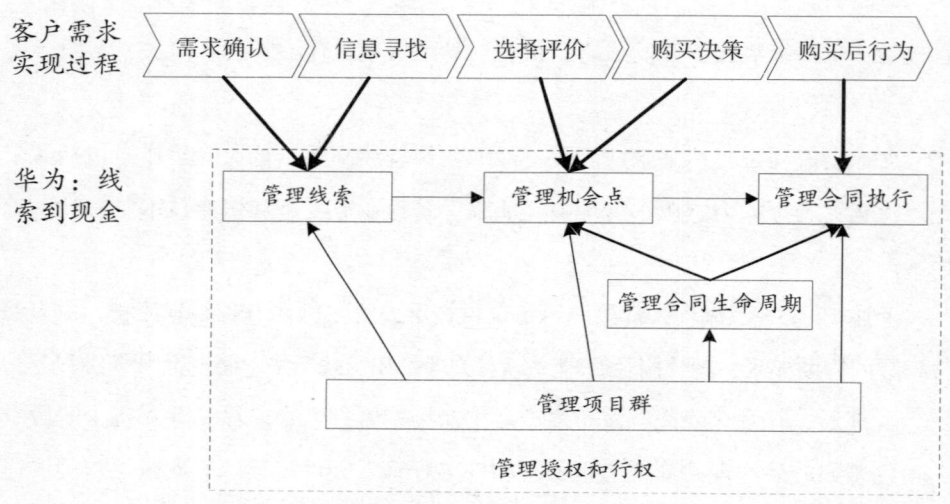

图 4-7　华为LTC与客户需求实现过程的衔接关系

这一过程包括管理线索（对应客户的客户需求确认、信息寻找过程）、管理机会点（对应客户的选择评价、购买决策过程）、管理合同执行（对应客户的购买后行为过程）。为了保障这一过程，华为设置了三个支撑流程：管理合同生命周期、管理项目群，以及管理授权和行权，如图4-8所示。

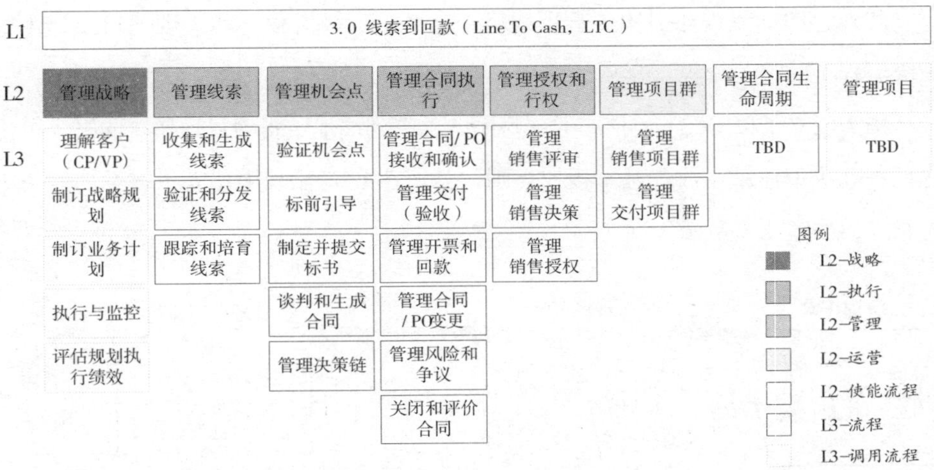

第 4 章 客户导向的流程创新

L1	3.0 线索到回款（Line To Cash，LTC）								
L2	管理战略	管理线索	管理机会点	管理合同执行	管理授权和行权	管理项目群	管理合同生命周期	管理项目	
L3	理解客户（CP/VP）	收集和生成线索	验证机会点	管理合同/PO接收和确认	管理销售评审	管理销售项目群	TBD	TBD
	制订战略规划	验证和分发线索	标前引导	管理交付（验收）	管理销售决策	管理交付项目群		
	制订业务计划	跟踪和培育线索	制定并提交标书	管理开票和回款	管理销售授权			
	执行与监控		谈判和生成合同	管理合同/PO变更				
	评估规划执行绩效		管理决策链	管理风险和争议				
				关闭和评价合同				

图例：
- L2-战略
- L2-执行
- L2-管理
- L2-运营
- L2-使能流程
- L3-流程
- L3-调用流程

图 4-8 LTC 流程分解

华为 LTC 流程分解后得到 6 个二级流程和 20 个三级流程，流程清单如表 4-2 所示。

表 4-2 LTC 流程分解清单

一级流程	二级流程（6 个）	三级流程（20 个）
线索到回款（LTC）	管理线索	收集和生成线索
		验证和分发线索
		跟踪和培育线索
	管理机会点	验证机会点
		标前引导
		制定和提交标书
		谈判和生成合同
		管理决策链
	管理合同执行	管理合同/PO 接收和确认
		管理交付（验收）
		管理开票和回款
		管理合同/PO 变更
		管理风险和争议
		关闭和评价合同
	管理授权和行权	管理销售评审
		管理销售决策
		管理销售授权
	管理项目群	管理销售项目群
		管理交付项目群
	管理合同生命周期	TBD

此外，LTC 流程还引用了管理战略（含 5 个三级流程）和管理项目（含 1 个三级流程）的有关流程。

华为建立了以 CC3[①] 为核心的项目团队，端到端地负责项目运作。同时为了优化评审和决策体系、改善基本授权规则，公司在 LTC 流程中建立了一系列的关键控制点，如图 4-9 所示。

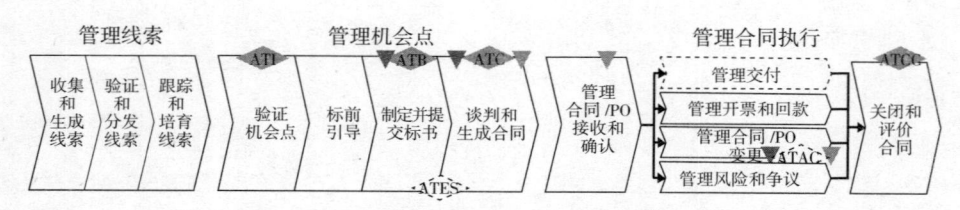

图 4-9 华为 LTC 流程关键控制点

图例说明：

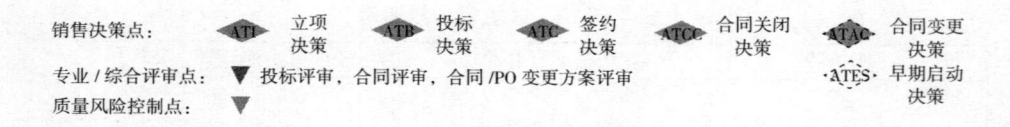

销售决策点：◆ ATI 立项决策　◆ ATB 投标决策　◆ ATC 签约决策　◆ ATCC 合同关闭决策　◆ ATAC 合同变更决策　◆ ATES 早期启动决策

专业/综合评审点：▼ 投标评审，合同评审，合同/PO 变更方案评审

质量风险控制点：▼

缩写	英文全称	中文全称
ATI	Authorize to Invest	立项决策
ATB	Authorize to Bid	投标决策
ATC	Authorize to Contract	签约决策
ATCC	Authorize to Close Contract	合同关闭决策
ATES	Authorize to Early Start	早期启动决策
ATAC	Authorize to Amend Contract	合同变更决策

LTC 流程设置了四个决策评审点（立项决策、投标决策、签约决策、合同关闭决策）以及两个可能的决策评审点（合同变更、早期启动决策）。这些评审包括四个模块的专业评审和一个综合评审，涵盖了 17 个要素。

---

① CC3 为项目制跨功能团队，包括三个关键角色，即客户责任人、解决方案责任人、履行责任人。

解决方案：包括解决方案价格、技术方案、客户需求承诺，共3个要素。

服务交付：包括服务解决方案、第三方采购和分包、供货物流，共3个要素。

商法：包括法务和综合条款2个要素。

财经：包括回款、外汇、保函、税务、保险、信用、融资、特殊商务折扣条款、概算分析，共9个要素。

华为在每个流程中均构建了"流程+角色+管理规则+IT"为一体的管理方式，使流程管理成为公司核心能力的基础。

一级流程的分解：服务交付流程（SD）

华为的服务交付，一般可能发生在解决方案销售（含服务）或在设备投入运营后对客户的持续服务中。所以华为的服务交付流程和LTC流程紧密关联，它们与客户需求实现过程的关系，如图4-10所示。

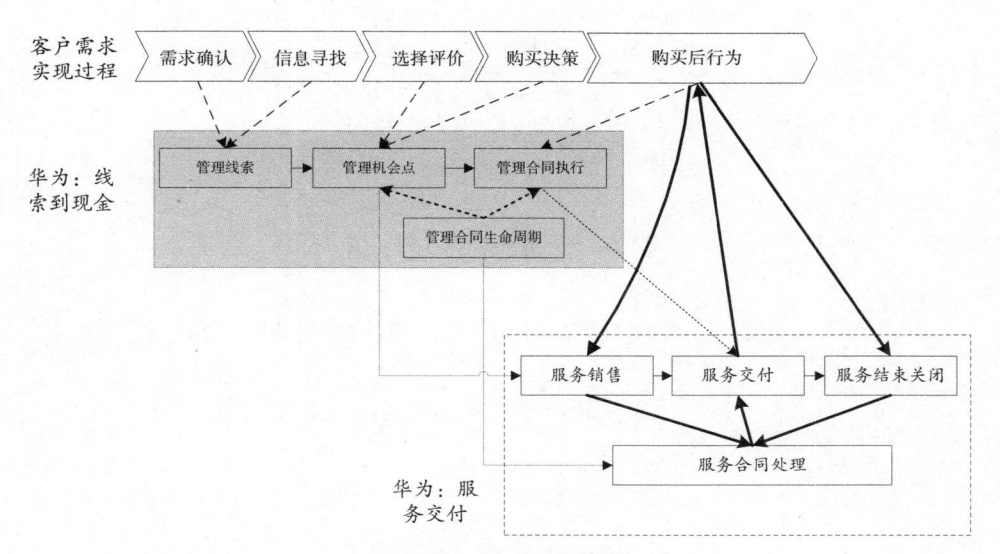

图4-10 服务交付流程

华为的服务交付包括在解决方案销售时（包含服务销售），或者在客户合同执行生命周期内,也就是客户购买后行为阶段,基于客户合同持续不断地开展服务:一般会签订一个框架式的长期服务合同,然后每次新增服务按具体服务内容进行谈判(有些服务项目在解决方案销售合同或者客户长期服务合同中规定)。所以,服务交付和线索到现金流程及客户关系如下:

管理机会点中涉及服务销售;

管理合同执行中涉及服务交付;

管理合同生命周期和服务合同处理关联;

在客户购买后行为阶段,会有服务销售、服务交付,服务结束关闭。

服务交付流程分解,如图4-11所示。

L1	7.0 服务交付(Service Delivery,SD)			
L2	服务销售	管理服务合同	服务交付	服务结束关闭
L3	服务行销	服务合同录入	工程服务交付	服务订单关闭
	管理销售机会点	制订合同履行计划	培训服务交付	服务合同关闭
	销售活动管理	服务合成套同	技术服务交付	
	客户合同管理	服务订单录入	备件交付/备件服务交付	

图4-11 服务交付流程分解

华为服务交付流程(SD)分解后得到4个二级流程和14个三级流程,流程清单如表4-3所示。

表 4-3 服务交付流程分解清单

一级流程	二级流程（4个）	三级流程（14个）
服务交付（SD）	服务销售	服务行销
		管理销售机会点
		管理销售活动
		客户合同管理
	管理服务合同	服务合同录入
		制订合同履行计划
		服务合同成套
		服务订单录入
	服务交付	工程服务交付
		培训服务交付
		技术服务交付
		备件交付/备件服务交付
	服务结束关闭	服务订单关闭
		服务合同关闭

第3节 客户导向的流程设计

以客户为导向开展流程的设计与优化，基本上遵循如下过程。

定义流程客户，理解客户需求。清晰界定流程客户并理解客户需求，有利于我们理解该项业务的目的，明确流程的起点和终点，以及设置流程的绩效指标。

分析客户需求实现过程及过程需求。分析流程客户在其需求实现的五个环节（需求确认、信息寻找、选择评价、购买决策、购买后行为）各有哪些活动，开展这些活动有哪些过程需求。

基于客户过程需求设置流程节点以及梳理流程设计要素。基于客户的过程需求，来设置流程的节点并安排相关活动，确保这些活动的实施能满足客户过程需求。此外，为了保障流程的有效运行，需要梳理分析和设计有关流程的管理要素（流程节点的输入输出），如必需的表单、模板、标准文本等。这些管理要素应该对客户有很好的利用价值。

设置流程绩效指标。基于客户需求（有时还会考虑过程需求）设置流程绩效指标。

流程管理的有关理论和实践也在不断演进，在互联网+时代，流程管理变革呈现以下趋势。

- 流程和IT的融合更紧密。精心规划和设计的流程，是构建IT系统的基础；而IT系统的应用，推动流程管理上了一个新的台阶。当前国内有不少厂商推出了流程管理软件，这些软件可根据企业需要进行流程的设置。

客户的数字化生活趋势，引领企业应用新技术去满足客户需求。基于移动信息化、物联网、社交网络、电子商务、云计算等新技术的应用，一方面可以使过去无法应用和开展的业务得以实施（从而衍生出新的流程）；另一方面，又极大地推动了现有流程的变革。

●客户导向的销售漏斗 [1]——中兴收款人员为何惨遭客户痛骂

中兴通讯是国内著名的通信设备制造企业，其客户对象主要是电信运营商。在20世纪90年代末期，公司为了完成订单，通常按照不同内部职能单位，分别成立一系列的团队（也就是项目小组），包括销售团队、生产团队、物流团队、工程实施团队、收款团队，分别完成订单实现过程的不同环节。有一次，给一个客户的订单交付验收后（工程团队完成设备的安装调试、客户验收完毕），隔了几天公司收款团队兴冲冲地去找客户收款，结果被客户骂得狗血淋头：工程验收不到三天，你们的设备就出了问题，现在还来找我要钱？

原来，设备出现问题后，公司工程项目组成员也正及时返回现场给客户重新调试，但这个信息没有及时传递到收款团队。搞得客户非常恼火，收款团队非常狼狈。

是什么原因导致了这样的尴尬呢？从本公司或本部门角度而不是从客户角度出发来思考流程，必然导致这样的结果！

中兴当年从自身角度，按照订单的签订和执行分别由公司各部门承担的现状出发，来设置公司流程，划分公司团队和资源。传统的商机管理基本上都是如此，从公司内部管理角度将销售机会划分为：发现机会、需求分析、建议报价、正式签约四个环节（如大名鼎鼎的DELL销售漏斗，将其划分为ICQDC五个过程，即发现机会Identified、联系客户Contacted、方案沟通Qualified、投标报价

---

[1] 根据本人多年前写的一篇文章《基于客户的销售漏斗分析》整理修改。

Developed、签约 Committed)。

这种站在企业内部职能管理视角来划分流程，使流程的每一阶段在部门内完成，表面上看堪称完美。然而，对于客户而言，从项目立项、发布招标信息、评标和签约，到接收设备、安装调试、验收、付款等，是一个完整的需求实现过程。我们需要从客户角度出发来考虑流程，而不是从公司部门角度出发。从公司内部角度设计的这种销售漏斗存在以下缺陷。

首先，将客户的需求满足过程划分为订单签订、订单实施、交付、收款等环节，在公司内部由不同部门去满足，使各执行团队难以完整地理解客户从需求产生到实现的整个过程。而对客户整个过程需求的深刻理解，是我们取得订单和执行订单的重要基础。

其次，客户需求和订单信息如何有效且不失真地在各部门传递，对执行团队将是个重大考验，尤其是在信息系统不完善的情况下。由于没有人从头至尾（客户的端到端）负责，各执行团队完成自己任务过程中发生的各种信息，沉淀在本团队内部，信息传递受阻。很显然，中兴的工程团队在接到客户工程质量问题反馈后，没有及时告知收款团队，导致收款团队还以为一切顺利。

最后，对于客户来说，从其需求产生到满足的过程，就是一件事。他需要相对简单化，并不希望和不同部门的形形色色的人直接打交道。

后来，中兴公司开始从客户角度来设计销售漏斗，即按照客户实现需求的过程划分为：需求确认、信息寻找、选择评价、购买决策、购买后行为，并分析客户需求实现各环节的过程行为和过程需求，改进公司的营销对策，如表4-4所示。

表 4-4 客户过程需求及公司营销策略

	客户过程行为	客户过程需求	营销策略
需求确认	产生改善管理/实施信息化的需要	需要立项、初步预算、得到审批	分析客户在哪些情况下容易产生需求 及时发现客户的需求 挖掘客户痛点刺激客户需求的产生 与容易发现/刺激客户需求的机构结盟
信息寻找	寻找各种潜在的解决方案供应商	希望方便、低成本地找到候选者	分析客户（购买者和决策者）行为和心理习惯，在他们最常用的媒介上，投放公司广告和软文 将竞争对手产品的缺点故意透露给客户
选择评价	对各种候选方案进行评价	熟悉了解各方案 能对多方案进行评价 同行业其他公司的类似案例分析 有效理清自身需求 如何建立合理评价标准	了解客户的评价标准，并尽可能影响其评价标准的建立 有针对性地对客户购买者和决策者进行公关 方案的演示（演示技巧） 迅速理解客户需求/帮客户理顺需求 沟通过程中树立顾问专家形象 对竞争对手缺点的合理披露
购买决策	选定方案 草拟合同 签订协议	需求能在合同中有效说明 制订合理的计划 合同条款公平公正	与客户一道对需求进行细化 与客户一起草拟合同条款 与客户一起制订后期开发实施计划 跟踪客户合同的签订，以防意外
购买后行为	后期开发 安装与验收 使用 维护升级 付款	如何管理进度计划 业务需求能有效实现 人员尽快熟悉系统 原有数据安全移植 便于维护与升级	和客户一起组建项目团队 后期应用开发与实施 客户培训 验收/项目资料移交 产品维护与升级 客户使用过程的指导与帮助 货款回收与结算 后期客户关怀

从上表中我们可以看到，原销售漏斗只包括客户实现其需求过程的前四个环节，对客户来说，并不是一个完整的流程；从需求确认到最后完成实施投入使用，才是一个完整的项目过程。是以公司为中心，还是以客户为中心，会形成两种不同的销售漏斗，如图4-12所示。

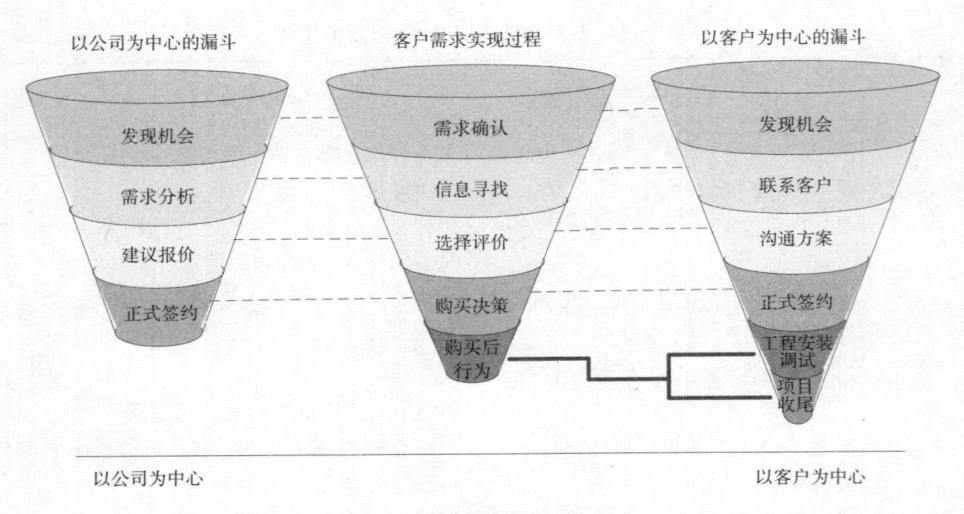

图 4-12　两种漏斗的比较

从客户角度重构公司的销售漏斗后，会带来如下好处。

1. 重新思考和定位公司的组织结构和人员职责。强调销售人员（商务经理）对生产过程跟踪、工程实施和收款等方面的跟踪监督责任，使其成为对客户项目成败的总体负责人。

2. 有利于更系统地思考客户的分析决策过程，并结合客户的过程需求采取有针对性的营销策略。

3. 针对客户各环节的过程活动和需求，可以更有效地将有关信息由前端向后端传递与共享；同时，后端人员可以更有针对性地参与前端的营销活动，实现关键节点的并行。例如，针对后端人员参与项目满足客户需求的需要，前端人员可以更清楚地知道哪些信息应向后传递；在客户需求确认的过程中，针对后期开发的工作量估计，有技术人员提前参与，则会更准确一些。

● 订单管理流程，基于客户的移动信息化创新

由于客户的数字化生活趋势，基于移动信息化技术（如手机 APP）所开展的

业务创新，可以实现企业传统业务流程根本无法实现的功能，拓宽了企业流程管理的范围。下面分别以酒店和餐饮企业两个简单的案例，来说明订单管理融合移动信息化后的流程变革。

酒店订单管理

酒店行业由于受地域限制，过去做广告往往比较困难（餐饮行业也类似），一般靠口口相传的方式进行传播，坐等客户上门，销售比较被动。这可能面临两种尴尬情况，一是客人过多，后面来的客户无房可入住；二是客人过少，空余的房间被浪费掉——对酒店而言，入住率越高收入显然越高，而增加的边际成本极少。而且，在晚上6点以后，哪怕酒店还有再多的空余房间未入住，也难以通过有效的促销方式来进行销售——潜在客户没办法及时收到打折的广告信息。

传统的酒店客房销售管理流程，如图4-13所示。

这是一种公司坐等客人上门、从自己运营管理角度设定的流程管理模式。按照客户分析模型分析，我们会发现，客户能通过电话、传真等预订的，一般是熟客或老客户，新客户除非看到公司的广告否则很难实现有效预订。

现在，很多自己出游的客人，他们习惯使用地图导航，通过智能终端上的电子地图查找附近的酒店，或通过智能终端的酒店预订APP系统下订单。例如，客户通过去哪儿网的APP应用（携程网也有类似应用）"身边酒店"功能，可搜索10千米内可以预订的酒店，获知酒店的电话、地址、价格、设施、服务内容、点评、图片等众多详细信息。客户可以在18点至次日6点通过该APP应用的"夜销"功能，以超低价格订到酒店当晚的剩余客房。除价格优惠外，"夜销"酒店还有一个特点：快。用户无论是否登录账号都能直接下"夜销"酒店订单，必填信息只有两项：姓名和联系方式（用户需提前在网站注册），从打开客户端到完成下单，总时长在1分钟以内。"夜销"订单得到确认就意味着预订成功。如果客户不知道怎么去酒店，打开地图导航功能，就会准确定位，同时利用卫星导航帮用户引路。新的流程如图4-14所示。

这种基于 SoLoMo[①] 所做的流程变革，绝不仅仅是在原有流程上的电子化。与传统酒店客房销售相比，该流程有如下不同。

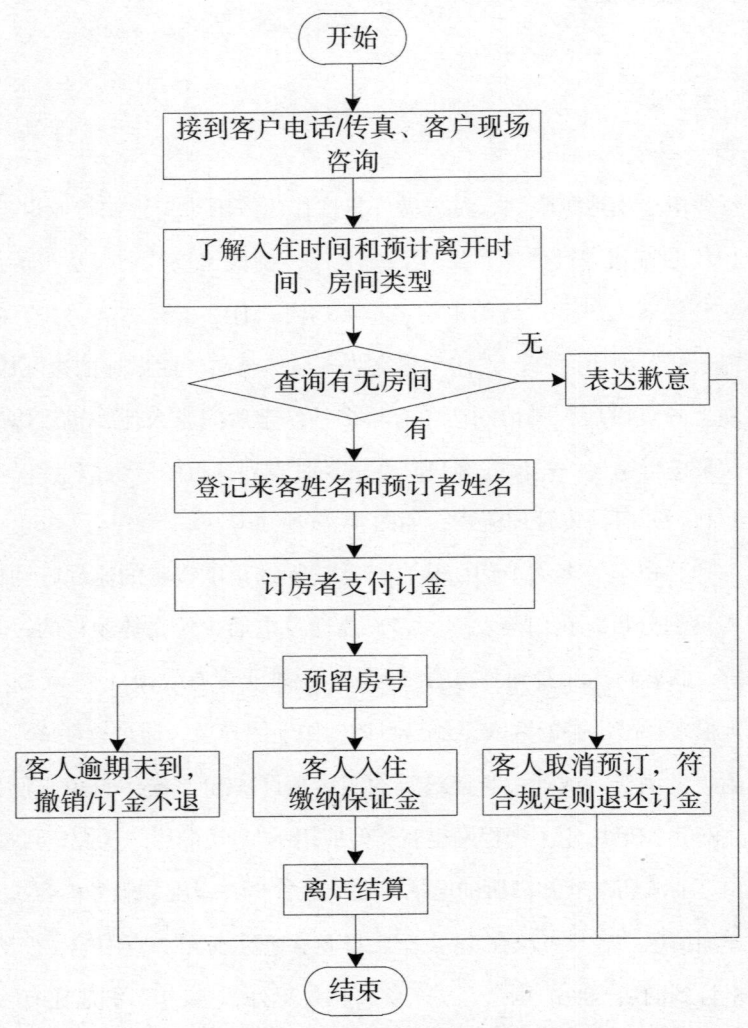

图 4-13 酒店客房传统销售管理流程

[①] 即 Social（社交）、Local（本地化）和 Mobile（移动）。

第 4 章
客户导向的流程创新

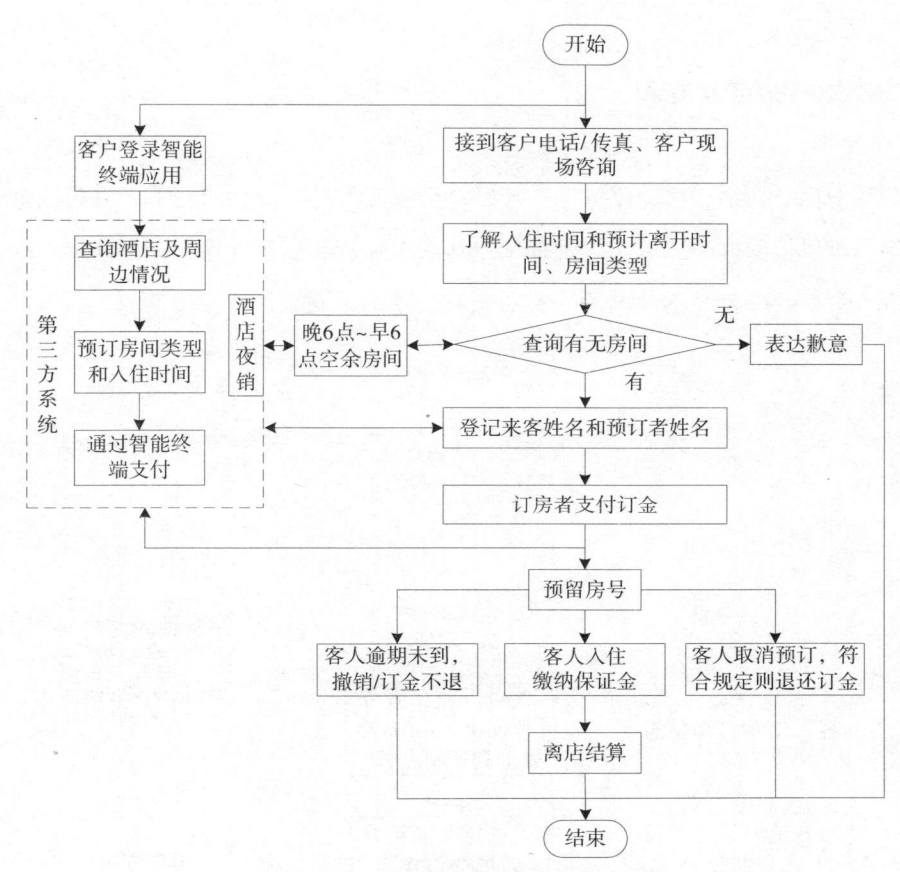

图 4-14 酒店客房销售流程创新

信息的交互。传统酒店销售只需要在本地 IT 系统进行登记（如没有本地 IT 系统，则手工登记）；加入第三方酒店销售平台（如去哪儿网、携程网等）后，除了需要在本地系统进行登记外，还需要在第三方系统登记入住信息（可以将两个系统集成；没有则手工登记）。

晚 6 点至早 6 点，可以开展有效的夜间促销。

客人的订金交付方式有差异。通过第三方缴纳订金后，客人凭订单号就可以入住，公司则需要定期和第三方进行结算。

客人在入住前，可以通过网络了解其他人对公司的评价，入住和离店后也可以发表评论，传统的投诉方式可能也会变化。这对公司的服务提出了更高的要求。

餐饮企业的流程变革

基于社交网络、移动商务等，可以对企业流程进行深刻的变革。以餐饮企业为例，可以根据客户需求实现过程（包括需求确认、信息寻找、选择评价、购买决策、购买后行为），来对比一下这种流程变革的影响。

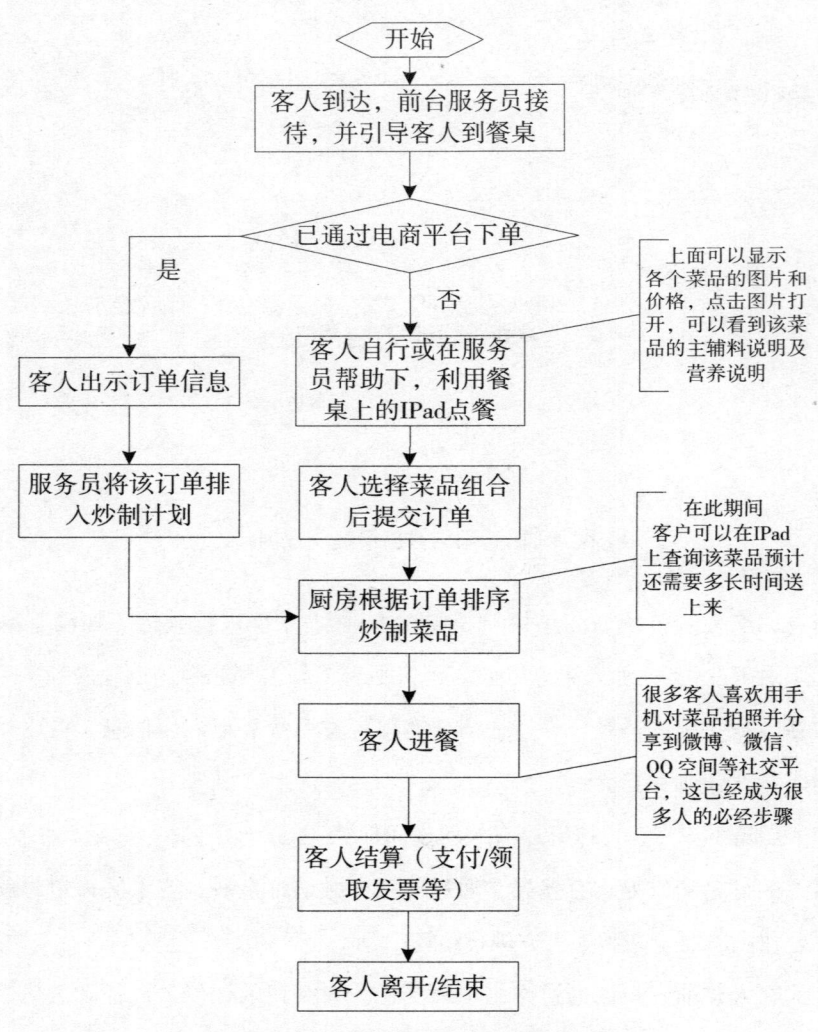

```
                    开始
                     │
                     ▼
          客人到达，前台服务员接待，
              并引导客人到餐桌
                     │
                     ▼
              已通过电商平台下单
              ┌──────┴──────┐
             是│             │否
              ▼             ▼
      客人出示订单信息   客人自行或在服务员帮助下，
              │         利用餐桌上的iPad点餐
              │                │         ── 上面可以显示各个菜品的图片和
              ▼                ▼            价格，点击图片打开，可以看到
      服务员将该订单排   客人选择菜品组合       该菜品的主辅料说明及营养说明
        入炒制计划         后提交订单
              │                │
              │                ▼
              │         厨房根据订单排序   ── 在此期间客户可以在iPad上
              └──────→     炒制菜品          查询该菜品预计还需要多长时间
                             │                送上来
                             ▼
                          客人进餐         ── 很多客人喜欢用手机对菜品拍照
                             │              并分享到微博、微信、QQ空间等
                             ▼              社交平台，这已经成为很多人的
                     客人结算（支付/           必经步骤
                       领取发票等）
                             │
                             ▼
                       客人离开/结束
```

图 4-15　餐饮企业订单流程创新

1. 需求确认。

2. 信息寻找。

客户可能会通过有关团购网（如美团）、大众点评网、去哪儿网等网站来查找该地区或附近有关餐饮企业，搜索相关产品和价格。哪怕是客户刚到某个新城市，也可以很快地通过网络查到有关供应信息。

过去除非客户了解该餐饮店，或者刚好路过，否则只有通过人员到外面去派发传单来吸引新客户。而这种派发的传单绝大部分都被当作废纸扔进了垃圾桶，成本高效果也很差。

3. 选择评价。

客户根据有关网站上该地区列出的餐饮企业目录、价格、图片、销售量、客户评价、距离远近等信息，决定选择哪一家。公司可以通过对比这些网站上竞争对手的信息来调整价格，并通过搜索引擎优化、客户互动等方式来影响客户的评价过程。而在过去，公司对这一部分的影响几乎无能为力。

4. 购买决策。

基于社交网络/移动信息化和电商平台，餐饮企业新的订单流程如图4-15所示。

而传统的餐饮行业订单管理过程，如图4-16所示。

很显然，客户特征的变化，客户对社交网络的偏好，已经深刻影响了客户的购买决策过程；餐饮行业的流程必须做出相应变革，才有可能适应客户的变化。

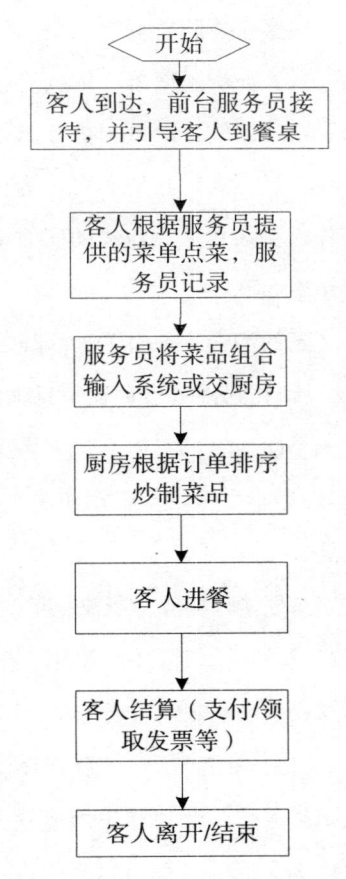

图4-16 传统餐饮企业订单流程

5. 购买后行为。

传统上，客户在餐厅消费后，除非该餐厅很有特色或消费经历很差，否则几乎很难再提及该餐厅。而在移动信息化和社交网络的推动下，很多客人发表在社交网络上的餐馆菜品图片、评价，以及在朋友圈内进行的互动与传播，会影响更多的人来此进餐或抵制该餐厅。

●费用报销流程变革：ERP 社交化

很多企业随着规模的不断扩大，分子公司之间、各部门之间的沟通协作越来越频繁，而沟通困难、信息传递不及时、在外出差无法实时获取详细的 ERP 数据等一系列问题也严重困扰着企业管理人员。通过将企业社交网络与企业 ERP 等信息系统进行有效集成，可以为所有业务相关人员提供一个业务交流空间，用户可以轻松关注业务或流程的实时动态，快速和业务处理人员展开实时交流互动。主要作用如下：

高效沟通。通过 IM（即时通信）、邮件等都可以实现，但是在多对多的场景下，IM 和邮件就会存在消息大量冗余和对话主体不明确的问题，大家使用 IM 群组和 QQ 群时都有体会，邮件更甚。而企业社交网络在屏蔽了转发功能后，通过回复和 @ 功能以及引用（类似话题）功能，即便在多对多沟通场景下，也不会混乱。

方便协作。企业社交网络通过业务实例（单据、报表、流程）实现信息隔离，所有成员（受权限体系控制）在相对独立的空间进行交流，直接和业务实例绑定。不同业务话题之间可通过"引用"功能进行关联，实现上下游业务之间的联查。

自主关注。用户可以选择性地关注一些业务实例（必须是其权限范围之内），例如某一张销售订单，所有这张单据涉及的有关库存、排产、信用核查、审批、发货等交流信息都可以直接推送给用户，使有关用户能够知道业务的实时进展。"邀请"功能可以处理一些流程例外状况，例如在某流程实例中，需要流程之外的人员提供相关意见或建议，可直接邀请他参与这个业务交流。

以公司费用报销流程为例。

某公司财务员 B 审核培训讲师 A 提交的差旅费用报销单（单号为 ×××），发现如下问题：

培训活动原来通知所有讲师费用汇总、统一报销，但现在是讲师各自报销；

报销人乘坐公务舱，非经济舱；

市内交通费 50 元的电子发票模糊不清。

按照过去一般的费用报销流程，可能需要将报销单据退还给报销人培训讲师 A。由 A 补充说明为何乘坐公务舱而不是经济舱——A 找培训部补充说明为何该培训费用由个人报销——重新扫描发票——再提交财务报销。这些过程都是串行的，报销人 A 将不断地在各部门往返，整个流程效率低下。

而借助于企业社交网络，对流程的变革如下。

会计员 B 通过公司社交网络平台，找到所关注的这张报销单（单号为 ×××），发了一条微博信息……

会计 B 说："A 报销单有问题，请及时联系。"(2012-5-8)

培训部 C 说："已更新此次培训活动的报销方式，刚才发邮件给你了。即讲师统一报销方式改为讲师各自报销，A 可以自己报销。"(2012-5-8)

报销人 A："当天该班公务舱的机票价值比所有经济舱的价值低（后附当日航班及价格列表），因此订了该航班与舱位。"(2012-5-8)

扫描员 D："已重新调整扫描仪的分辨率，重新扫描了清晰的交通费发票，并上传了。"(2012-5-8)

通过企业社交平台，有关人员均可看到该报销单即时交流信息。现在的报销审批过程完全透明和可视化，可及时发现问题，即时在线沟通，快速应对解决。

第 4 节　客户导向的流程绩效评估

公司绩效管理可分为三个维度，组织绩效、流程绩效和岗位绩效。流程绩效是支撑组织绩效的重要基础，正如平衡计分卡对战略绩效管理四个维度（财务层面、客户层面、内部层面、学习与成长层面）中强调内部流程的绩效一样。同时，对流程的绩效进行评价有利于我们进一步改进流程管理。不过，由于需要耗费一定的成本，我们并没有必要对所有流程都进行考核。而且，在设置考核指标时，也应注意该指标数据收集的难易程度，如果数据收集成本太高，则完全没有必要将其作为考核指标。

●流程绩效指标的设置

流程绩效指标的设置，是以流程客户需求为依据的。由于流程是为了满足客户的需求而设置的一系列活动安排，因此，客户需求能否得到满足当然应该是评估流程绩效的基础。

客户不同需求的重要性差异，则是设置流程绩效指标权重的基础。

设置流程绩效指标

由于流程常常有多个客户，每类客户也可能有多种需求。因此，在设置流程绩效指标时，需要根据界定出来的流程客户和客户需求进行综合分析和评价。根据客户的重要性和客户需求重要性的差异，主要选择那些重要的需求来设置绩效指标。

如前所述的培训管理流程，其客户需求包括：培训内容与工作业务的相关性、培训费用控制、培训效果、培训时间安排、培训覆盖率、培训学时数、培训内容对自我实用价值等多个方面。但在设置流程绩效指标时，可能将一些考核比较困难而又可以采取其他措施进行实际控制的内容不作为绩效考核指标，如培训覆盖率（有些企业改为一种间接的评估方式，如规定每个员工年度培训学习时间超过一定的小时数）、培训内容对自我实用价值等。很多公司在设置培训管理流程时，常常简单地将"人均培训学时"作为该流程的测量指标，很明显就没有正确反映客户的需求。

有时也可以利用反向思考，探寻流程客户及流程目的，来得到流程的绩效指标。例如前面所介绍的招聘管理流程，客户分为公司和用人部门。对于用人部门而言，关键是业务有人承担（有人做事）、做事的人员能够胜任工作；公司的需求则是合理控制招聘成本、合理控制用工成本等。很多公司喜欢用招聘及时率作为招聘管理流程的绩效指标，但它显然并不能真实反映客户的需求——如 HR 部门为了提高招聘及时率，常常会将其定义为"接到招聘需求后三个月内招聘入职就算符合要求"，这就是一个博弈过程。其实，将"关键岗位空缺率"作为该流程的主要考评指标会更有效，它能更真实地反映业务部门需求"业务有人做"；而招聘成本则可以作为一个次要的参考指标（一些经常需要猎头公司来协助招聘的企业可以考虑设置这一指标），这个指标要求招聘部门合理控制招聘成本（包括差旅费用、猎头招聘费用、广告费用等）。

在设置了这些流程绩效指标后，应对每个指标进行定义，即每个指标是表示什么意思，测量的是什么，如何测量，由谁测量，测量周期是多少，等等。比如，培训费用控制一般以全年预算为准，并以季度为考核周期；而培训内容与工作相关性、培训实施效果等则以单次培训的考核记录为基础，进行综合评价得到。

在设置流程绩效指标时，应该注意以下事项。

由于进行流程绩效的测量需要一定的成本和技巧，因此，要尽可能选择一些简单且易于测量的指标。

对于部分非核心流程，无需设置流程绩效指标进行量化分析（按照80/20法则，我们只须抓住主要问题）。

对于一些无法直接测量但又非常重要的指标，可以采取间接的方式进行，如找错、统计偏差等。

设置绩效指标权重

在设置了某个流程的多个绩效指标并进行定义后，可以进一步对各个绩效指标赋予一定的权重（百分比），组成对该流程的考核体系。

以培训管理流程为例，其客户包括公司、业务部门、员工，三者之间的需求是不完全一样的。公司的需求是合理地控制培训成本、培训效果良好、培训覆盖范围；业务部门的需求是培训内容与业务紧密结合、培训效果良好、培训时间安排合理；员工的个人需求是培训内容与自我实用价值（员工对培训内容需求可能与公司安排不一样）、培训学时等。

不同客户的需求重要性不同，对流程绩效指标权重的评价，可以由有关的流程客户（流程产出的接收者或流程的受益者）、流程经理、流程供应商、员工代表等来进行评分。假设评委的评分结果如表4-5所示。

表4-5　培训需求重要性评估

客户需要	评委1	评委2	评委3	评委4	评委5	评委6	评委7	总分
培训内容与业务紧密相关	5	5	5	5	9	9	5	43
培训费用控制	5	9	3	9	5	5	9	45
培训实施效果良好	9	5	9	5	5	5	5	43
培训时间安排合理	3	3	3	5	1	3	1	19
培训覆盖率	3	1	3	3	3	1	3	17
培训学时数	1	3	3	3	5	3	3	21

在进行客户需求排序时,应注意以下事项:

一般情况下,参与评分的人为5~8个,成员包括流程负责人、咨询顾问、客户代表、员工代表等,有时涉及一些规模较大的核心流程时,可能需要中高层领导参加。

对于一些明显不重要的客户需求,可以不进行重要性权重评估。

对于多数非核心流程而言,可能在进行流程优化时没有必要对客户需求进行排序。因为这种排序过程比较费时费力。

在进行排序时,流程负责人和咨询顾问应详细介绍排序的基本原则和注意事项,使评分者建立相同的评分准则。

每个评委评分时,按9分、5分、3分、1分对其认为重要的指标进行评价,每个评委评9分的指标最多只能有1个。

我们可以根据前面的评分结果,转化为对客户需求重要性的排序,得到相应指标的权重,如表4-6所示。

表4-6 培训流程绩效指标权重

流程绩效指标	评分	比重	实际设置权重
培训内容与工作业务相关性	43	23%	20%
培训费用控制	45	24%	25%
培训实施效果	43	23%	25%
培训时间安排	19	10%	10%
培训覆盖率	17	9%	10%
培训学时数	21	11%	10%
合计	188	100%	100%

上表列出了一种分析方式,数据仅为模拟,实际中一般由小组讨论得到流程绩效指标权重。不同公司对具体某个流程的要求不同,其绩效指标和权重都可能不一样。

● 设置流程绩效目标

吉尔里·A·拉姆勒等人认为，流程绩效目标主要有三个来源：组织目标、客户需求和标杆[1]。在我看来，设置流程绩效目标，需要从以下四个方面进行考虑。

1. 客户需求。

流程的输出要达到怎样的标准，才能符合客户的要求，是我们设置流程绩效目标的重要考虑因素。而要想符合客户的标准，就应该以客户的期望为依据，对流程客户进行深入的调研非常重要。

2. 公司组织目标。

流程绩效最终是为了支撑组织绩效目标的，正如平衡计分卡对组织目标的分解，并落实到流程绩效目标一样。

3. 公司能力现状。

由于单个流程的绩效表现往往受限于公司总体能力现状，包括公司综合管理水准、信息化建设水平状况、员工素质等方面，所以流程绩效目标的设置也不能好高骛远，需要综合考虑公司的能力现状。

例如，肯德基的早餐宣传册明确规定，客户点餐后1分钟内提供产品，否则赠送客户10元餐饮券。这就是在对客户需求和公司生产能力进行综合评估后做出的绩效目标承诺。

4. 标杆企业流程绩效表现。

标杆企业一般选择同行业或相似行业中表现卓越的企业为对照标准。深入研究这些企业的流程及绩效表现，对公司流程设计和优化有重要指导意义。而且，考虑标杆企业的流程绩效，对于很多竞争激烈的行业来说，是必须面对的现实，否则公司很可能在竞争中被淘汰。

---

[1]《流程圣经——管理组织空白地带》，吉尔里·A·拉姆勒、艾伦·P·布拉奇著，东方出版社，2014年。

第 5 章

客户导向的营销 / 服务创新

营销是关于企业如何发现、创造和交付价值以满足一定目标市场的需求，同时获取利润的科学和艺术。

——菲利普·科特勒

第 1 节　互联网 + 时代的营销／服务变革趋势

市场营销与售后服务是公司最贴近客户的业务，这两个领域对客户的研究相对比较深入，以客户为导向开展有关业务也被广为接受。

● 客户导向的营销／服务逻辑

营销 4P 到 4C 的客户导向逻辑

市场营销是企业安身立命的最前线。关于营销的理论层出不穷，如 4P、4C、4R，等等，这些理论从不同维度对营销基础进行了提炼总结。

营销 4P 理论[1]：从产品本身出发，关注产品（Product）、渠道（Price）、价格（Place）、促销（Promotion）四个主要因素。该理论的提出被认为是现代市场营销理论划时代的变革，并成为多年来市场营销实践的理论基石。

营销 4C 理论[2]：以客户（Consumer）为中心，关注并满足客户在成本（Cost）、便利（Convenience）方面的需求，加强与客户的沟通（Communication）。

---

[1] 1964 年，美国密歇根州立大学的杰罗姆·麦卡锡以及"现代营销之父"菲利普·科特勒提出。
[2] 1990 年，美国北卡罗来纳大学广告学教授罗伯特·劳特朋教授提出。

此外，还有一些学者提出了诸如营销 4R 理论[1]，即关联（Relativity）、反应（Reaction）、关系（Relation）和回报（Retribution）；4S 理论，即满意（Satisfaction）、服务（Service）、速度（Speed）和诚意（Sincerity），等等。

营销 4P 理论的缺陷也是比较明显的，它从企业内部去看营销，以企业为中心，以追求利润最大化为原则。4P 理论不从客户的需求出发，也不考虑客户的利益，只是采用各种手段让客户了解公司的产品，从而有机会购买其产品，这势必会产生企业与客户之间的矛盾。4P 理论适用于卖方市场；当消费者嗷嗷待哺的时代过去之后，他们需求的个性化程度也越来越高，市场的中心点转移到了消费者本身。

4C 理论将人们的关注焦点从企业内部转移到客户，显然是营销理论的一大进步。4R/4S 理论也基本围绕客户进行。但这些理论对客户的关注，都是从点的方面来进行的，简明的提炼虽然有利于该理论的传播，但在实际操作时仍面临很多问题，并不能有效指导企业来系统地围绕客户思考营销过程。

其实，与市场营销有关的业务无非包括市场研究与细分、品牌与宣传、销售与订单管理、客户关系管理等方面。按照美国市场营销协会对市场营销的定义，市场营销是一项有组织的活动，包括创造、沟通、交付顾客价值和管理顾客关系的一系列过程，从而使利益相关者和企业都从中受益。在菲利普·科特勒看来，市场营销是选择目标市场，并通过创造、交付和传播优质的顾客价值来获得顾客、挽留顾客和提升顾客的科学与艺术。既然市场营销是为了创造、交付、传播客户价值，并管理客户关系，那从客户角度来看企业营销是必然的了。

尽管市场营销有关理论和创新应用层出不穷，但如何真正洞察客户、真正有效地开展有关营销和售后服务活动，仍然是众多企业最头痛的问题之一。站在企业自身角度来看营销和售后服务过程，很难避免盲人摸象的困境。

---

[1]《4R 营销：颠覆 4P 的营销新论》，艾略特·艾登伯格著，企业管理出版社，2006 年。

从客户角度看企业营销/服务

站在客户角度看企业营销,就是关注客户如何看待其需求,以及在其需求确认、信息寻找、选择评价到购买决策的各环节,公司能否及如何为其创造和提供价值;而售后服务则是在客户购买后行为阶段,公司如何更好地为其创造和提供价值。这与传统的从企业自身角度看营销/服务存在巨大的差异,如表5-1所示。

表5-1 从公司和客户两种不同视角看营销/服务

业务范围	维度	从公司视角	从客户视角
市场研究与细分	关注焦点	如何结合客户需求和特征(年龄、收入、地域等)进行客户细分 公司与竞争对手相比的优劣势	个性化需求
	主要流程	市场管理流程	客户需求实现过程:需求产生、信息寻找、选择评价、购买决策、购买后行为
	人员管理	培训员工在调研、统计等方面技能 将定期提交市场调研报告作为绩效指标	公司应搭建合理的平台,让客户能够参与公司的市场研究和公司分析
品牌与宣传	关注焦点	如何选择有影响力的媒体,如何制作有效的广告方案进行宣传 关注宣传方案的新奇 出现危机时的品牌公关	在信息寻找和选择评价阶段,如何更高效可靠地获得候选产品/服务的信息 社交网络上的信息传播;更关注口碑、朋友的推荐和点评;购买后发表对商品的评价
	主要流程	宣传方案的制作与审批 宣传效果的评估	在客户获取信息时,公司如何在合适的地方以合适的方式出现 如何和客户进行互动沟通
	人员管理	员工的创意和广告制作能力	通过社会化媒体平台和客户进行互动沟通

续表

业务范围	维度	从公司视角	从客户视角
销售与订单管理	关注焦点	建立销售渠道，管理渠道商 如何进行销售预测 产品定价与调价 如何签订订单及审批 如何交付产品/服务	如何最有效地获取有关候选产品/服务 方便地进行比价、查询该商品的销售量 参考他人的评论和朋友的推荐 购买的便利性 购买后及时收到商品
	主要流程	渠道管理流程 销售预测流程 销售管理流程 发货管理流程 回款流程	需求确认、信息寻找、选择评价到购买决策的全过程 商品选择比价的流程 查询订单执行进展的流程
	人员管理	销售人员话术 关注人均销售量/额、回款、毛利等方面的管理	销售人员清晰地介绍产品/服务如何满足我的需求 朋友和其他人是如何评价该商品的
售后服务	关注焦点	如何建立售后服务网点 如何进行产品维修维护 如何对维修人员和维修配件进行管理	产品如何方便地安装、使用、升级、维护维修、淘汰 为客户提供产品售后生命周期内的全程服务
	主要流程	客户使用培训管理流程 安装管理流程 维修配件管理流程 维修管理流程	查找、翻阅有关安装、使用说明书 保修与升级 维修申请及报修 产品淘汰报废处理
	人员管理	将售后人员定位为安装维修人员；提高其维修技能 月人均维修量	售后人员如何保障我享受产品/服务带来的价值，而且有好的体验，不被中断
客户关系	关注焦点	如何获取客户基本信息 如何管理客户订单执行 如何开展节日问候、客户关怀等 如何提高客户满意度	尽可能少地提交个人信息 如何保护我的个人隐私信息 非必要时刻请不要打扰我 我的需求是否得到满足
	主要流程	客户档案管理流程 客户接待管理流程 礼品管理流程 客户满意度调查流程	注册登记流程 在线调查流程
	人员管理		

从公司视角和从客户视角的差异，意味着当前很多企业看待营销与服务的不少观点都过于主观化。从客户角度来重新审视公司的营销与服务，并基于客户数字化生活趋势，推动公司营销/服务管理创新，已经迫在眉睫。

● 客户的数字化生存方式催生营销/服务变革

如前所述，客户的数字化生活趋势，引发了客户需求的变迁，客户需求更加个性化；社交网络的流行也使客户需求实现过程发生了巨大的变化。另一方面，利用网络技术、大数据、LBS等技术更容易识别和跟踪客户需求。客户的这种变化趋势，正在催生企业营销/服务模式的变革。

市场研究与细分

消费者行为习惯的演变，使传统市场调查方法（如街头拦截、电话访问、座谈会、抽样调查、深度访谈等）面临着越来越大的挑战；而各种契合消费者数字化生存方式的新市场研究技术（如网络调查、在线研讨、网络口碑研究、大数据等）不断涌现。社会化媒体研究的最大优势在于能够准确识别参与传播的个体和群体的特征、观测整个传播行为的动态过程，并能够低成本地实现对顾客行为的记录测量，这些是传统市场研究无法做到的。同时，社会化媒体研究通过低成本获取海量数据的优势（电子商务也有助于对客户行为的跟踪记录），能够对新的现象和问题进行快速响应式的研究，为企业提供了参与式研究的机会。当前的大数据热潮，正是基于信息的电子化收集方式而开展的后期研究。

宝洁全球消费者与市场知识官Joan Lewis认为，社会化媒体不仅仅是改变传统调研方式那么简单，当人们越来越习惯社会化媒体上的互动方式后，他们可以更加自由地表达自己，要求他们进行结构化的传统调研将会变得越来越困难。

市场研究后要做的另一项工作便是细分市场，其目的是识别有价值的客户需求差异特征，使企业可以结合每个细分市场采取差异化的策略。正如 DELL 电脑创始人迈克尔·戴尔所言：细分化的一大好处，是让我们能更清楚了解每一个细分市场的成长率、获利率、服务品质与市场占有率，并能据以调整行动。……每当我们确定有足够的特定客户群时，便会进行细分，赋予它自己的经营团队。

对市场细分的最极端状态，是由每个客户自己提出需求，公司进行个性化生产并交付。例如 DELL 通过网上的产品配置器，由客户自行在网站上选定所需要的电脑配置并下达采购订单。海尔集团甚至更进一步，他们正在开展 C2B+ 客户 DIY 的方式（C2B 是 Customer To Business 的缩写，是以聚合消费者需求为导向的反向电商模式；DIY 是英文 Do It Yourself 的缩写，译为"自己动手做"），先通过 C2B 预售同时针对客户加入个性化 DIY 元素，利用在海尔商城设立的"立刻设计我的家"和"专业设计师"平台实现买家的个性化创意。然后以销定产，通过高效的供应链管理，完成生产并交付。

又比如，客户在亚马逊首次购物后，再次登录这个网站，就会看到亚马逊专门为客户定制的个性化主页：上面显示客户的订购记录、浏览记录，以及客户关注商品的有关评论。根据客户在线购买记录，向客户推荐有关类别的特价商品和热销商品。

亚马逊实际上就是在固化客户信息的基础上，通过庞大的数据库进行数据分析，为客户提供细分服务。目前京东商城等电商平台也实现了类似服务。

品牌与宣传

社交网络的发展和普及应用，一方面使客户更容易受到他人的影响，同时又不断地去影响其他购物者。社交网络使过去的单个客户群体聚合为一种庞大的力量，这对企业的品牌管理和宣传来说，既是一个巨大的机遇，也是一个巨大的挑战。

当今网络广告已经超越传统报纸电视广告成为广告第一媒介，通过网络广告来接触客户、沟通客户，是应对客户数字化生存的重要趋势。如何针对客户（网民）使用最多的网络应用，探讨其主要特点，以便寻求有针对性的网络广告方式，是新时期广告人面临的最大难题。因为网络广告比传统广告更加多元、更主动化（客户自主点击和传播）、更轻松娱乐化，更具爆发力或摧毁性。例如，当前很多电商平台都会收集用户浏览过的商品信息，在下次用户登录时，这些信息就会浮现在网页上；今日头条会根据用户浏览记录，进行智能计算后，自动推送用户喜欢的新闻（包括广告）。

销售与订单管理

2017 年双十一天猫成交额 1 682 亿元，同比增长 41%，其中无线成交占 90%。基于客户的数字化生活趋势，当前融合多种新兴技术而开展的营销管理创新，正方兴未艾，表现为社会化电子商务、移动电子商务、O2O、C2B 等营销变革。

社会化电子商务是电子商务的一种新的衍生模式。它借助网络的传播途径，通过社交互动、用户自生内容等手段来辅助商品的购买和销售行为。社会化电子商务解决了两个问题：一是帮助消费者解答"买什么、在哪里买"的问题，即具有导购的作用；二是用户之间或用户与企业之间有互动和分享，即具有社交化元素。它是一个可靠的信息来源、实用的社会化沟通工具、有趣的网络购物体验、高效的购物过程。目前的社会化电子商务发展，主要有三种方式。

1. 基于电子商务网站构建社区。基于现有的电子商务服务构建社区，通过社区关系促进电子商务本身，如淘宝推出的基于淘宝的社会化电子商务平台、凡客推出的社会化平台"凡客达人"。

2. 第三方社会化电子商务平台。基于现有电子商务服务，但拥有一套相对独立的关系圈（用户体系），可以减少对于电子商务平台的依赖度。

以"微博架构 + 购物分享"为主要形式的美丽说、蘑菇街等网站，近年来飞速发展。美丽说是一个女性互动购物社区网站，用户可以在社区找达人，找店铺，找团购，分享网购链接，分享自己喜欢的购物相关资讯，等等。蘑菇街是一个购物分享社区，它把喜好相似的人组织起来，根据群体的行为和决策，对商品进行排序、分类和陈列，帮助用户迅速发现心里想要的东西。

3. 基于社区的社会化电子商务。目前互联网上已经有了不少具有相当影响力的社区平台，比如 Facebook、Twitter、新浪微博、腾讯微博等。基于这些社区平台，拓展电子商务，利用其强大的用户平台进行营销。

腾讯公司于 2011 年 11 月正式推出基于腾讯微博的电商平台——腾讯微卖场。腾讯微卖场加入了转播降价、限时、限量促销，商户可直接在微博中开展电商业务。例如，腾讯微卖场卖家推出的促销产品，由微博用户转发，每次转发降价 0.1 元至 1 元不等，当价格降至其预先设定的标准时就可激活购买按钮，其间转发依然可以继续降价，微博用户可以在自己认为合适的价位随时出手。而为了控制成本，每款产品都是限量供应。到底何时出手不会被他人抢光，又能准确抓住产品的最优价格，消费者需要自行判断决定。

与此同时，电子商务和移动信息化的融合，将带来的另一个后果是摧毁不同渠道的价格差异。当前众多消费者已经习惯利用网上的比价工具协助购买过程（客户需求实现过程）的决策；更具震撼的结果是对线下渠道的冲击。目前微信比价工具、查查看移动应用正广受青睐，这两种应用均只需用手机对着实体卖场中商品的条形码扫一扫，就会显示商品在不同网站以及附近实体店铺的售价，用户比价后能直接在线购买或到最近最合适的店铺购买。这一趋势发展的结果，将使众多商场沦落为商品展示的平台。

基于 O2O、C2B 开展的营销创新，一般都是借助于网络平台（第三方平台或公司自己搭建的平台）。例如海尔集团的定制平台，以用户需求为核心，注重用户体验，打造开放式社群生态平台。它打破了传统的市场、研发、消费群之间互不干涉的壁垒，用户可以在海尔定制平台上提出自己的需求和创意，与平台优秀设计师一同参与到产品设计、定制的整个过程中，并且有海尔丰富的模块商资源以及强大的研发资源共同加入，将用户创意变现成真实有温度的产品。

售后服务

当前结合移动信息化、线上线下虚实互动的生活消费新模式，正受到广大消费者的追捧，尤其是消费品行业。它必将改变很多企业在营销、交易和售后服务上的操作方式。

很多人在遇到问题时喜欢通过搜索工具来查找，或者在网络社区去咨询有关人士，如问答平台、社区，经常有很多人提问并有热心人予以解释；各种网络百科（如维基百科、百度百科等）也提供了丰富的知识问答。以客户最熟悉最常用的方式，去提供售后服务。

为此，很多公司在其网站上，贴出了各种产品的详细使用说明以及简单维修知识；有些还设立专门的产品论坛，或者设置专门的客户联络QQ群，来进行产品售后维修维护知识的沟通传播。当然对于企业提供的专业化产品来说，可能使用者去大众社区咨询会一无所获。但是，客户的这种行为趋势，却给了我们足够的启示。

如大家使用微软Office软件时，如果遇到不清楚的问题，可能会习惯性地使用"帮助"工具，来查找有关使用方法。微软在这方面开创了客户自助服务的先河；与过去纸质使用说明书相比，网上自助服务易查询更方便，也解决了客户大多数疑难问题，为公司节约了大量成本（而且纸质说明书也不易保管）。

例如，上海翼码公司推出的"Home O2O"解决方案，是专门为个人用户提供家庭耐用消费品的营销和售后服务的O2O应用平台。它将个人日常生活所需的售后服务、家庭服务以及基于LBS的生活服务整合在一起——将产品信息、使用常识、故障维修、在线购买、口碑评价、二次营销等碎片化服务融合在二维码中。企业将此二维码贴在产品上，用户只需用手机扫描该二维码，即可进入公司售后服务平台，然后可直接查阅或办理有关产品知识、维修、售后服务、故障申报、预约服务、客户满意度评估等服务，如图5-1所示。

图 5-1　二维码在售后服务中的应用

备注：该图片来自于上海翼码公司网站。

客户关系

网络的普及应用，使客户可以从各个方面获得比以前更多的信息，彻底改变了过去的信息不对称情况；客户期望能够快速地找到问题的答案、参考其他客户的经验，社交渠道也给了客户公开表达想法的机会，并迅速传播有关信息。这使得企业在维护客户关系时，表面上是一对一，实际很有可能是一对多（该客户影响到了更多客户），这对企业客户关系维护是一把双刃剑。

利用网络来记录客户生活的点点滴滴，跟踪分析客户的兴趣爱好并管理客户需求、维护客户关系，和客户进行良好的互动，乃至吸引客户参与公司的研发、营销等过程，已经成了客户关系管理和经营的创新潮流。

案例

Chatter，网络互动的利器

Salesforce 公司（创建于 1999 年的一家客户关系管理软件服务提供商，总部设于美国旧金山）于 2011 年正式推出 Chatter 系统。该系统可以让员工通过社交、流动及实时技术，跨越公司、各部门自由协作。Chatter 发挥经 Facebook、Google 及 Twitter 普及的社交功能，构建企业与客户、员工之间的沟通平台，与客户、伙伴和员工社群建立更紧密的联系，从而了解客户满意程度，并与社群做专业交流。如员工可以通过 Chatter，监察个别潜在客户或对手的 Twitter 对话。

Salesforce 为在线社区平台设定了新标准。该平台重新构建了每一个客户联络点（包括销售、市场营销以及服务和分配等），创造出和谐的客户体验的机会，互动永不停止。Salesforce 构建的企业社交平台具有如下特点：

基于客户社交网络的数据平台：其 Database.com 系统是全球首个基于社交网络的、移动的开放数据库，可从客户的社交网络收集客户信息。

员工社交平台：Chatter 是员工沟通平台，并与其他系统有效集成。

Sales Cloud 实现从潜在客户管理到投标再到分析和控制，销售管理与销售自动化工具可提升并优化所有销售阶段。在此过程中通过 Chatter 可使员工动态掌握最新信息。

Service Cloud 是一款适用于交流互动型企业的完全基于云端的客户服务与呼叫中心解决方案。让企业员工可以通过社交网络平台或传统渠道提供卓越客户服务。

客户社交平台：Salesforce 社交平台使企业能够提供多种优质客户服务体验，让企业与类似于 Twitter、Facebook 和 YouTube 的网站中的客户保持联系。深入了解客户的对话内容并筛选出重要信息，以便在合适的时机与他们进行交流并影响他们的行为，以促成业务交易。这会显著减少企业解决方案响应时间以及咨询电话的数量，并提高整体客户满意度。

第 2 节　用友软件：客户导向的营销／售后创新

用友软件集团是国内知名的 IT 企业，主导产品为 ERP、OA 系统等管理类软件，客户对象几乎覆盖所有有信息化需求的企事业单位。用友将客户经营过程概括为三大阶段、九个步骤、七个动作[1]，如图 5-2 所示。

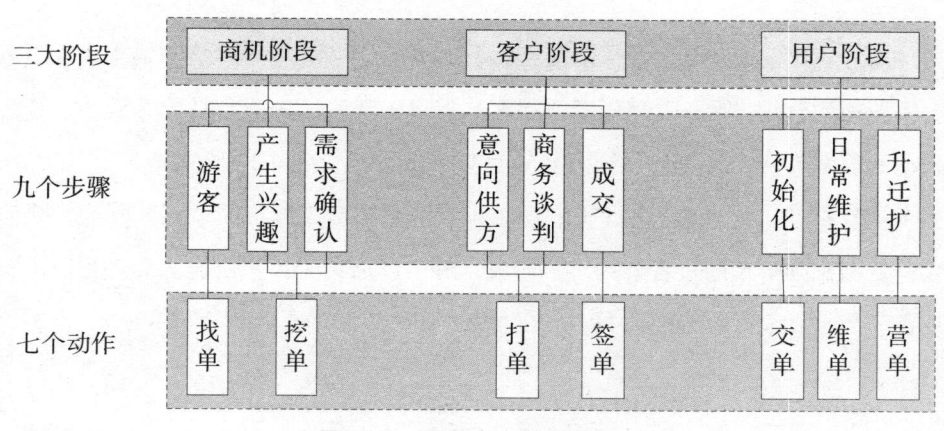

三大阶段	商机阶段			客户阶段			用户阶段		
九个步骤	游客	产生兴趣	需求确认	意向供方	商务谈判	成交	初始化	日常维护	升迁扩
七个动作	找单	挖单		打单		签单	交单	维单	营单

图 5-2　用友客户经营过程

这种客户经营的理念和方法，是一种典型的以客户为导向的营销／售后服务过程。

---

[1] 本案例参考了百度文库中的用友培训教材《客户经营全程方法论》。

客户分析

客户细分 / 产品细分

针对不同企业规模、不同行业业务存在很大差异,用友开发了分别面向大型企业集团和中小企业的软件(如面向大型企业的 U8/U9、面向中小企业的 T6 等),并在基础版本上针对不同行业开发出差异化的行业解决方案,如机械、电子制造、服装行业、家电行业、汽配行业、五金行业、塑胶行业,等等。用友针对这些不同行业的规模和企业现状,选取了自己的优势行业进行重点开拓。

客户需求实现过程

用友的"三大阶段、九个步骤、七个动作",实际上就是从客户需求实现过程出发所做的营销 / 服务管理创新。将客户需求确认阶段进一步细分为游客、产生兴趣和需求确认,将购买后行为划分为初始化(产品交付)、日常维护、升(级)扩(模块)迁(移)。公司将从市场上获取信息到形成商机的过程,称为商机阶段;从商机到落单的过程称为客户阶段;签约以后称为用户阶段。在客户需求实现各环节,公司营销 / 服务过程与之对应,如图 5-3 所示。

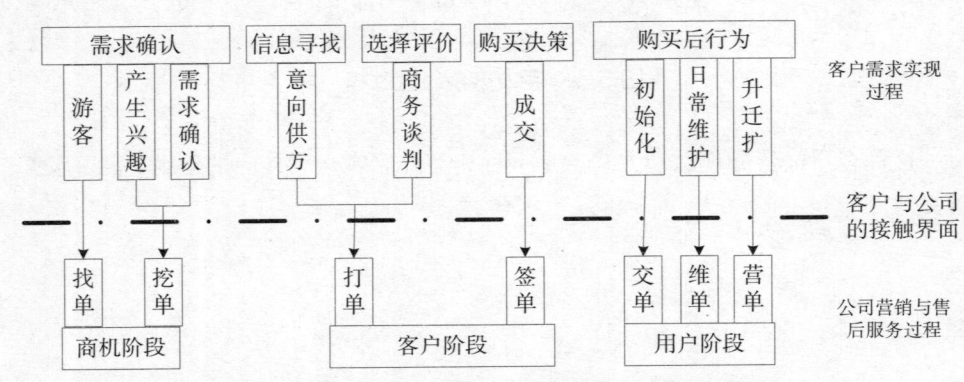

图 5-3 营销 / 服务过程与客户需求实现过程的衔接

公司将客户需求实现过程的五个阶段,细分为九大步骤,如表 5-2 所示。

表 5-2 客户需求实现过程的九大步骤

客户阶段		客户阶段定义
需求确认	游客	游离客户,包括不了解及未知的客户群体
	产生兴趣	兴趣客户,对信息化及产品感兴趣的客户群体
	需求确认	需求客户,有信息化需求但是没有提上日程的客户
信息寻找	意向供方	意向客户,有需求有计划的客户,又称为商机
选择评价	商务谈判	商务谈判,涵盖售前、演示、方案、参观等过程
购买决策	成交	成交签单,双方为成交而进行的博弈过程
购买后行为	初始化	产品交付,产品实施上线验收的过程
	日常维护	日常维护,用户应用日常维护过程,即所谓的服务
	升迁扩	客户经营,通过一种经营手段让老客户持续地升迁扩的过程

通过分析客户在实现需求过程的主要活动及需求,公司拟制了对应的活动,如表 5-3 所示。

表 5-3 客户需求实现过程的主要活动、需求及公司对应活动

客户阶段		客户主要活动	客户过程需求	公司对应活动	公司活动定义
需求确认	游客	偶尔或无意中了解到某信息化方案		找单	寻找客户的过程
	产生兴趣	对信息化管理产生兴趣;了解到信息化对公司管理改善的意义	信息化方案易懂;能让客户直观理解导入信息化方案可能带来的收益	挖单	挖掘商机的过程
	需求确认	决策层达成一致,公司有明确的导入信息系统需求			

续表

客户阶段		客户主要活动	客户过程需求	公司对应活动	公司活动定义
信息寻找	意向供方	寻找多种可能的候选厂商；对候选方案进行比较分析	有多种候选方案可供评估；候选方案易懂；方案讲解人能结合公司情况展开介绍或有同行业实施经验	打单	销售推进的过程
选择评价	商务谈判	和候选厂商沟通商务和技术方案	进一步了解候选厂商的技术方案（特别是软件功能及扩展能力）、实施维护过程的承诺、收费情况。		
购买决策	成交	选择一家供应商的方案并签订协议	协议内容规范合理、价格合理	签单	促进成交的过程
购买后行为	初始化	机房准备	及时提供机房建设方案	交单	产品交付的过程
		有关硬件采购	了解硬件供应信息		
		流程和基础数据处理	供方提供辅导和支持，共同完成流程的梳理；梳理流程过程中对现有业务不会有大的冲击		
		系统安装调试			
		培训有关人员	公司有关操作人员能及时熟悉系统操作应用；公司IT人员能掌握基础的维护技能		
		系统上线与验收	明确验收评价的程序和标准；能顺利通过验收		
	日常维护	日常使用系统	系统易操作易维护	维单	日常维护的过程
		使用过程中问题咨询	在遇到问题时，能及时和供方有关人员进行沟通和反馈		
	升迁扩	系统升级	供方有重要版本升级时应及时通知；合理安排升级时间	营单	客户经营的过程
		系统迁移	有需要时，供方应及时有效配合		
		系统扩建	需要供方进一步协助整理挖掘需求；需要协助进行费用预算；扩建方案的沟通和报批		

●公司营销与售后服务管理过程

客户经营流程（漏斗）

公司结合客户需求实现过程设置了自身的客户经营管理流程（漏斗），并根据商机阶段、客户阶段和用户阶段，分别设置商机漏斗、客户漏斗、用户漏斗，以此来加强对客户的管理，如图 5-4 所示。

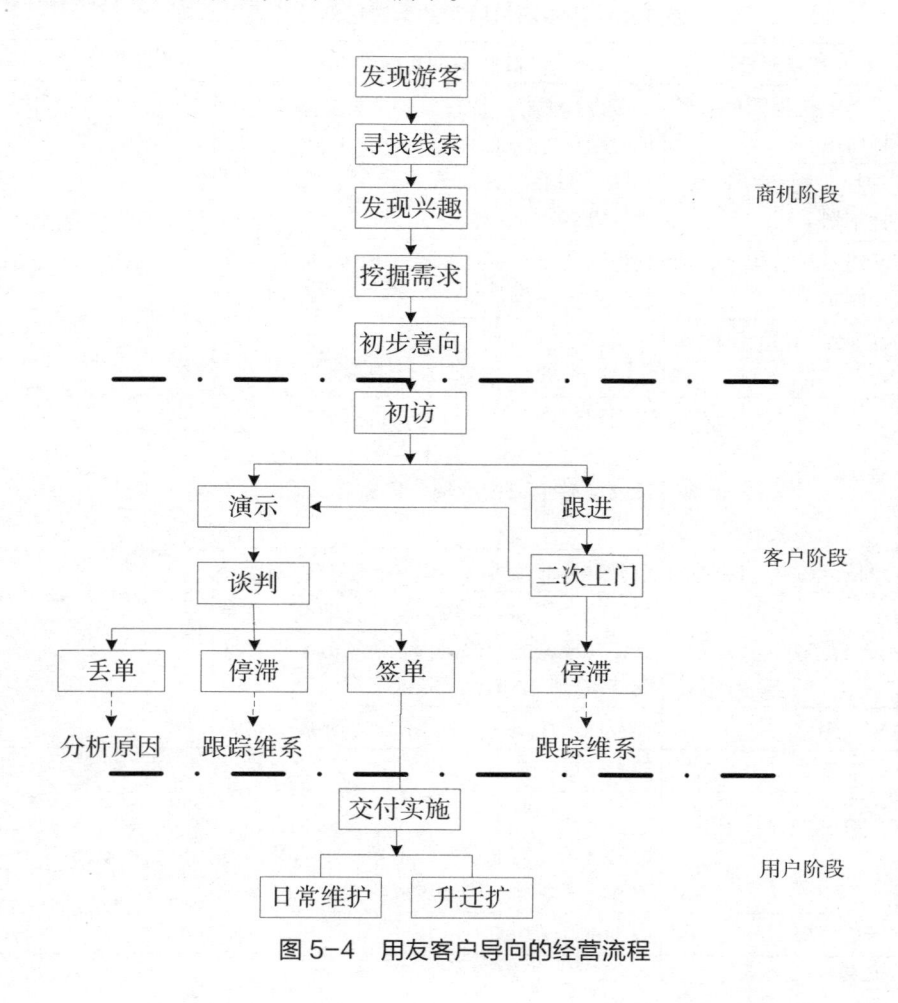

图 5-4　用友客户导向的经营流程

公司为了强化营销与服务管理过程，针对每个阶段梳理出有关管理方法和工具，以及应注意的事项，辅之以相应的营销工具、话术、彩页、演示文档、表格、策划文案和系统支持，使与客户接触的每个环节都得到有效管理。

商机阶段营销管理

商机管理针对的是客户需求确认环节——寻找游客、发现兴趣、需求确认，公司拟定的营销策略和工具，如表5-4所示。

表5-4 用友商机阶段的营销策略及工具

	主要方法	注意事项或准备	辅助工具
寻找游客	派单：税局派单、考场派单等	彩页设计要吸引眼球，印上公交路线；派单时赠送小礼品	《市场营销宝典》、企业数据
	三扫：扫楼、扫街、扫市场	必须填写客户信息表：公司、姓名、职务、电话	
	网络：竞价排名、门户网站	整合门户网站、竞价排名、论坛/QQ群、微信公众号、即时通信等；统一风格和策略	
	其他：信息获取途径、广告		
发现兴趣	电话营销	对电话销售人员进行分组；标准化电话流程/礼仪/话术；统计每天每个人的电话量、空号量、拒绝量、兴趣量、需求量、商机量	《营销话术》《××软件管控点》《销售问答》《市场营销宝典》、线索数据库
	短信、传真、EDM	节假日标准化短信；传真/电邮标准化。	
	会议营销	体验会/培训会/研讨会/行业会/沙盘会：标准化的会议流程和策划方案；会议需准备材料清单；会议注意事项	
	样板用户	样板用户挖掘；样板用户方案整理	
挖掘需求	电话营销	同上（电话营销）	《营销话术》《××软件管控点》《销售问答》《市场营销宝典》、商机数据库
	会议营销	同上（会议营销）	
	上门拜访	上门拜访前需准备工作清单；上门拜访流程和注意事项；沟通过程资料	
	样板用户	同上（样板用户）	

公司针对客户不同阶段，实施各种不同的营销手段，如表5-5所示。

表5-5　客户商机阶段的营销策略组合

		游客	兴趣	需求	意向	商务	成交
寻找线索	派单	√	√				
	三扫	√	√	√			
	网络	√					
	机会	√	√				
发现商机	电话		√	√	√		
	短信		√	√			
	传真		√	√			
	直邮		√	√			
	EDM		√	√			
	会议		√	√	√	√	√
	上门		√	√	√	√	√
	促销		√	√	√	√	√

公司对是否确认为商机也制订了统一的标准，包括客户有关键人（和决策者、购买者建立联系）、客户有明确的需求（技术方案要求比较明确）、客户有具体的时间计划（预计何时上信息系统）、有预算（客户有初步预算）。同时公司对商机按客户预计实施时间进行分类，针对不同类型商机设置不同的跟踪监控计划，要求销售人员跟进。

客户阶段营销管理

在客户阶段，营销管理的主要过程、方法及有关注意事项和工具，如表5-6所示。

表 5-6　客户阶段营销方法及注意事项

阶段	主要营销方法	注意事项或准备
意向客户	商机穿透	按结构化流程对商机全程管控
商务谈判	初访签单	初访如何引起客户兴趣；如何展现公司方案价值；如何排除客户疑虑；如何屏蔽竞争对手方案；如何推进商务和价格谈判
	再访签单	如何挖掘客户深度需求；如何展现方案价值；如何建立客户认同；如何商务（价格）谈判
	打单会	重点控制：会前邀请（会前筹备、会前传播、客户邀请）、会中组织（体验交流、现场签约）、会后跟踪（会议评估、快速跟进）、会后传播（媒体传播、参会客户、未参会客户）。每个环节公司都要制订标准策划文案
	售前四步法	和客户探讨公司存在的管理问题，取得共识；用通俗语言分析问题根源；引出公司解决方案；讲解一个故事来佐证前三步逻辑
成交签单	打单会	同上（打单会）
	价格谈判	遵守公司价格策略
	样板用户	公司每年针对不同行业已经整理了样板用户应用介绍有关材料；必要时可引导客户去样板用户处参观
	促销	制订严格的促销标准

为了有效结合客户过程需求开展营销活动，公司进一步明确了在每个环节的具体事项，对于应注意事项或准备工作，都编制了详细的有关工具、表单和案例。例如，初访签单流程及每个环节工作细节，如图 5-5 所示。

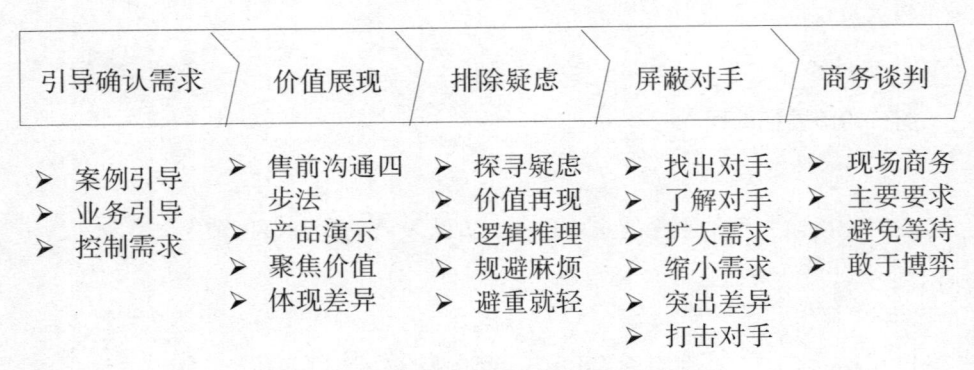

引导确认需求	价值展现	排除疑虑	屏蔽对手	商务谈判
➤ 案例引导 ➤ 业务引导 ➤ 控制需求	➤ 售前沟通四步法 ➤ 产品演示 ➤ 聚焦价值 ➤ 体现差异	➤ 探寻疑虑 ➤ 价值再现 ➤ 逻辑推理 ➤ 规避麻烦 ➤ 避重就轻	➤ 找出对手 ➤ 了解对手 ➤ 扩大需求 ➤ 缩小需求 ➤ 突出差异 ➤ 打击对手	➤ 现场商务 ➤ 主要要求 ➤ 避免等待 ➤ 敢于博弈

图 5-5　初访签单流程及每个环节工作细节

在引导客户确认需求时，公司针对不同行业，归纳整理了很多案例，方便销售人员向客户介绍；在如何引导客户需求方面，也整理了客户常见问题及应答技巧等。这些举措让公司销售人员获得了强大的支持。

用户阶段：售后服务管理

针对用户阶段的过程和特点，公司制订了完善的售后服务管理流程以及有关的服务标准、工具和案例，并通过数据库、系统的支持，有效地方便服务人员满足客户需求，如表5-7所示。

表5-7　售后服务管理阶段的方法及注意事项

阶段	主要过程	注意事项或准备
初始化	工序化交付	公司将其划分为需求调研、数据准备、产品安装、数据录入、产品培训几个环节，并准备了《实施指南》《实施工具集》《实施素材集》《实施模板库》《项目管控工具》等
日常维护	标准服务流程	公司按照不同的服务类型制订了标准化的服务流程
日常维护	服务技巧及案例	针对不同类型的服务，梳理了专业化服务技巧及有关案例，给予服务人员强大的技术和工具支持
升迁扩	用户档案管理	公司建立了统一的客户档案数据库，按照不同权限进行管理
升迁扩	老客户经营活动	老客户的销售机会包括：产品升级/升迁、扩展应用（加站、加模块）、服务费收取、客户推荐、耗材收入等
升迁扩	如何唤醒沉睡的客户	主要通过促销、回访、培训等方式

总体而言，用友公司结合客户需求实现过程不同阶段的主要活动、主要问题等，有针对性地一一构建公司的营销和售后服务活动，并建立每个环节实用的过程方法、工具、案例、系统支持等，使公司建立了完善的客户导向的营销和售后服务体系。

159

第3节　小米：网络直销定位下的客户经营

小米科技创始人兼董事长雷军曾说过，在今天的互联网竞争里面，我觉得最最重要的还是用户满意度。这些优秀的企业，它们都同样在乎能不能让用户满意。所以我觉得我们应该把焦点放在用户上，可能有些恶性竞争爆发使大家把焦点放在对手上，而不是用户满意度上。我自己是把所有精力都放在怎么改善产品和服务，让用户满意。

小米科技，一个名字土得掉渣的公司，成立于2010年，是一家专注于高端智能手机、互联网电视以及智能家居生态链建设的创新型科技企业。自成立以来，以其高性价比的产品以及娴熟的营销技巧，迅速崛起进入国内手机行业第一梯队。2017年预计手机销量超过9000万台，营业额突破1000亿元。其创始人雷军一战封神，从成功的职业经理人摇身一变成为中国"雷布斯"。小米营销技巧更被无数企业膜拜和模仿。

●你以为小米发迹就是靠饥饿营销吗

小米手机成功后，网上流传着众多关于小米手机成功的"秘笈"解读，不少人将其归结为"高性价比的产品""网上直销""饥饿营销[①]"，并认为小米的饥饿

[①] 饥饿营销就是定个叫好叫座的惊喜价，把潜在消费者吸引过来，然后限制供货量，造成供不应求的热销假象。

营销是在模仿苹果手机的营销策略，把小米看成了一个靠模仿营销的暴发户。这种看法似乎有些道理。

小米手机在定价时确实采取了"高配置＋低定价"的策略。其上市之初，定价1 999元，而同类配置的手机定价几乎都在3 000元以上。小米这种在别人看来亏本的定价，迅速吸引了无数消费者的眼球并使相当多的人打开了钱包。

小米科技在成立之后的几年内，都只做网上直销，不走线下渠道；有关发货和退货/返修物流都交给第三方物流公司进行。通过小米官网和京东商城等第三方电商平台，小米既实现了销售量的爆发式增长，又极大地降低了建设线下渠道的成本。

当年小米刚上市时，先预售工程机，其规定上市当天必须要在小米论坛上拥有500积分以上才能得到小米手机的抢购资格。这样一来，小米手机论坛出现了大批甘愿免费充当小米水军的网民们。产品正式上市后，由于产能的限制，仍然优先销售给小米核心用户和为小米做出过贡献的网友，实行F码[①]模式。后来小米手机在每一轮开放购买的时候，购买相关页面会出现"排队等候"或"暂时缺货"按钮，同时出现"使用F码购买"的文字链接，点击即可使用，在F码有效期内，持有者可以在小米官方随时购买小米的手机，只能使用一次。小米将手机按批次放出，在每周"红色星期二"开放购买（一般为10万～20万台），几乎每次都被抢购一空，造成供不应求的景象。这种现象被网友称为小米饥饿营销策略，并誉之为"小米饥饿营销法宝"！

然而，真相就是如此吗？在当前产品同质化、供过于求的时代，你也搞搞饥饿营销试试？保证会让你的企业饿死！究其根本，小米的成功是建立在对产业、客户的深刻洞察基础上，是一种全面的客户经营创新。

[①] F码源自于英文单词"Friend"，是小米公司提供给小米核心用户及为小米做出贡献的网友的优先购买权：随时可以去官方购买小米手机，无需等待官方的抢购活动，并享有优先发货的权利。

●小米对产业及客户的洞察

2009年，中国3G正式开始商用，移动通信网络开始全面发展，随着移动互联网的迅速普及，智能手机的商务、娱乐等应用功能越来越被消费者认可；大量功能机手机用户正面临向智能机转换。雷军祭起了创业的大旗，并以MIUI作为切入点。

当时的手机行业基本特点是：

中国智能手机市场正处在井喷式发展的前夜。后来的实际销售数据分别为：2010年7 000万台、2011年1.2亿台、2012年2.5亿台、2013年4.2亿台。这显示了小米创始人的非凡远见！

配置较高的智能机价格普遍较高。如苹果手机单价在4 000～5 000元；三星手机均价约2 900元。但用户购买手机的价格大多集中在2 500元以下，特别是1 000～2 500元之间有近80%的用户，这是中档手机的主流价位。小米以高性价比手机为卖点，"为发烧而生"，一经推出，迅速吸引了广大想用高配置手机却预算有限的普通用户。例如，当初小米MI手机运行内存RAM为1G、机身内存4G（存储卡最大支持32G）、4英寸主屏、电池容量1 930mAh、后置摄像头800万像素，售价却只有1 999元。相对低廉的价格，却有着和苹果三星基本相同的功能配置，让小米手机获得了"高性价比"的良好定位。

手机行业基本上都是通过线下渠道、运营商渠道进行销售。前者通过各级代理商的方式，侵蚀了企业大量的利润；后者则通过招标采购一次性降低了产品价格。

产品开发上，当时主要有几个操作系统，苹果iOS、安卓、塞班、黑莓等，只有安卓系统是开源的。系统更新相对较慢；没有自己操作系统的企业基本上是基于安卓系统开发有关硬件，然后进行销售。软件版本更新慢。

而在这一时期，消费者的特征、需求以及需求实现过程都发生了显著的变化，客户的数字化生活趋势在手机行业中表现为：

消费者的个性化需求，在各种论坛、博客/微博等社交平台自由表达。这些来自消费者的声音，很多具有真知灼见。

通过电商+第三方物流来实现商品销售，已经被京东、淘宝等电商平台上的商户证明可行，而且卓有成效。

消费者通过网络聚合以及社交化的购物方式，对购物过程造成了新的冲击。社交化电商或电商社交化，表现为购买前喜欢看别人关于商品的评论，购买后则发布自己的购物体验评论，这些都是消费者互相影响购买决策过程的体现。

信息传播方式已发生剧变。表现为三个方面：信息从不对称转变为对称（社会化互动）；信息传播速度更快范围更广；信息去中心化的传播，通过社会化媒体，每个人都是信息节点，都可能成为意见领袖。

小米科技基于对手机产业以及客户数字化生活趋势的深刻洞察，按照雷军提出的"专注、口碑、极致、快"的互联网七字诀，重新构建了手机企业经营模式。其主要特征是，让客户直接参与创新，技术和超强的互联互通是消费者与企业在整个价值链活动中开展合作的催化剂，包括共同设计、共同创造、共同生产、共同营销，等等，在透明、互信的环境中共同创造价值。用小米的说法，就是参与感！小米把用户参与感看成最核心的理念，通过客户参与感，来完成公司产品研发、产品营销和推广、用户服务，把小米打造成了一个很酷的品牌。

●客户参与感，化营销为无形[①]

没有一分钱的营销预算，如何做营销？

2011年，雷军交给了小米联合创始人黎万强一个"压力山大"的任务，就是在不花钱的情况下，如何做好小米手机的营销。小米采取的下述方式，早就突破

[①] 这部分内容参考了《参与感——小米口碑营销内部手册》，黎万强著，中信出版社，2014年。

了传统的营销管理范畴，但它却是一种以客户为导向的高明的营销手段——通过良好的互动营造客户参与企业经营管理过程，让客户成为企业的粉丝，化营销于无形！

参与感三三法则

构建参与感，就是把做产品做服务做品牌做销售的过程开放，让用户参与进来，建立一个可触碰、可拥有，和用户共同成长的品牌。这在小米内部被称为"参与感三三法则"，包括三个战略三个战术。

三个战略：做爆品，做粉丝，做自媒体。"做爆品"是产品战略，是为了满足客户"高性价比产品"需求；"做粉丝"是用户战略，是经营客户（粉丝），把客户当作一种重要资产，让客户获益，包括功能、信息、荣誉和利益；"做自媒体"是内容战略，是让企业自己成为互联网的信息节点，是为了沟通客户而开展的一系列自媒体营销活动，前提是保障内容质量，有用、有情感、有互动，并引导用户创作内容。

这三个战略互相支撑，而且完全是围绕客户而制定的，其关系如图5-6和图5-7所示。

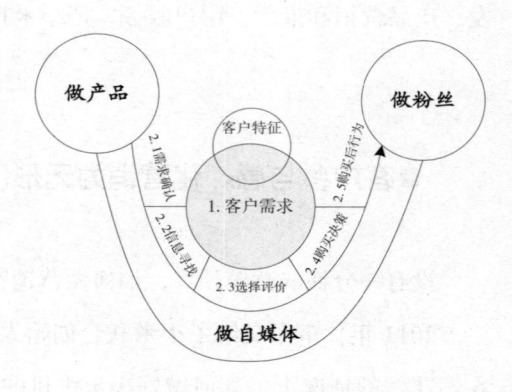

图5-6 三个战略之间的关系　　图5-7 三个战略与客户的关系

三个战术：开放参与节点，设计互动方式，扩散口碑事件。"开放参与节点"，把做产品做服务做品牌做销售的过程开放，筛选出让企业和用户双方获益的节点，这意味着对企业经营管理过程的重塑，打破内外部边界，构建开放式无边界组织；"设计互动方式"，根据开放的节点设计和用户互动的方式，遵循"简单、获益、有趣和真实"的设计思路；"扩散口碑事件"，先筛选出第一批对产品最大的认同者，小范围发酵参与感，把基于互动产生的内容做成话题或可传播的事件，让口碑裂变，影响更多人参与。

小米的三个战术，是战略落地的重要基础，彼此之间也互为支撑；在开放参与的各个节点，设计与客户的各种互动方式，并通过口碑事件扩散，如图5-8所示。

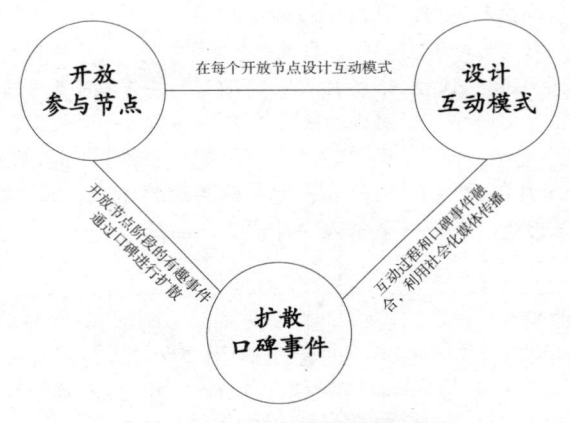

图5-8 三个战术及其逻辑关系

下面将结合小米的开放参与节点来说明，小米的各种战术是如何支撑战略，如何通过客户的参与感，化营销为无形的。

客户参与感，营销润物细无声

小米开放参与节点主要包括了开放产品研发管理、开放品牌管理、开放营销管理、开放服务管理以及其他开放过程；这些开放的节点一般都是基于功能需求，双方都能获益，并持续互动。通过这种开放式经营管理过程，设计与客户（粉丝）的多种互动方式,并将口碑事件通过社会化媒体进行扩散,从而实现卓有成效的营销管理。

1. 开放"做产品",和米粉共同完成产品研发。

将产品开发有关过程让客户参与,利用自媒体和粉丝互动,并通过口碑事件扩散,不仅有利于公司产品研发,更是将产品研发过程做成了公司的营销过程,对传播品牌和促进客户关系起到了巨大作用,如表5-8所示。

表5-8 客户参与产品研发

	做爆品	做粉丝	做自媒体
开放方式	除了工程代码编写,其他的产品需求、测试和发布,都开放给客户参与 根据用户意见不断迭代完善产品 团队结构碎片化:2~3人一组,为一个功能模块长期和用户交流改进	强制要求一线产品经理和开发工程师花时间每天泡论坛,直接面对客户 以各种方式奖励参与研发过程的铁杆粉丝 产品活动化:用运营思维做产品,把一些活动的环节植入设计成为产品的功能	提炼基于产品的卖点并研究如何表达卖点 产品卖出后就形成内容,围绕产品产生的图片、视频和文字形成内容,并通过社交媒体进行传播
互动模式	基于论坛来收集客户需求规范的四格报告,减少用户成本 MIUI基于用户意见每周更新的"橙色星期五" 产品设计让客户有期待感:2013年路由器公测,公司发出第一张微博预热海报,给出正面局部照,引发网友热情参与猜测和二次创作 让用户自己动手组装路由器	将最早参与测试的100个用户的论坛ID作为小米M1手机的开机页面;并为最早参与测试的100个用户拍了微电影《100个梦想的赞助商》 设计各种活动和粉丝互动(如线下活动"爆米花"、每年公司庆典"米粉节"),过程全部让用户参与 设计F码,奖励米粉优先购买权	MIUI每周升级,升级公告每周有一个视频教程,点击看完视频会引导到论坛分享;系统升级重启后会有消息引导到微博等炫耀分享最新版本的体验 产品发布时做一个非常详尽的产品网站,用户访问时会从各个角度找到吸引他的产品特点 在小米手机3发布时,在小米论坛上设置了"智勇大冲关"游戏,鼓励用户回答与小米手机3有关问题并分享到微博、QQ空间等,然后进行抽奖

续表

	做爆品	做粉丝	做自媒体
口碑事件	将产品质量通过设计的活动事件进行扩散传播 小米手机包装盒质量很好，盒子兄弟以双人叠罗汉方式站在小米手机 2 代包装盒上；该照片扩散成为米粉圈流行的 PS 素材	将产品年度发布会做成了口碑事件，吸引参与互动	通过自媒体发布产品、发布产品教程等
成果表现	四年收集到上亿个用户关于 MIUI 的反馈帖	MIUI 发布一周年时就有了 50 万用户（粉丝）	2013 年小米年度发布会，小米论坛有超过 130 万用户同时参与直播，回复总数超过 100 万帖

2. 开放"做品牌"，忠诚"米粉"自传播。

小米利用自媒体和粉丝互动进行品牌管理，主要方式和技巧如表 5-9 所示。

表 5-9　客户参与品牌管理

	做爆品	做粉丝	做自媒体
开放方式	小米取名及 LOGO 设计都易于互联网传播 品牌个性：高配置、高性能、高可定制性 专注忠诚度，通过做爆品赢得客户的忠诚，然后通过口碑不断强化	让用户发自内心喜欢公司产品，把产品的体验、产品美誉度做到用户心里去	建立了一个依托微博、微信、QQ 空间、百度贴吧等全社会化媒体平台的自媒体矩阵，通过这些平台发布小米经过专业设计的自媒体运营内容 鼓励用户参与将这些自媒体内容进行二次传播 很多资深用户利用小米"酷玩帮""随手拍"等栏目，每天产生大量的原创内容，进行再度传播扩散

续表

	做爆品	做粉丝	做自媒体
互动模式	广告设计方案会模拟到不同网站的截图上，以达到效果最好（目的是为了后期客户的截图分享传播） 强调宣传图片可感知的情怀，并且适合移动设备阅读 通过做论坛沉淀了几十万核心用户（发烧友），收集他们的意见持续改进产品并互动；赢得他们的认可后才开始利用微博、QQ空间等进行产品口碑扩散	巧妙的产品发布会活动设计让用户可留恋、可分享 在小米论坛上开发了"砸金蛋""送礼物"等互动功能：用户在小米社区看发布会直播时可玩游戏，还可以给朋友送虚拟礼物	2014年《我们的时代》广告片在春晚黄金时间投放前，在公司官网提前一周首映，并通过小米网、小米社区、新浪微博、微信、QQ空间、百度贴吧等社交媒体全平台首发。看了视频并点赞后，可砸金蛋抽奖做了"我是手机控"页面生成工具，用户可选中所用小米机型，自动生成一张图片和微博文案，再一键转发分享到微博等社交平台
口碑事件			利用雷军和董明珠的10亿赌局，邀请米粉围观下注，并可抽奖"小米8代手机"。该微博有63万人参与转发
成果表现	MIUI发布一年后的50万发烧友是小米手机硬件的种子用户，小米手机上百万的论坛活跃用户带动了小米几千万用户	一个客户（米粉）因为感动，用真正的谷物小米做了一台小米手机模型，赠送给公司	《我们的时代》不到24小时网络播放了近150万次，在大年三十春晚首播之前网络播放量超过了4 000万次，获点赞超过4 900万个，微博话题近20万条，超过10万人下载作为配乐铃声 "我是手机控"话题在新浪微博上超过1 700万次讨论。

3. 开放"做营销"，高效低成本。

小米科技是社会化营销高手，其对客户心理、社交网络关系的认知和利用，使他们在没有营销预算的情况下，取得了卓有成效的营销效果，如表5-10所示。

表 5-10　客户参与营销管理

	做爆品	做粉丝	做自媒体
开放方式	活动产品化：将开放购买活动当作一个产品来设计和运营，并持续改进	鼓励用户在社会化媒体上宣告预约成功 鼓励用户购买后分享最喜欢小米手机的哪个功能、后盖颜色等，以改进产品	网上发布产品：如在 QQ 空间实施红米手机首发，搞价格竞猜；30 分钟超过 100 万用户参与价格竞猜活动，开放预约 3 天超过 500 万用户参与预约
互动模式	"红色星期二"：预约客户才可以在周二 12 点开放购买	爆米花活动：在论坛投票决定活动在哪个城市举办；现场有用户表演节目，表演者提前在论坛海选；米粉志愿者参与布置会场；和当地资深米粉参与活动后聚餐；为资深米粉制作 VCR，让他们走红地毯，给他们颁发"金米兔"奖杯 微信"吼一吼"：用户对着小米手机微信公众号大喊"我爱小米手机"就可参与；根据分贝进行排名和抽奖	一个单纯的预约活动同时也变成了数百万用户参与的社会化媒体活动 2012 年和新浪微博合作首创社会化营销。后来又和微信、QQ 空间等进行合作开展社会化营销 微信公众平台有自动抽奖功能，并将抽奖过程拍成视频分享给社区用户
口碑事件	将客户购买体验融入产品官网：让用户自己创建虚拟装修风格，和不同颜色版本的电视进行搭配，并可一键分享到社交平台	公司充分利用微博营销这一热点事件，发动米粉利用社会化媒体进行口碑传播	2014 年米粉节，12 小时卖出了 130 万台手机，收到销售货款 15 亿元，为应对别人质疑，晚上第一时间在官网贴出了当天的支付宝收款截图
成果表现		"晒客厅"收到了上百万用户的响应	5 万部小米手机在微博上 5 分 14 秒被抢购一空。小米新浪微博账号访问量 1 471 万次，增加 80 万粉丝，2.3 亿次曝光，预约购买微博单条转发 300 万次，微博用户原创 233 万条相关微博，上百家媒体报道，百度有 30 万篇相关新闻 红米手机与 QQ 空间第一次合作赢得了 1 000 多万粉丝

4.开放式服务,和客户做朋友。

在小米看来,服务"人比制度重要",对客服员充分放权,没有KPI考核,并促成客服员和客户做朋友;使售后服务过程也变成了公司一个良好的展示品牌和经营粉丝的过程,如表5-11所示。

表5-11 客户参与售后服务

	做爆品	做粉丝	做自媒体
开放方式	把服务门店做成"家":官方旗舰店小米之家是提供售后、体验、自提服务和用户交流的场所,营造出"家"的舒适感 服务产品"快":强调发货、售后咨询响应、维修的速度快。实现核心城市的24小时极速配送,和多家物流公司签订了定制配送服务升级举措 "1小时快修敢赔"服务:1小时修不好赔20元	用户在哪里,就把服务做到哪里,"和用户做朋友" 把米粉发展成兼职客服:根据他们的反馈意见不断迭代小米的服务和改进产品体验;同时经常针对这些资深米粉开展感恩回馈活动 各地米粉会到小米之家开生日Party;三八妇女节来小米之家的女士会收到鲜花;每年小年为不能回家过年的米粉举行一起吃年夜饭活动等	开通7×24小时的在线服务平台 组建微博、微信平台、百度知道、百度贴吧等客服运营团队,开发专门的客服运营后台,和用户保持一对一的沟通,保证每个客户反馈的问题在15分钟内响应
互动模式	小米之家的建设过程中,有米粉协助联系中介、搜集房源、看房、装修等	标准之上的非标准化服务:不搞统一的标准话术,强调与客户的个性化互动。通过组织客服员听客服录音,改进和客户沟通时的心态 小米一线客服员工在帮助用户解决问题的过程中,都有权限直接送给客户一些小礼物,无需向主管申请	用户反馈的问题随机分配给客服解决;可显示问题解决进展并共享
口碑事件		北京一个70多岁的老人要给孙子送小米手机做生日礼物,但不会上网。打电话给客服员,客服员用个人网银出钱买了一台快递给老人。老人专门跑来给客服员送钱	
成果表现		超过20%的用户会用他们的小米账号帮朋友购买小米的产品	

5. 其他开放活动。

小米科技还有一些其他的和粉丝互动的开放活动内容。例如，为了应对业内对小米手机的质疑（小米爆发式增长，不少人怀疑小米销售数据造假），公司设立"开放日"，并多次举办有关活动。让业内人士到一线参观，亲自体验小米手机生产和物流发货环节。数百名业内人士、媒体记者、普通用户，通过小米"开放日"活动不仅深入代工厂参观了小米手机的生产全过程，还在小米物流中心亲眼见到用户在小米官网购买小米产品的订单，被公司电商系统推送到物流中心后捡货、打包的全过程。

总之，小米科技已经完全突破了传统意义上的营销模式。其专注于客户（米粉）经营，娴熟地利用各种社交媒体，和粉丝进行有效的互动，并通过各种口碑事件鼓励客户将这种互动通过社交网络进一步扩散。对客户的深刻洞察，组织客户参与到公司生产经营管理过程，将公司的生产经营活动都变成了营销活动。正是这种高明的客户（粉丝）经营手段，使其化营销为无形。

第6章 客户导向的供应链管理创新

"互联网+流通"正在成为大众创业、万众创新最具活力的领域，成为经济社会实现创新、协调、绿色、开放、共享发展的重要途径。实施"互联网+流通"行动计划，有利于推进流通创新发展，推动实体商业转型升级，拓展消费新领域，促进创业就业，增强经济发展新动能。

——国务院办公厅〔2016〕24号

第 1 节　客户如何影响供应链创新

● 客户需求在供应链中的传导和影响

供应链由直接或间接地履行顾客需求的各方组成，不仅包括制造商和供应商，而且包括运输商、仓储商、零售商，甚至包括顾客本身[1]。供应链管理是一个动态的过程，涉及不同环节的信息流、产品流、资金流的持续流动。

根据 IBM 与美国 IndustryWeek 合作于 2005 年所做的一份调研，作为一流的供应链，企业需要积极调整战略，并采用领先的管理实践，包括：

协调跨越整个供应链的业务职能；

发掘共同受益的方式来巩固供应链关系；

通过规划和预测使供需同步；

管理供应链周期；

开发可变的成本结构；

与合作伙伴共同承担风险；

使用实时信息创建快速响应、以客户为导向的流程。

从供应链管理最佳实践来看，几乎都与客户相关或者需要从客户角度出发来进行思考。这是由于供应链起始于客户需求（订单），终止于客户需求的满足（交

---

[1]《供应链管理》（第 5 版），苏尼尔·乔普拉、彼得·迈因德尔著，中国人民大学出版社，2013 年。

付产品/服务），其出发点和落脚点，都是为顾客创造更多的价值，以市场需求的拉动为原动力。

以客户需求来拉动整个供应链的协同运作，是供应链管理创新的真谛。一般而言，客户需求涵盖了这样几个方面：产品功能完备性能优越、产品质量高、产品价格合理、交付周期短且交付及时、服务质量好、灵活可定制化等。企业为了满足客户的这些需求，要协同公司内部各有关部门和外部机构（供应商、物流商、外协厂家等）。因此，将客户需求在这些部门、机构中进行有效传递非常重要，如图6-1所示。

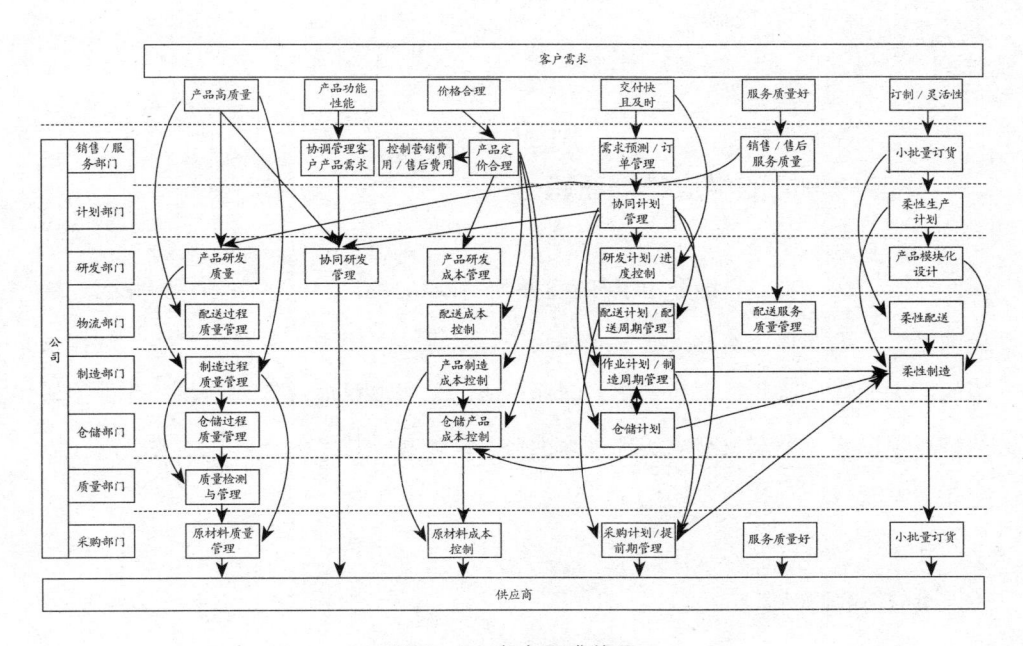

图6-1 客户需求传导

协同供应链相关方，共同满足客户的需求，是供应链管理追求的目标。著名供应链管理专家Anderson&Lee就曾经指出，企业间的竞争已演变成供应链的竞争，供应链取胜的关键在于协同。这种协同需要同时在以下四个方面开展。

协同目标。主要包括供应链业务协同的全球化、集成化、敏捷化、柔性化、网络化、知识化。确立供应链协同目标，应建立共同目标的协商和选择机制，同时建立目标实施的监督和评价机制，确保供应链协同目标的实现。

组织层面的协同。界定满足客户需求所需开展的各项业务活动，明确各活动的承担责任部门，定义彼此的职责分工。

业务流程层面的协同。在供应链层次打破企业内外边界、围绕满足终端客户需求这一核心，进行流程的整合重组。供应链业务流程重组是供应链价值增值焦点。

信息层面的协同。通过信息技术实现供应链伙伴成员间的信息系统集成，实现运营数据、市场数据的实时共享和交流，从而实现供应链参与各方之间更快、更好地协同响应终端客户需求。

●客户导向的供应链创新趋势

在第2章，我们详细介绍了在互联网、移动信息化、电子商务、物联网、社交网络、大数据等技术的飞速发展和应用背景下，客户需求以及需求实现过程发生的巨大变化；这些技术和变化，同样正驱动着当前供应链管理创新。这种创新的特点是以客户需求及需求实现过程为牵引，以有关技术为支撑，主要表现在以下几个方面。

供应链的协同更深入

通过供应链上下游的协同，共同为客户创造价值，是供应链管理创新的重要趋势。当前各种信息技术的发展，催生了各种不同的协同创新方式，使供应链可视化，协作更紧密，效率更高。

例如，台积电制定了提高客户响应能力和服务水平为核心的协同战略，并通过供应链相关业务流程的改进和IT系统的实施得以实现：

与客户方的协同设计；

与客户方需求预测定期共享；

自动获取客户订单；

客户实时监控晶圆生产过程；

自动发送发货通知；

为客户提供 WEB 界面的协同应用 eFoundry Suite，实现与客户在设计、工程和物流方面的协同。

C2B 模式和敏捷制造满足客户个性化需求

电子商务、网络直销的迅速发展，促进了 C2B（消费者到企业，即消费者定制）模式的发展。小米手机异军突起，人们津津乐道于小米的饥饿营销、粉丝经营、网络直销等营销手段，却忽视了小米在供应链管理方面的创新。

小米供应链管理模式的创新，表现在：C2B 预售＋电商模式交易渠道扁平化＋快速供应链响应＋"零库存"策略。C2B 预售使资金流得到重要保障，同时从传统的卖库存模式变成卖 F 码。整个交易过程彻底扁平化，只有通过线上的途径才可以购买。然后通过需求集约来驱动后端的整个供应链，后端的供应链组织大概在 2~3 周内满足。这种供应链模式对于小米来说几乎是"零库存"管理，每一个动态的库存都属于顾客[1]。

海尔集团在内部所推广的自主经营体，也正是在"C2B+DIY 定制＋扁平化敏捷制造＋开放供应链服务平台模式"基础上运作的。

O2O 的新供应链模式迅速发展

线上线下（O2O，Online To Offline）相结合，客户线上下单、实体店线下配送的方式，在外卖、消费品等行业迅猛发展。例如，上品折扣是一家起源于北京

---

[1] 本案例参考了黄刚的《2013 年中国八大供应链创新案例》一文。

的服装品牌折扣大卖场，从 2009 年做电商，4 年的时间，线上销售额就实现了从 0 到 2 亿元的惊人增长。上品折扣成功实现了线上、线下的供应链双线协同，其 O2O 模式下的供应链策略如下。

在商品品类上，上品折扣基本实行线上线下一体化，网店的七成货品与门店共享，而且售价也保持一致。

线上线下的货品均由中央采购体系负责，集中采购和库存管理。

全面数据化管理，即线上线下的库存数据实时同步，把线下线上的销售统一在门店里。

不设配送中心，仓储式门店直接给线上用户发货。

当顾客在线下实体店选购时，只要把选好的衣服款式和数量告诉导购员，导购员就通过 Pad 下单，表示货物已经卖出。如果是线上用户，其订单会直接通过内部网络传到线下导购员的 Pad 上，通知导购员哪些商品要被卖掉。随即，导购员就把订单上的商品逐个刷完后按下确定，进行简单包装后，交给拣货员，完成网购备货过程。

线上线下的消费数据都会通过 Pad 录入到公司的 CRM 客户管理系统，通过分析消费者的行为特征和消费习惯来调整商品的进出货渠道和服务，节约成本，促进销售。此外，上品也向它的服装供应商开放相应的数据库，供应商可以通过网络实时查询自家品牌在上品各门店的销售情况，以便更加精准地调配和补货，满足消费者需求。

供应链平台化服务趋势兴起

电子商务的一大优势是可以让无数中小企业直面遍布全球的消费者，降低了他们的销售成本；但如何对供应链进行管理（签下订单后如何及时交付）成了众多中小企业的难题。阿里巴巴、京东等这些一路拼杀成长起来的巨无霸电商平台，凭借对中小企业的深刻认知，推出了一系列的供应链服务，为他们平台上的中小企业参与竞争提供了极大便利。

例如，阿里巴巴自2013年开始全面布局供应链服务，着力构建一个大的互联网经济时代的社会供应链平台，协同为消费者服务。主要措施如下：

通过淘宝＋天猫＋聚划算等平台控制商流，掌握海量的消费者需求信息，并由此分析消费者的消费习惯、行为偏好、信用情况等。

通过支付宝、余额宝和阿里金融控制资金流，为消费者和中小企业提供金融服务。

通过菜鸟网络整合快递企业，同时在全国核心城市圈地，投资海尔日日顺控制全国2 800个县级配送站、26 000个乡镇专卖店、19万个村级服务站，全面布局中国电商物流。

运营"淘工厂"，整合制造＋代工，搭建电商卖家与优质工厂的桥梁，将懂电商但不懂供应链的电商卖家和懂供应链但不懂电商的工厂撮合起来，推动C2B大战略。

收购一达通，整合一达通为中小企业出口过程中所提供的报关、仓储、税务、融资等一系列服务，解决中小企业出口过程中的后顾之忧。

通过大数据分析将整个供应链串起来，从而驾驭整个供应链[1]。

---

[1] 本案例部分内容参考了黄刚的《2013年中国八大供应链创新案例》一文。

第 2 节 京东供应链管理创新

京东集团创始人兼 CEO 刘强东说：我一直坚信，只有跟我们合作的供应商都赚到钱了，只有在我们平台上买东西的用户以一个非常公平的价格拿到真的东西了，我们才可能存活，才有可能从上万个柜台中杀出一条血路，才能从众多竞争对手中脱颖而出。

● 京东供应链概述

京东集团是近年迅速崛起的电商企业，2016 年实现净收入 2601 亿元（市场交易额 9392 亿元）[1]，业务涉及电商、金融和物流三大板块。

主营电商业务的京东商城：致力于打造一站式综合购物平台，产品涵盖 3C、家电、消费品、服饰、家居家装、生鲜等，满足消费者多元化需求。目前已成长为中国最大的自营式电商企业[2]。

京东物流：成立于 2009 年年初，为合作伙伴提供包括仓储、运输、配送、客服、售后的正逆向一体化供应链解决方案服务、物流云和物流科技服务、商家数据服务、跨境物流服务、快递与快运服务等全方位的产品和服务，致力于与商家

---

[1] 数据来自京东集团门户网站公告。
[2] 商城的销售管理并不是供应链范畴，只是为了方便理解，对这部分内容也一并进行了分析。

和社会化物流企业协同发展，以科技创新打造智慧供应链的价值网络。

京东商城已在北京、上海、广州、成都、武汉、沈阳建立了六大物流中心，并在天津、杭州、深圳等23座城市建立了城市配送站。在全国范围内已拥有263个大型仓库，运营了9个大型智能化物流中心"亚洲一号"，自营配送覆盖了全国98%的人口。京东商城的网上业务也进入了全国二三线城市，但其销售量主要以经济发达城市为主；考虑到成本投入问题以及二三线城市的利润，京东采取与二三线城市的快递公司合作来完成产品的配送。

京东金融集团：于2013年10月开始独立运营，依托京东生态平台积累的交易记录数据和信用体系，向社会各阶层提供融资贷款、理财、支付、众筹等各类金融服务。京东金融基本上是基于不同客户/供应商需求而构建的差异化供应链金融服务。

为满足消费者需要，京东需要协同供应商、第三方物流机构、支付方，如图6-2所示。

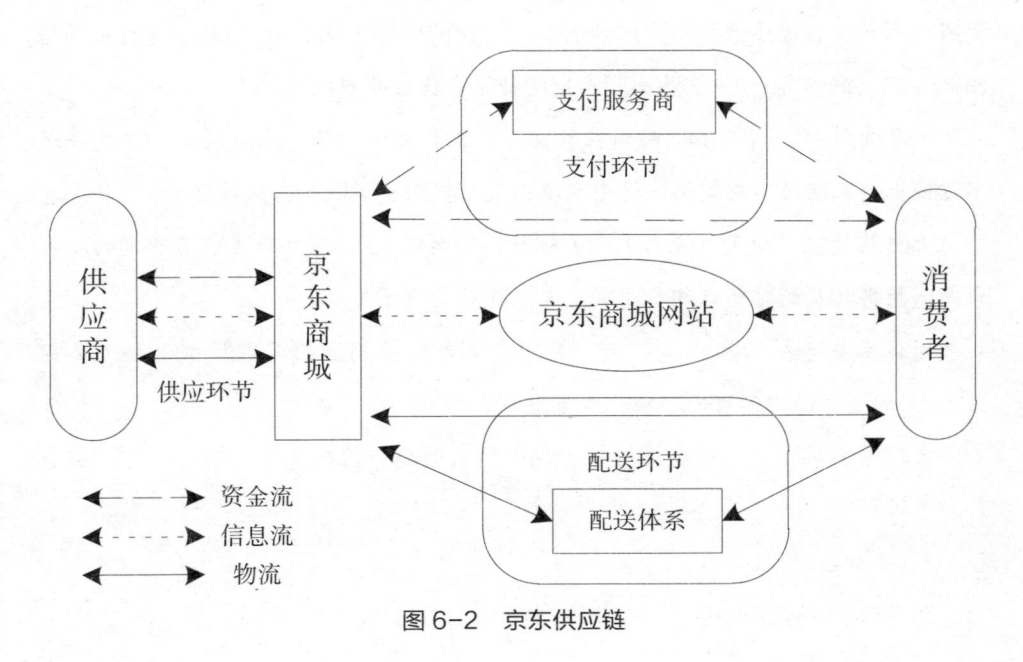

图6-2 京东供应链

以上环节都是一个双向的过程。其中，京东扮演平台角色，是供应链的核心，起到连接消费者（买方）和供应商（卖方）的作用，他们也是京东平台的核心客户。京东平台组织其他参与方（第三方物流、支付服务商等，理论上他们也是京东客户，但是属次要客户），满足核心客户的需求并协同为他们服务，供应链共赢是京东供应链管理的目标。分析核心客户的特征、需求及需求实现过程，研究各方的优劣势，并进行协同管理，是京东供应链业务布局和管理创新的基础。

● 消费者

消费者特征及需求

正如前面对网民及网络购物的分析，京东商城上的购物者绝大多数为18～60岁的人（有消费能力、懂电脑），在这种年龄阶段的人，基本是城镇的大学生、上班族（当然还有极少数为自由职业者或未上班的家庭主妇等）；另外，还有一些是团体客户（机构客户）。这些不同客户的特征有比较明显的差异。

大学生特征：白天多数时间在教室上课，而大学上课地点不固定，收发快递不方便；个人经济不够宽裕，资金主要由父母提供（多数按月度提供）。

上班族特征：白天/晚上上班（地点、时间固定），朝九晚五；有稳定的收入来源，获得收入的时间点相对固定（发工资的时间点）。

团体客户（机构客户）特征：采购商品有比较明显的范围特征（如办公用品），采购量大、内部有一个审批决策过程。

客户的需求包括：产品质量好、品牌信誉度高、价格优惠、及时配送、服务好，等等。

消费者需求实现过程

消费者在京东商城购物实现需求的五个阶段及有关节点活动、过程需求和满足情况，如表6-1所示。

第6章 客户导向的供应链管理创新

表6-1 京东消费者需求实现过程分析

	过程活动	过程需求	说明
需求确认	产生购买某商品的需求 可能是受网络广告/微信朋友圈的刺激、推荐而产生购买需求	—	—
信息寻找	通过微博/微信等朋友圈转发的促销信息、团购信息链接等	能有效地搜集到有关某类产品的介绍、展示、他人的评价等信息	已满足
	登录京东商城商品目录清单寻找比较	商城上能根据不同指标（类别、价格、销售量、品牌等）进行排序优选	已满足
	通过商城搜索引擎主动寻找商品信息	商城的商品排列有序、简洁、美观等	基本满足
选择评价	对收集到的各种产品进行比较 团购客户可能需要经过公司内的有关批准手续 可能是家庭内部讨论、朋友评价与建议，或者个人大致判断	能将感兴趣的几个同类产品进行对比研究（类似于搜狐汽车上的车型对比）	未满足
购买决策	参考其他客户关于该商品的评价 参加网上团购或发起网上团购 使用优惠券 支付货款 收到商品	个人能针对某产品一键发起团购 通过将该链接转发朋友圈组织团购（标明团购价格）	未满足
		方便地使用优惠券 先收藏某商品以后购买	已满足
		能方便地选择喜欢的支付方式 提供正规发票	已满足
		自己可选择收货方式、送货时间 收货方式和时间符合自己的作息习惯	已满足
购买后行为	产品不合格时，退货 在京东商城网站上发表有关该产品和服务的评价 可能会分享到微博微信朋友圈 获取有关产品使用、维修维护知识 关注公司公众号接收有关产品服务优惠信息，或参与抽奖等互动活动	能有效方便地跟踪订单处理进展信息 退货方便、及时 纠纷处理及时	已满足
		发表商品评论时简单、方便 发表评论后不会收到任何干扰或威胁	已满足
		能一键分享到朋友圈，简单、方便	已满足
		能通过扫描产品上的二维码，了解该产品有关使用、维修维护知识	未满足

备注："已满足""基本满足"表示京东商城平台已有相关功能可以满足或基本满足客户需求；"未满足"表示目前还未提供有关功能或功能不完备。下同。

●供应商

供应商的特征及需求

京东商城商品的供应商按照其规模可以分为：初创企业、小企业、大中型企业、京东自营（自营部分暂不考虑）。各类供应商基本特征如下。

初创企业：规模极小、资金少、产品可能刚开发出来（甚至还在开发中）但无能力规模化生产或整合供应商（可能是由于资金、人员、技术等原因）、营销经验缺乏、品牌知名度低、没有自己的销售体系和配送体系。

小企业：规模小、资金不足、产品种类较少、产品已经量产但量产规模不大、难以对供应商进行有效的管理（整合材料和供应商以降低成本）、品牌知名度低、没有遍布全国的实体销售渠道。

大中型企业：规模大、资金充足、产品种类多、对供应商整合能力强、有遍布全国的实体销售渠道（仓储中心和门店）。

供应商按照其不同产品属性，又可分为：小件易运输商品、大件商品、需要特殊运输的商品（如运输过程中需要冷藏的生鲜商品）等。

供应商参与京东供应链时有关的需求为：通过京东商城平台，以合理的价格销售尽可能多的产品；能及时高效地交付商品给客户；及时收回货款，并赚取合理的利润，等等。

供应商需求实现过程

这一过程涵盖了供应商从决定开展电商活动到在京东电商平台开铺然后开展有关销售过程。其具体的过程活动、过程需求以及京东对该过程需求的满足情况，如表6-2所示。

表 6-2 京东供应商需求实现过程分析

	过程活动	过程需求	需求满足
需求确认	决定开展电商业务	—	—
信息寻找	寻找合适的电商平台（由于候选平台极少，几乎不存在寻找的问题）	—	—
选择评价	了解平台对供应商的有关管理规则	能方便有效地了解京东平台对供应商管理、商品销售的有关规则	已满足：商家帮助中心
购买决策	选择决定在京东平台开展电商业务 办理商家入驻手续	入驻京东平台时能得到有效辅导和支持	已满足：在线客服
		多种合作模式可供选择	已满足
购买后行为	开展有关市场研究，跟踪分析消费者购买偏好 开展有关网络营销活动，扩大销售量；参与京东的年度促销活动 接到客户订单后及时将货物运送交付给客户并收回货款 管理客户退/换货过程	营销工具与知识：掌握有关网络营销知识及工具	已满足：商家学习中心
		市场研究方面：能有效跟踪分析消费者购买偏好	已满足：收费服务
		营销管理：能主动高效地开展营销活动；京东年度促销活动方案合理易执行	已满足
		能简单快捷进行商品发布、下架	已满足
		能很好地展示商品	已满足
		订单管理：销售、退货等环节能高效地和客户进行沟通；能有效跟踪和分析公司销售数据及每个订单完成进展情况	已满足
		纠纷处理：京东能及时处理退货过程中的纠纷	已满足
		在消费者需求实现的几个阶段都能方便地和客户沟通并跟踪管理	已满足
		能及时收回货款：京东给供应商的付款条件合理，及时完成货款划拨	已满足
		终止合作后，能及时退还保证金	已满足

对供应商正式入驻前的有关需求，主要通过商家帮助中心的有关问题回答来进行满足。目前基本上对商家在京东开铺有关的问题都进行了回答，但部分问题的答案过于简单，操作性不高。

商家入驻后，主要通过京东商城上的"商家后台"来实现有关商品管理、促销管理、订单管理、配送管理、售后服务、结算管理等需求。

在"商家学习中心"有关于开店入驻、店铺建设（商品上架、基础装修、促销设置、订单结算、无线玩法）、店铺引流（搜索优化、付费流量、活动流量、无线流量）、视觉营销（设计规范、营销图片设计、详情页设计、店铺设计）、数据运营（数据工具、数据分析、运营规划）等各种线上学习资料，并有大量的认证老师以及线下课程可供选择学习。为供应商提供全程贴身服务。

● **京东供应链管理创新**[①]

京东供应链的创新，已经超越了传统意义上的客户下单到订单交付的过程；它围绕两类客户（消费者、供应商）的需求以及需求实现时的过程需求，进行了一系列卓有成效的管理创新；为客户创造价值的同时，为自己的电商平台构筑了护城河。

围绕消费者开展的管理创新

基于消费者特征、需求和过程需求，京东推出了一系列管理创新，如表6-3所示。

[①] 关于京东供应链管理创新的具体举措，均是作者在深入研究京东集团官网有关内容后，分析整理得到。不排除京东还有一些未在官网上进行介绍的管理创新举措。

表6-3 京东客户（消费者）导向的管理创新

服务客户	京东商城	京东物流	京东金融
大学生	设计相对完善的网上商城 高品质、价格适中、全消费品类 学生特权、商城购物积分（京东钢镚）等	在大专院校内招募"高校代理人" 开通地铁自提业务，方便上班族在下班途中直接提货回家 小区自提柜自提	支付服务：货到付款（现金、POS机刷卡、扫码支付等）；在线支付（快捷支付、京东钱包、京东支付、组合支付）；邮局汇款；分期付款、京东白条支付 融资服务：京东白条、京东金条 理财服务：京东小金库、基金理财、定期理财、京东黄金、京东宝宝金罐、慧投理财、东家财富等 众筹：轻众筹、CPS营销 保险服务
上班族/自由职业/其他		211限时达、次日达、夜间配、定时达、隔日达、极速达、京准达	
机构客户	设"京东企业购"子门户，针对企业通用物料需求专卖 推出企业采购移动解决方案		支付服务：公司转账、支票 企业理财服务：京东企业金库 企业融资：动产融资、企业金采 企业征信

备注：

（1）表中楷体字部分并非供应链管理内容。

（2）商城服务。

学生特权：对已完成京东金融实名认证、学生特权认证的京东用户，可享受学生特权价购买校园专区商品。

京东企业购移动解决方案不是把采购形式简单移植到移动终端，而是优化了线上采购的流程，把下单权利直接下放到需求者手中，有采购需求的员工直接在移动终端下单，再由采购部门统一审批，用每一位员工的采购需求驱动整个企业采购链条的运行，突出了人的作用，极大地节省了采购的时间成本和人力成本，提高了采购效率。

（3）物流服务。

211限时达、次日达、夜间配、定时达、隔日达、极速达、京准达：京东根据客户配送时间要求推出的差异化配送方式。

高校代理人：京东在各大专院校内招募的学生，为高校的教职员工及学生们提供京东商城的商品宣传、货到付款、送货上门和售后服务等一系列工作。解决学生由于上课时间跟物流配送时间冲突而不能及时取货的问题。

（4）金融服务。

白条：京东推出的先消费、后付款的全新支付方式，包括汽车白条、驾校白条、乡村白条、白·居·易、养车白条、旅游白条等。白条联名卡是京东与银行合作的联名信用卡产品，简称"小白卡"。

金条：为京东用户量身定制的现金借贷服务。

京东钢镚：京东用户在京东金融参加合作商户积分兑换产生的通用积分，可在京东网站消费时抵用现金，1个钢镚可抵1元现金使用。

轻众筹：专门针对个人用户在移动端发起的众筹。服务内容包括公益募捐、个人救助爱心通道、基于个人发起的小型众筹、话题式的众筹活动、志愿者服务。

企业融资：动产融资、企业金采（先采购后付款）。

围绕供应商开展的管理创新

围绕供应商的特征、需求和过程需求，京东推出了一系列管理创新，如表6-4所示。

表6-4 京东客户导向（供应商）的管理创新

服务供应商	京东商城	京东物流		京东金融
初创企业	京东自有品牌店铺管理商品管理交易管理营销推广售后管理商家工具搜索排序特色市场企业信用公示违规管理商家激励	京东众创平台：服务于小微企业的创新创业平台，解决产品从0到1过程中遇到的设计、营销、运营等难题，整合优质服务资源，降低企业成本，打造从孵化到成长的线上生态		
小企业		仓储配送：FBP、租仓服务、库存管理	配送服务仓储服务发货管理货到付款退货管理售后服务	结算管理产品众筹股权众筹京保贝京小贷
大中型企业		仓储配送：LBP、SOPL、SOP商务合作（订单自提服务）		结算管理京保贝京小贷

- 备注：
- （1）表中楷体字部分并非供应链管理内容。

（2）商城服务。

京东自有品牌：中小企业可以贴京东品牌（根据合作协议）进行销售，快速扩大市场。

店铺管理：京东为供应商提供的关于店铺装修、店铺资质、品牌管理、域名管理、账号管理、会员管理、店铺动态监控的有关服务，提高供应商商城自我管理水平。

商品管理：在商城网站上为供应商提供的商品发布、上架/下架、库存管理、定制商品、删除商品、预售商品、商品回收管理、图片管理、资质管理、视频管理等自助服务。

交易管理：在商城网站上为供应商提供的订单管理及跟踪、发票管理等自助服务。

营销推广：供应商在商城开展有关营销推广活动的自我管理方式，包括促销活动管理、会员管理、设置优惠券、团购管理、广告管理（如点击付费广告CPC，包括京东快车、京东直投；如展示付费广告，包括京选展位、京挑客；营销工具DMP等），等等。

售后管理：供应商为消费者提供售后服务所需的各种管理，包括售后审核、自主售后、交易纠纷、商家直赔、闪电退款、先行赔付、评价管理、售后客服答疑、保险服务等。

商家工具：为供应商提供的商品销售管理的BI（商业智能）分析服务，包括商家后台操作、京麦工作台、广告投放工具、数据分析工具、咨询服务工具、平台监控工具、促销/营销工具、京东增值服务、API授权申请，等等。

搜索排序：京东商城上的搜索引擎工具，供应商可以利用它管理商品和开展营销活动。

特色市场：为供应商提供的特色市场营销服务，包括京东微店（京东微信平台开设）、团购服务、京东便利店（用京东商业理念赋能的线下门店）、品牌街、拍卖（利用京东电商平台进行拍卖的营销活动）等。

企业信用公示：对违规商家的处罚管理。

违规管理：对商家违规、运输商违规等有关管理。

商家激励：对商家的奖励和返利管理。

（3）物流服务。

配送服务：为供应商提供配送管理、运费管理、短信通知等服务。配送方式包括：FBP（即京东商城全权负责仓储和配送，并开具发票）、LBP（即商品不入库，第三方卖家供货，京东配送并开发票）、SOPL（即商品不入库，第三方卖家发货到京东分拣中心，京东送货，商家开发票）、SOP（即商家直接向消费者配送，并开具发票）。

仓储服务：提供租仓服务（服务于FBP商家）、库存管理（服务于FBP商家，可查看商品各仓库库存和盘盈亏情况）、分区库存管理（服务于使用京东ECLP仓的商家，可以设置商家仓库及状态、查看京东仓库及其状态、设置仓库覆盖区域）。

发货管理：帮助商家管理接到订单后从发货准备到交付完成的全过程。

货到付款：开通或关闭货到付款功能。

退货管理：如果消费者要退货，京东快递可上门取件并退回商家（已在42个城市实现）；或消费者需自行联系第三方快递，将退货寄回商家。

售后服务：售后审核、自主售后、交易纠纷、闪电退款、先行赔付、评价管理、售后客服答疑、保险服务。

（4）金融服务。

结算管理：按商家不同合作方式，为商家提供对账单及付款、开票、保证金台账管理及保证金退还、电子收据、银行账号验证等服务。

产品众筹：将资金投给筹款人用以开发某种产品（或服务），待该产品（或服务）开始对外销售或已经具备对外销售条件的情况下，筹款人按照约定将开发的产品（或服务）无偿或以低于成本的方式提供给投资人。

股权众筹：东家财富，包括类固收、私募股权、阳光私募。

京保贝：是京东金融推出的池保理融资方案。所谓池保理业务，是指供应商将其现在或将来产生的应收账款全部转让给保理商，由保理商根据应收账款核定最高额度并向其提供融资服务。帮助供应商解决融资难、放款慢、应收账款周转周期长的问题，全流程流畅、方便、快捷，易于操作。

京小贷：针对入驻京东开放平台的部分商家开放的贷款。最高额度500万元，放款到京东钱包，提现到企业对公账户。

（5）京东众创平台。

●京东供应链创新背后的技术驱动

基于客户（含供应商）的需求，京东物流子集团正着力打造正逆向一体化供应链解决方案、物流云和物流科技、商家数据服务、跨境物流服务、快递与快运服务等全方位的产品和服务，联合京东商城共享线上线下渠道资源，并联手京东金融推出创新性的供应链金融产品和保险产品。这一系列管理创新推动着京东集团飞速发展，并赢得良好的口碑（物流快、正品等）。在这背后，是京东的一系列技术创新作为支撑保障，正如刘强东所言，我们烧钱（建立大量的物流中心和信息系统等）是为了实实在在提升公司未来的核心竞争力，不断提升用户体验。公司高效运转的背后，是投入巨资搭建的信息系统，包括青龙物流配送系统、仓储管理玄武系统、大运输系统（赤兔TMS）、大件物流调度系统[1]等，如表6-5所示。

---

[1] 参考了李双竹的《刘强东205亿布了一个局，如何打造智慧物流体系？》一文。

第 6 章 客户导向的供应链管理创新

表 6-5 京东供应链创新的技术支撑

技术领域	创新焦点
青龙物流配送系统	预分拣子系统：根据收货地址等信息将运单预先分配到正确的站点，分拣现场依据分拣结果将包裹发往指定站点，由站点负责配送。在预分拣中采用深度神经网络、机器学习、搜索引擎技术、地图区域划分、信息抽取与知识挖掘，并利用大数据对地址库、关键字库、特殊配置库、GIS 地图库等数据进行分析并使用，使订单能够自动分拣，且保证 7×24 小时的服务 终端系统：京东快递员都有一台 PDA 一体机；此外像配送员 APP、自提柜系统也在逐步覆盖，用来完成"最后一公里"物流配送业务的操作、记录、校验、指导、监控等内容 运单系统：使客户能够查看到货物运送状态的系统，它既能记录运单的收货地址等基本信息，又能接收来自接货系统、PDA 系统的操作记录，实现订单全程跟踪。同时，运单系统对外提供状态、支付方式等查询功能，供结算系统等外部系统调用 质控平台：针对业务系统操作过程中发生的物流损坏等异常信息进行现场汇报收集，由质控人员进行定责。质控系统保证了对配送异常的及时跟踪，同时为降低损耗提供质量保证 GIS 系统（地理信息系统）：分为企业应用和个人应用两个部分。企业方面利用 GIS 系统可以进行站点规划、车辆调度、GIS 预分拣、北斗应用、配送员路径优化、配送监控、GIS 单量统计等功能；而对于个人来说能够获得 LBS 服务、订单全程可视化、预测送货时间、用户自提、基于 GIS 的 O2O 服务、物联网等诸多有价值的物流服务，通过对 GIS 系统的深度挖掘，使物流的价值进一步地得到扩展
仓储管理玄武系统	"WMS5.0 玄武系统"（Warehouse Management System，仓储管理系统）。仓储生产主要包括验收、上架、拣货、复核、打包、内配、盘点、移库补货八大环节
大运输系统（赤兔 TMS）	运输管理系统（Transportation Management System，TMS），其运输业务在供应链体系中，将仓库、分拣、终端等各节点连接，从而将所有节点业务串联互通并运转起来，实现运输服务统一化、数据采集智能化、操作流程标准化和跟踪监控透明化，形成完整的物流供应链体系
大件物流调度系统	由仓储、配送、安维、售后四大板块构成

续表

技术领域	创新焦点
关键技术	大数据运营技术：从需求预测，到库存策略、补货策略、采购计划、物流计划……这一切都是在大数据的驱动下进行的 京东无人技术：京东成立了智慧物流开放平台"X事业部"，自主研发无人机、无人车、无人仓、无人配送站等一系列尖端智慧物流项目。实现从入库、在库到拣货、分拣、装车的完整过程都无需人力参与，让库房拥有极高的效率和出色的灵活性 京东智能分拣设备：包括排序分拣机器人、堆垛机器人、搬运机器人、穿梭车等智能设备 京东云计算：搭建应用和业务驱动的云模式，包括物流云、金融云、电商云、产业云等，组合成后台的计算、存储和软件等能力 京东区块链：其核心是在去中心化的情况下，安全透明地记录交易或其他数据，且记录不能被篡改

第3节 一达通供应链，服务中小外贸企业

阿里巴巴创始人兼董事局主席马云说，必须先去了解市场和客户的需求，然后再去找相关的技术解决方案，这样成功的可能性才会更大。

● 曾经连年亏损的企业，何以赢得巨头阿里的青睐

2010年11月，阿里巴巴以一达通2011年利润的20倍进行估值，收购深圳一达通企业服务有限公司65%的股权，更在2014年3月完成全资收购。一家成立于2001年且自成立后连年亏损的企业（一达通直到2008年才勉强盈利），何以赢得阿里巴巴的青睐？

相对于阿里巴巴的电商平台均围绕"交易资讯"为企业服务，属于贸易的前"半程"，一达通则是聚焦于对外贸易的后"半程"，即服务于对外贸易"交易执行"——为中小微企业提供专业、低成本的通关、外汇、退税及配套的物流和金融服务。10余年的发展和积累，通过线上化操作及建立有效的信用数据系统，并整合各项外贸服务资源和银行资源，目前已成为中国国内进出口额排名第一的外贸综合服务平台。

阿里巴巴通过投资一达通介入进出口交易服务环节，为小企业办理通关服务，将获得小企业进出口实时、真实、全面、庞大的交易数据，这对阿里巴巴打通中小微企业对外贸易全过程、分析外贸市场意义重大；还有利于阿里建立基于真实

交易的企业信用评价体系，为买卖双方提供数据参考，保证交易环境的诚信与透明。同时，基于中小企业的进出口实际交易数据也将有助于阿里金融建设完善的内控体系，为阿里金融挑选合适的中小企业，低成本、低风险地为它们提供小额贷款。

借助于一达通的服务，阿里巴巴真正实现了与交易伙伴无缝交易，实现由订单触发的商流、物流、资金流、信息流的闭环。这是一达通赢得阿里青睐的重要原因！

● 直击客户痛点

外贸交易是一个相当复杂的过程，其核心是如何找到客户达成订单以及进行备货交付，如图 6-3 所示。

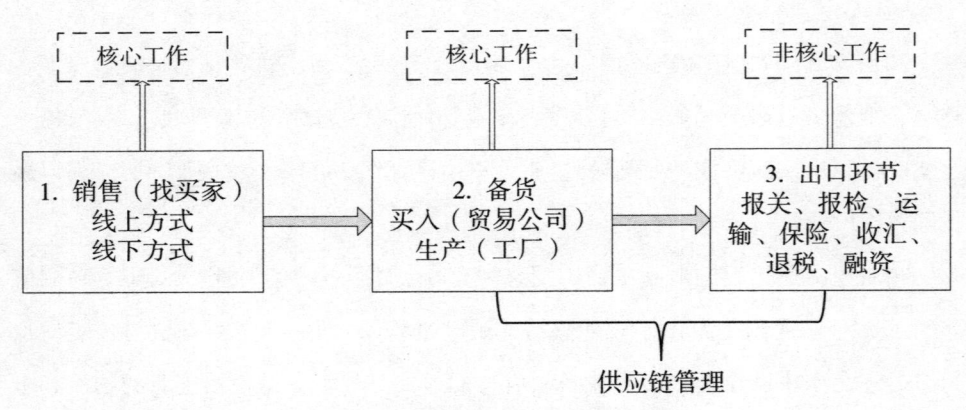

```
[核心工作]           [核心工作]           [非核心工作]
    |                   |                   |
┌─────────────┐    ┌─────────────┐    ┌─────────────┐
│ 1. 销售（找买家）│ →  │  2. 备货    │ →  │ 3. 出口环节  │
│   线上方式   │    │ 买入（贸易公司）│    │ 报关、报检、运│
│   线下方式   │    │  生产（工厂） │    │ 输、保险、收汇、│
│             │    │             │    │ 退税、融资    │
└─────────────┘    └─────────────┘    └─────────────┘
                         └──────────┬──────────┘
                                供应链管理
```

图 6-3　外贸交易过程示意图

对于中小微企业而言，在出口环节的有关报关、报检、物流、报汇（外汇）、报税、金融等各方面问题，是非核心业务。同时这些业务却又有较强的专业性，在出口额不大时，公司根本无力承担这种高额费用。中小微企业好不容易获得一个外贸出口订单，却可能因自身规模和能力原因，执行订单过程中困难重重，这

194

使得很多中小企业甚至不敢尝试外贸交易。它们面临的主要痛点，如表6-6所示。

表6-6 外贸企业痛点

交易环节	主要痛点
资质不完备	外贸交易必须拥有各项进出口资质，包括出口经营权、报关报检资格、外汇核销资格、一般纳税人资格。很多中小微企业资质不完备 申请资格、聘请人员和维护各个环节关系，对中小外贸企业造成很大压力，同时管理成本居高不下，综合成本平均每单5 000元以上
缺乏专业人才	需要聘用各类专业人员，包括懂得报关报检的关务、懂得国内国际运输的物流管理、懂得外汇和退税的涉外财务，等等
缺乏规模优势	需要拥有较大的出口规模才能获得海关、国税、物流、银行的高等级客户待遇，从而享有良好的环节服务品质和低廉的环节服务价格 中小微企业因规模小以及专业能力差，不具备议价能力，几乎在每一个环节上都处于弱势地位，效果和成本与大企业相比差距甚远
信用不足，融资困难	因为银行无法（或者由于成本太高）采集到真实和全面的外贸出口数据，同时很难控制应收账款和货物，导致银行针对中小企业的贸易融资几乎为零，从而造成交易成本的提高甚至无法交易，比如绝大多数的中小企业都不能接受货到付款，而货到付款方式又是国际贸易的主流和趋势

● 一达通供应链创新，聚焦客户痛点

一达通创始人魏强将公司的服务模式形象地比喻为"婚姻介绍所 + 婚礼事务全程代办 + 婚嫁金融服务"的全程服务平台，即促成客户外贸交易订单，协助交易环节的手续代办，提供供应链金融服务。表现为一达通提供的三种服务产品。

外贸综合服务：通关、外汇、退税

一达通通过专业的服务平台，为客户提供快速、便捷、低成本的通关、外汇和退税服务，如表6-7所示。

表 6-7　一达通外贸综合服务创新

服务类别	服务内容
通关	一达通具有海关高信用资质，有专业的报关团队，为中小微企业提供高效快捷低成本的通关服务（每单仅收费 1 000 元）
外汇	1. 国内唯一银行进驻的外贸服务平台，安全快捷 2. 可实现境内境外同步汇结汇，到账快，成本低
退税	1. 合规办理，安全顺畅 2. 一达通可提供垫付退税增值服务；满足退税款释放条件后 3 个工作日内即可获得垫付退税款，加速中小微企业资金周转

物流服务

一达通为客户提供陆运、海运、国际空运、国际快递的物流运输服务，如表 6-8 所示。

表 6-8　一达通物流服务创新

物流服务	服务内容
陆运	1. 中港运输：提供珠三角出口至香港的送货到门服务，并可承接各地送货至深圳仓库集中发货到香港 2. 集港拖车：提供有运力保障的集装箱拖车服务 3. 中俄欧：可实现全国至俄罗斯的门到门服务，节省时间，通关安全
海运	1. 提供船东专区＆海运整柜＆拼箱服务。在线查询船期、订舱、操作，费用透明、真实有效。同时提供拖车、报关，散货以及目的港送货到门等增值服务。国内已开通八大起运港 2. 海运整柜已基本全航线覆盖；海运拼箱服务开通了中国台湾、日、韩、东南亚、欧地黑、美、加、大洋洲、中东、印巴、南美等航线
国际空运	1. 与全球优质空运服务商合作，航线覆盖 170 个目的国和区域；更有拖车、报关等服务，满足客户个性化需求 2. 在线提供空运门到门服务。在线提供三种报价、在线比价、在线下单，满足不同时效需求
国际快递	与国际知名快递品牌合作，客户线上下单支付后，快递公司上门取件服务运费低至 1.1 折，时效快，覆盖范围广

金融服务

一达通和多个金融机构合作，为中小微企业提供包括流水贷、超级信用证、保单贷等供应链金融服务，如表 6-9 所示。

表 6-9　一达通供应链金融创新

金融服务	服务内容
流水贷	1. 通过一达通出口流水数据可获得纯信用融资。还款灵活，不支用永不计息 2. 在线申请，通过审批，最快 3 分钟到账，最高 200 万元
超级信用证	1. 一达通专家审证、制单、交单，规避信用证软条款、不符点；对开证国家和银行做风险资质专业评估，全面把控风险 2. 出货后，可申请 100% 买断服务，风险转让给一达通，提前收汇。如果单据收齐 2 个工作日内即可提前收款 3. 最高可贷 500 万元，实行差异化费率，优质客户尊享更多优惠，融资费率最低 0.019%/天 4. 中国银行单证中心直接入驻一达通联合办公，并实现全线上系统对接，快捷高效
保单贷	1. 一达通与中信保（中国出口信用保险公司）联合，为中小企业提供定制化的保单融资服务。在订单操作中，全程配合客户，降低因订单操作、理赔申请各个环节中出现疏漏，导致无法投保、赔付的风险 2. 中信保提供买家回款保险，保障货款安全收回；一达通提供尾款融资服务，加速中小微企业资金周转 3. 发货后单据收齐 3 个工作日，就能收回最高 80% 尾款，赊销订单也能提前收汇；尾款融资利率 0.03%/天

总体而言，一达通平台为中小企业实现了进出口管理的外包，中小企业不用再聘请报关、物流以及涉外财务等专业人士，专注外贸本身，管理成本节省超过 70%。同时，因为平台整合了大量的通关、金融和物流资源，大规模以及持续地降低了各环节开支，目前一达通平均为中小企业降低 30% 的物流开支以及超过 40% 的金融服务开支。

第4节　中兴通讯供应链管理创新

中兴通讯是国内仅次于华为的通信行业巨头，其人员素质和内部管理水平在国内领先。在侯为贵任总裁期间，曾任命副总裁韦在胜为项目负责人，对公司供应链进行优化设计，并取得了良好效果，是中兴后来成立供应链管理公司的基础，并不断迭代优化。

● 变革诱因

在一次侯为贵总裁亲自参加的产品交付协调会议上，对公司供应链管理有关问题集中暴露如下。

客户的抱怨增多，主要集中在：总是不能及时发货，交付水平低；供货周期太长；与公司不同部门打交道疲于应付；出现问题不知道找谁（在项目的不同环节、遇到不同的问题需要分别找相关部门的人员，没有一个统一的接口）。

公司内部各种原材料、单板（是公司产品的一些核心部件模块，类似于电脑的主板）和成品的库存不断增加，堆积如山。由于行业特殊性，成品如果不能及时卖出，一般转卖给其他客户的可能性较小；所生产的单板由于通用性较差，除非生产同类产品否则很难在后期生产过程中使用掉；而那些昂贵的库存芯片，则基本遵循摩尔定律，每18个月成本下降一半。

公司的各种项目团队相互之间沟通相对较少，导致与客户的多点接触；经常发生的事情是，当工程安装人员按计划赶到安装现场时，却发现发运过来的设备不齐套，浪费大量人力物力。

供应商抱怨，由于实际订单数量与预测数据偏差太大，采购部门经常在没有任何提前通知的情况下，自行宣布取消某份原材料采购订单或提出延迟交付，导致供应商蒙受损失。供应商在不能获得赔偿的情况下，会在下次销售过程中抬高价格，并且在原材料紧张时，不再将公司作为优先保证供应的对象。

基于此，公司成立了专门的供应链优化项目组，启动对公司供应链管理的诊断和优化。项目组成员涵盖了企管部、计划部、产品事业部、营销事业部、营销中心、IT部有关部门员工代表，由公司副总裁任组长。

● 客户定位及分析

公司供应链管理的参与方包括：公司的客户（产品购买者，这里只分析运营商）、公司相关部门（营销事业部销售处、计划部、产品事业部、康讯公司[①]等）和供应商等。供应链管理的目的是整合各方需求，增加他们的协同效应，提高整个供应链的效率。

中兴供应链内外部客户需求的识别，如表6-10所示。

表6-10　中兴内外部客户需求识别

客户类别	客户需求
客户（运营商）	好的解决方案 准时交付 较短的供货期 成本、质量要求（一般都是招标采购）

---

① 康讯公司是中兴通讯下属的控股企业，是公司统一的采购和物流平台。

续表

客户类别		客户需求
公司	营销事业部销售处	了解公司正在销售的产品目录及产能、交付周期等信息 了解公司新产品开发进展（尤其是即将上市的新产品，何时发布并可供销售） 尽可能短的交付周期 产品功能性能、质量、成本具有竞争力
	计划部	了解客户中长期需求 了解各订单演变过程进展情况，不要在合同签订后才获知信息 尽量减少紧急订单 了解产品事业部各产品线的产能及交付周期（制造提前期） 了解不同客户的产品配送提前期 了解产品库存信息
	产品事业部	了解客户中长期需求 了解各订单演变过程进展情况，不要在合同签订后才获知信息 尽量减少紧急订单 了解各原材料的交付周期
	康讯公司	了解公司中长期物料需求 及时了解基于产品订单的原材料需求 了解供应商各物料交付能力和交付周期（采购提前期）
供应商		了解中长期的物料需求 提高物料需求预测的准确性 提高合同履约率 缩短付款周期（公司一般是交货后三个月付款，非本次关注焦点）

● 中兴供应链规划

项目组对公司供应链的设计提出了三个基本原则。

以信息代替库存：通过需求信息向供应链上游共享、供给信息向下游共享，实现供应链各个环节的协调运作，减少供应链的总体库存。

变"推式运作"为"拉式运作"：改变过去的"推式运作"方式，实行采购、生产由客户需要拉动的"拉式运作"方式。

第6章 客户导向的供应链管理创新

细分原则：实行客户细分、区域细分、产品细分、供应商细分和材料细分，针对每个细分部分制定差异化管理策略。

在此基础上，项目组对公司的供应链各环节进行了重新梳理和规划，主要包括五个方面的内容，如图6-4[①]所示。

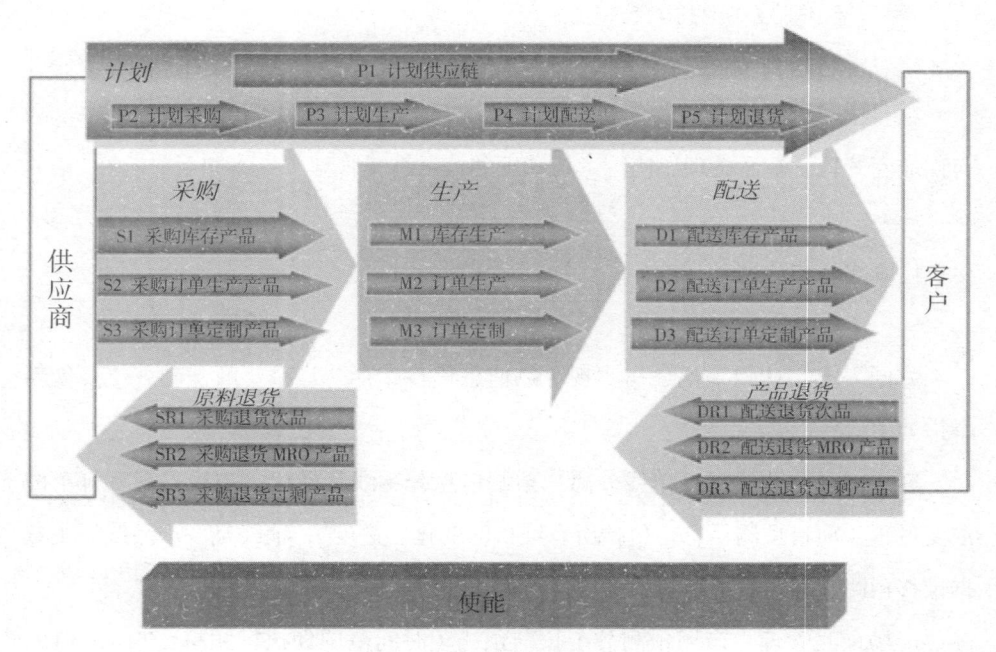

图6-4 中兴供应链框架

说明：MRO是英文Maintenance（维护）、Repair（维修）、Operations（运行）的缩写，通常是指在实际的生产过程不直接构成产品，只用于维护、维修、运行设备的物料和服务。

公司供应链的设计参照了SCOR[②]模型，涵盖计划、认证、采购、仓储、交付、退货等，另外还有一些辅助业务，包括供应商关系管理、供应链协同、招标管理、供应链绩效评估和进出口管理，等等。针对各客户需求及其传递过程，项

---

① 图片来自中兴通讯CIO李子坚的一篇发言稿。
② SCOR模型是国际供应链协会（Supply-Chain Council）开发支持，适合于不同工业领域的供应链运作参考模型。

目组在规划设计供应链时，特别强调彼此之间的逻辑关系和协同效应，并为此开展了众多的创新活动。

●中兴供应链创新焦点[①]

项目组对公司供应链的创新主要表现在五个方面，即协同需求与计划、采购与供应商管理、配送管理、协同考核管理和信息系统管理，具体如下。

协同需求与计划

协同需求与计划，是公司实现"以信息代替库存"最重要的基础。主要创新举措如下。

客户需求预测线与订单线分离：预测信息分主线和辅线，主线是现实订单的演变过程（项目预测信息，包括所有项目的变化、进度）；辅线是各产品线历史数据推移预测、客户需求宏观预测、各销售经理的区域宏观销售预测。

市场预测管理：市场预测分中长期预测（时间范围和执行频率：T+4、T+5、T+6月）和短期预测（3个月以内）。长期预测结合三种数据来源（主要客户投资预测、公司各产品历史销售量推移预测、各区销售经理的区域销售预测），计划部进行综合分析后制定一个统一的中长期预测数据，并每月滚动调整。短期预测按每个项目信息预测汇总得到；产品总经理[②]根据项目预测信息及市场信息决策，做出产品级预测数据。

基于项目的滚动预测：由于公司85%以上的订单交货期在90天内，而且经

[①] 这部分内容参考了我本人所著的《流程制胜——业务流程优化与再造》中的案例内容，该案例当时没有明确指出是中兴通讯（使用化名"兴华公司"），但它是根据本人当年参加中兴通讯供应链优化的实际经历和有关成果整理而成的。

[②] 中兴对产品总经理的定位：是公司某种或某类产品的经营者，在产品生命周期内对产品的经营绩效负责，是产品生命周期的第一责任人。

过统计分析各提前期，合理安排的话，90天可以满足绝大部分交付需求。因此，销售项目信息统一要求按13周进行滚动预测。各销售处商务经理负责对项目预测数据及时维护，每周一中午12点前更新项目需求信息（中间可以随时更新）；后来过渡到每天更新。

计划部将市场8~13周的项目信息和中长期市场销售预测（3~6个月，6个月以上），转化为单板和原材料需求，并向康讯公司采购部门传递。采购部门有权对分解的物料需求预测数据进行微调，微调幅度为正负10%；采购部门每周及时向供应商传递物料需求信息（交付周期相对较长的战略合作供应商），信息内容包括公司对物料需求的种类、未来时间段内需求量。供应商按照公司中长期物料需求预测进行备料。

计划部还应将公司未来三个月的产品交货种类、交货能力、交货周期等信息及时向销售部门传递。计划部的这些数据应在每周三中午12点前刷新。

康讯公司负责收集各物料未来供货能力、交付周期、成本信息以及公司材料库存信息，并共享给公司相关部门。康讯公司每周对有关数据进行更新。在接到合同交货需求指令前，所有原材料原则上应保持未加工状态。

研发部门负责将新产品开发进度（预计上市时间）及时在公司内给相关部门共享，并每周更新。

采购与供应商管理

对于基于物料属性分类的供应商，公司提出了雄心勃勃的供应商管理目标和策略。

压缩并优化供应商队伍，与供应商建立战略伙伴关系。公司将有计划分步骤地压缩供应商队伍，在1年内将近2 000家供应商压缩至1200家，2年内压缩至600家，3年后压缩到200家以内。

公司和关键供应商结成战略联盟，优先保证这些供应商的采购份额，与这些供应商共享需求信息，采购订单变更时给予一定赔偿等。

通过信息共享和供应商战略合作，尽量将库存拦在供应链上游，即将成品库存拦在原材料库存，原材料库存后移到供应商。

物资采购：针对不同物资属性，公司采取差异化的采购策略，如招标、竞争性谈判、询比价采购等。通过和一些关键供应商签订战略合作协议，分享需求信息外，还邀请供应商参与公司产品研发过程。

配送管理

通过协同计划牵引的协同配送，是公司实现JIT（Just In Time，准时）配送目标的基础。

计划部按合同交货要求进行排产。

产品事业部按照生产计划及产品配置进行整机装配、调试，产品检验合格后包装，入计划部成品库房。

康讯公司按产品级交货预测进行备料，按计划部配送指令实施JIT配送。

供应商按康讯公司采购部门提供的原材料采购预测数据备料，按合同交货需求或配送指令实施JIT配送。

计划部根据合同条款和客户要求，以及工程部对客户机房勘查结果和工程安装调试计划，拟制发货通知单；计划部成品库房将成品交承运商按JIT方式发运，并将发运单据即时录入ERP系统。

外购件由计划部安排随整机同时发运，或由供应商在指定时间内直接发运至客户指定地点。

协同考核管理

为了保障供应链优化后能迅速落地并取得预想效果，项目组在充分考虑供应链各环节内外部客户要求后，设置了供应链管理绩效指标，涵盖多个方面的内容，如表 6-11[①] 所示。

表 6-11　客户驱动的供应链协同考核

客户		客户要求
外部客户	运营商	质量保证能力：产品认证、质量认证、安规认证
		服务能力：B2B 交易、产品追溯、条码标识以及 Call Center（客服中心）
	当地政府	符合当地法规政策要求：审计要求、税收政策要求、贸易政策要求、商务资质要求、法律法规要求
内部客户	供应商能力	质量保证能力：产品认证、质量认证、安规认证、产品质量
		供货能力：进出口资质、产能、供货周期、商务模式
		服务能力：售后服务、维护
	准时交付	交付周期管理：采购周期、生产周期、物流周期、工程周期
	成本最优	综合成本：采购成本、物流成本、税费成本、采购模式
	IT 能力	产品全球化：多语言、多法人、跨文化、跨时区、高性能
		服务全球化：全球 7×24 小时服务

基于内外部客户要求，设置了一系列考核指标，并分解到责任部门/岗位。

考核对象：考核对象为公司各参与部门和有关人员。在公司内涉及的部门包括市场部、各销售处、计划部、产品事业部、康讯公司采购部门；涉及的关键岗位包括产品总经理、商务经理、物流经理、计划经理等。针对每个考核对象列出其考核方式。另外对供应商的考核也作为供应链管理的一部分。

评价指标：对开始所列出的每个考核指标进一步做了界定和说明，并对个别指标进行了修正。例如，对商务经理的考核指标有一项就是项目信息预测的真实性、及时性。

评估周期：考核周期均为半年一次。

数据收集计划：针对每个考核指标，项目小组制订了详细的数据收集计划，包括由谁负责考核、数据来源及收集责任人、收集周期、如何统计分析等。

考核结果应用：在试运行阶段，考核成绩不与奖金挂钩，从第二年开始，正

[①] 本表的内容参考了中兴通讯 CIO 李子坚的一篇发言稿。

式纳入相关部门和人员的绩效指标中，并与奖金挂钩。

信息系统

公司深知信息系统对供应链高效运作的支撑作用，因此，在经过前期的诊断和梳理后，IT部人员开始参与项目组，考虑对未来系统的构建，并要与公司现有ERP系统、OA系统、CRM系统等无缝对接。

新开发的信息系统，实现供应链各环节信息在此公共平台上运行，满足供应链优化后各环节所产生报表的填写、审核、传递、整合等。对于暂时无法登录公司信息系统的地方（如海外的一些销售处），让其定期按照规定的格式发邮件和传真到总部相应营销事业部所指定的人员，由其负责录入。所有这些信息均应按照规定的频率（最初为每周，后来过渡到每天）进行更新。

系统按照严格的分类分级，设置有关保密权限。

第 7 章

客户导向的产品开发与创新

公司紧紧抓住客户需求导向不放松，使研发自上而下逐渐认识到客户是我们的衣食父母。客户需要的不再只是产品和技术，而是能给他们带来商业成功的解决方案。现在我们已经从技术导向转变为客户导向，从单纯关注产品转变为提供整套解决方案，以客户的成功来引领产品开发。

——华为《董事会工作报告》（2004 年）

第1节 成功的产品创新必以客户为导向

案例

铱星与小灵通——客户的选择是判断产品创新成败的唯一标准

铱星通信：1998年全球十大科技成果之一，为何陨落？

1991年，摩托罗拉公司决定斥巨资建立由77颗低轨卫星组成的铱移动通信网络，梦想建立一个任何人在任何地方和任何时间与任何他人进行任何方式的通信的工具，以便解决当时移动电话存在的价格高、通话质量差、通话范围小等一系列问题。

系统建成后，每部铱星手机的售价高达3 000美元，重达400克，国际话费为7美元/分钟。使用者需要接受专门的培训，且使用时要随身携带笨重的附件。尤其是在全球漫游时，为了与当地蜂窝电话网络相连，双模式铱星手机要更换适合当地区域传输标准的通话卡。例如，一位欧洲用户到美国和日本做商务旅行，就需买3个通话卡才能与这3个地区的传输标准相匹配，而每个通话卡价格约为500美元。此外，铱星手机在系统运营初期通话质量较差，掉话率很高，特别是它不能在室内和车内使用，而普通手机却不存在这些问题。铱星系统的数据传输速率仅有2.4千比特/秒，而同期的GSM系统数据传输速率可达到64千比特/秒。该项目于1998年11月1日正式投入运营，并入选当年全球十大科技成果。可这样一个充满梦幻般的项目，耗资57亿美元建立起来的铱星通信网到破产时才发展到区区的5.5万个用户，这与实现盈利所需的65万个用户相去甚远，造成公司债台高筑（高达44亿美元）。苦苦支撑仅仅一年多后，就不得不于2000年3月17日宣布破产。

小灵通：一项落后的技术成就了一个通信巨人？

小灵通（1.5代通信产品，国内此时已经使用的是二代），一项被专家视为落后且在西方已被淘汰的技术，自从诞生之日起就被国家有关部门屡次禁止。可是自从1998年在市场低调推出，就在全国大中城市迅速蔓延，截至2005年中期，全国小灵通用户总数近7 000万，UT斯达康占了60%的份额，使这个名不见经传的小公司，不但据此登陆纳斯达克，而且连续16个季度实现并超过华尔街对公司的财务预期，并在短短几年跻身世界十大电信设备商之列。为什么一项落后的技术，还成就了一家通信巨人？

铱星项目失败的根本原因，绝对不是技术与产品质量问题。摩托罗拉作为全球通信的巨头，我们丝毫不怀疑它当年的技术实力、产品质量管理能力（要知道，摩托罗拉创造的六西格玛质量管理此时正风靡全球，其系列二代通信手机产品也正独领风骚），也对其攻城略地的市场策略钦佩有加。可是，一个一流企业所主导的充满创意的项目，为何最终惨败？

其实，铱星破产的真正原因是：手机昂贵的价格、复杂的操作和笨重的机型，以及与模拟网络的不兼容，使其不能满足消费者的需要。尽管其具有全球任何地方任何时间任意通话的功能（非封闭空间），但这项功能在一般消费者的需求中并不重要——铱星项目的创意，正是来源于摩托罗拉公司的一位工程师，他在一个海岛度假，不能与其家人朋友通信联系，从而萌发在全球任一地方均可自由通信的构想；可绝大多数人显然并没有这一需求。因此，是消费者的用脚投票（不购买不使用），导致了铱星项目的失败。

而UT斯达康凭借一项落后的技术，得以迅速成长为一个通信巨人的真正原因是，固网运营商（中国电信）与消费者对小灵通这一产品都有着强烈的需求。小灵通有何特点？答案是系统建设成本低，话费便宜（以固定电话的资费享受移动电话的服务，当年移动话费每分钟0.6元，而小灵通每分钟不到0.2元）。当全球通信企业为3G技术疯狂的时候，仍然有相当大一部分消费者只注重基本的通话功能，更在乎的是通话成本，他们不需要打长途（小灵通只能用作市话）。这些客户的力量是如此之大，以致冲破了中国政府的管制。也正是这些客户成就了UT斯达康！

客户决定企业产品创新的成败，这是不变的真理。IBM公司在2006年对全球765位CEO、企业高管和公共部门的负责人进行了深度的顾问式访谈，结果表明，近六成的人认为客户是产品创意最重要的来源。

然而，如何实现有效的产品创新，如何让新产品开发真正地以客户为导向，却是困扰众多企业的难题。正如很多企业宣扬"以客户为中心、客户至上"，却不知道如何落地执行一样。企业产品创新，需要综合考虑客户特征、客户需求以及客户需求实现过程，来触发产品创意。

1. 客户特征与需求组合。

定义和细分客户，并基于客户的特征和需求组合来开发产品是比较常见的，其难点在于不知道选择客户的哪些特征和需求来进行组合。

服装企业开发不同尺码的衣服，是基于不同客户的身体特征（大小不一），开发情侣套装/亲子套装，是根据客户的身体特征和心理特征进行的。宝洁公司先后推出三个不同品牌"海飞丝""飘柔"和"潘婷"，是根据调研发现客户三种不同的头发特征——头皮屑多、头发干枯、头发分叉不易护理。深圳推出公交快线/高峰专线，是基于客户上下班特征、居住特征以及对速度的需求，进行组合分析得到的。女性出租车公司是基于女性生理/心理特征和安全需求组合而推出的。把足球门摆到男性小便池，是根据男性心理特征和需求所做的小小创新。空调企业推出功率大小不一的空调（如1匹、1.5匹、2匹等），是由于客户房间大小不一。在几乎所有产品创新方面，客户的一些多样化特征常常直接影响了其需求，这需要企业深入挖掘哪些客户特征要在产品创新中予以关注。

凡是对客户需求有影响的特征，都应纳入分析范围！

2. 客户特征、需求与客户需求实现过程的组合。

分析客户需求实现过程的活动，以及此过程可能遇到的困难和需求，并根据客户需求和需求实现过程进行组合分析，也是产品创新的重要基础。例如，传统豆浆机生产企业，认为客户买豆浆机就是用来磨豆浆（客户的真实需求是要喝豆浆），而忽视了客户需求实现过程（煮的环节）的需求。这种割裂行为，使这些企业将产品创新焦点集中在提高打磨效率（所需时间）、磨刀设计、电机功率、容量、降低成本等方面，因此失去了更大的创新机会。而九阳公司则把打磨豆浆和煮豆浆两个步骤整合在一起（过去客户煮豆浆时，豆浆很容易在煮的过程中漫出锅来），其设计的新款豆浆机，甚至能将打豆浆、煮豆浆和清洗豆浆机的过程全部自动完成（豆浆美味，可清洗豆浆机也是个很麻烦的过程）。九阳公司的成功，显然是源于深入研究了客户的需求和需求实现过程，并在产品创新中有效满足了客户的这些需求组合。

华为在对客户传统基站建设及使用过程进行分析时发现，在使用集中式基站建设时，具有如下缺陷：长天馈线，信号损耗大，安装困难；需要增加塔放和长馈线昂贵花销；网络覆盖效果差，网络优化困难；在市区难以找到合适场地；施工建设费时费力。华为为此开发了分布式基站，它具有灵活的安装方式、容量特性、覆盖特性，能很好地适用各种应用场景。与传统集中式基站相比，分布式基站具有如下几点优势。

站点获取容易。分布式基站无需机房，对安装环境要求低、选址灵活、安装方便。减少征地、机房、配套（电源、空调等）费用；能节省60%的场地租金。

低功耗高性能。分布式基站通过光纤连接，靠天线安装，消除传统基站馈线损耗，降低功放输出功率要求，扩大覆盖范围；节省50%的功耗。

便于运输、工程安装简单方便。设备轻便、安装灵活、施工快捷，建站周期短（传统基站建设周期约30～60天，分布式基站约15天）；节省60%的土建工程，节省70%的安装和调试费用。

运行成本低收益高。可共享基带处理资源，节省硬件投入；绿色节能，体积小、能效高，降低了运维成本。

由于分布式基站的种种优势，尽管产品刚推出时价格比集中式基站相对贵一些，但由于客户总体成本下降很多，所以深受客户欢迎，并得以迅速占领市场，目前已经成为该领域的行业标准。华为通过对客户需求和需求实现过程的研究和深刻理解，再次证明了其以客户为导向的产品创新能力。

迈克尔·波特所提出的三种竞争战略模型之一——总成本领先，强调的是企业总的成本领先于竞争对手，从而可以通过低价竞争赢得客户。这种竞争战略其实是偏颇的，存在很大的陷阱。真正的总成本领先，应该是客户的总成本领先，即：客户购买、安装、使用、维护的总成本最低。

产品创新过程中，以客户为导向，除了考虑客户本身的需求和需求实现过程外，有时还需要考虑客户之间使用方式的相互影响，这事实上也就是客户的社交关系。例如，腾讯凭借其庞大的产品用户群（网络效应），实现"一直在模仿，很快就超越"——腾讯将其触角伸向网络应用的众多方面，在竞争对手推出某项创新后迅速模仿并击退对手——这是由于很多客户在使用这些网络应用时需要与朋友交流协作，其他公司还来不及培养足够的用户群就被腾讯击倒。这也是为什么后面很多功能出色的聊天软件如飞信、百度 Hi、网易泡泡等无一成功的原因。

类似的案例不胜枚举。例如，曾经在国内广为流行的金山 WPS，后来却惨遭微软暗算，这是为什么？金山 WPS 20 世纪 90 年代在国内具有广泛的用户群（基于微软的 DOS 操作系统运行），可自从微软推出 Windows95 和基于该操作系统的 Office 软件后，由于金山基于 Windows95 的办公软件尚未开发出来（原 WPS 不能在 Windows95 上运行），微软的 Office 开始逐渐流行，由于价格较贵，导致盗版泛滥。微软对此视而不见，其创始人比尔·盖茨当年来中国访问时甚至就此说了一句当时大多数国人不懂的话——他们现在使用盗版吧，我以后会来收钱的。无独有偶，2007 年 3 月，据美国《信息周刊》网站报道，微软商业部门总裁杰夫·莱格斯在摩根士丹利科技大会上表示："如果用户要使用盗版软件，那么我宁愿让他们使用我们的产品（盗版）。"莱格斯说："从长远角度讲，最根本的资产就是使用我们产品的用户群。"

有不少观察家认为，当年微软盗版软件其实是微软自己鼓励和纵容使用的，以便迅速占领市场。当广大用户习惯于用微软 Office 办公软件的时候，金山 WPS 就遭到微软的阉割，市场份额迅速萎缩；尽管金山后来推出了基于 Windows95 且功能类似微软 Office 的 WPS，但在市场方面也无济于事——由于客户编辑文档后，需要和同事、朋友、客户、供应商等进行交流，当别人都是用微软 Office 时，你就得使用和他们相同的软件以确保文档能被对方打开和编辑。

第 2 节　从客户角度看百度产品线的规划[①]

百度创始人、董事长兼首席执行官李彦宏曾说，在飞速发展的互联网行业里，产品是以用户为导向在随时演进的。因此，在推出一个产品之后要迅速收集用户需求进行产品的迭代——在演进的过程中注入用户需求的基因，完成快速的升级换代裂变成长，才能让你的用户体验保持在最高水平。不要闭门造车以图一步到位，否则你的研发速度永远也赶不上需求的变化。

●百度客户定位及盈利模式

百度客户定位

百度的核心，在于搜索[②]。

按照早期的定位，百度客户可分为两类，即"搜索者"和"希望被搜索者"。搜索者（不妨称为第一类客户）即网民，是使用搜索工具获取信息的个人，当然

[①] 这部分内容根据本书作者于 2010 年 9 月写的一篇博客进行重新整理编写。当年写的文章中通过分析发现了百度不少缺失的产品线，并对这些产品线的定位和功能进行了简要描述；到 2017 年百度产品线已经比 2010 年丰富得多，当初的一些产品预测也变成了现实。详细原文可参考本人新浪博客：东方第一关。

[②] 百度近年已经投入大量精力研发人工智能，这部分业务和搜索业务关联度相对较小，不在本书的分析范围之内。

其获取信息的目的也有可能是为组织（工作）需要。希望被搜索者（不妨称为第二类客户）一般是机构，希望自己的品牌、产品、服务等被别人搜索到（也有少数个人希望被别人搜到，如某些想出名的人；公司也可以开发针对个人的搜索广告业务，不过由于个人做广告的数量相对较少[①]，在下面的一些分析过程中被忽略）。

2009年百度提出框计算——为用户提供基于互联网的一站式服务，用户只要在框中输入服务需求并搜索，系统就能明确识别这种需求，并将该需求分配给最优的应用或内容资源提供商处理，最终返回给用户相匹配的结果。框计算理念为我们描述了一个未来的网络生活蓝图——通过为搜索者、希望被搜索者、联盟商提供价值，百度将成为网络生活的中心——框计算的中心。要实现这一商业模式的转变，百度必须整合众多的资源，因为框计算的成功取决于所整合的资源的多少，所以这些合作伙伴也应纳入百度的客户管理范围。我们把这类客户暂称为联盟商（也不妨称为第三类客户）。

百度盈利模式分析

1. 赚搜索者眼球，赚希望被搜索者的钱。

百度有偿搜索的基本运行方式是：根据广告主付费金额排名，付费越高，排名越靠前，实际上就是人为干预搜索结果。这种盈利模式可以概括为"赚搜索者眼球，赚希望被搜索者的钱"。

2. 对使用"搜索的结果"收费。

使用搜索工具的行为过程免费，但对使用搜索结果收费！

搜索者对哪些搜索结果愿意付费呢？就目前而言，行业研究报告、证券个股等研究报告、网络文学、视频、音乐、文库、教材案例等，都有可能让搜索者付费，公司需要和相关的组织结成战略联盟。让搜索者对搜索阅读或下载的内容付费，公司和相关联盟者分享收益（或一次性买断）[②]。

[①] "希望被搜索者"是个人的情况下，潜在客户到底有多少，没有找到相关数据。
[②] 当前网上的音乐搜索免费下载实际上是一种侵权行为，当苹果公司以iTunes整合音乐资源以供搜索下载时，实际上开创了一种新的盈利模式。

●服务于搜索者的产品线规划

搜索者分析

1. 搜索者的特征分析。

中国互联网络信息中心（CNNIC）每年发布的《中国互联网络发展状况统计报告》（以下简称《网络报告》）从性别结构、年龄结构、学历结构、职业结构、收入结构、城乡结构等对网民进行了调研分析。对百度而言，很难根据性别结构、学历结构、收入结构、城乡结构等对网民搜索需求进行细分。相反，职业结构（学生类）、年龄结构（老年人）、身体缺陷（如盲人）因造成搜索者需求的差异，可以细分出一个搜索产品市场来，如表7-1所示。

表7-1 基于搜索者特征的客户细分[1]

	网民特征	占网民比例	独特需求
1	学生	25.0%	小学至高中生：屏蔽部分搜索内容（家长的需求）、疑难问题解答、语数外等知识、学习方法交流、经典课件分享、同学联系等
			大学生：专业知识搜索、论文搜索、工作机会搜索等
2	老年人	4.0%	侧重于健康与养生、休闲娱乐等内容；电脑操作不够熟练，希望尽可能简化操作
3	盲人	?	可以根据语音进行搜索；侧重于声音文件的分类搜索

备注：
（1）表中数据为2017年1月发布的最新数据。
（2）学生网民：也许可以进一步细分为小学到高中的网民、大学生网民。
（3）《网络报告》中老年人定义为60岁以上的人。
（4）盲人：这类网民数量都没有统计，但有独特的搜索需求，百度所推出的盲道即为解决这部分客户的需求。

---

[1] 数据来自2010年7月中国互联网络信息中心发布的第26次《中国互联网络发展状况统计报告》（简称《网络报告》），下同。

2. 搜索者的需求分析。

按照CNNIC于2017年1月发布的《网络报告》数据，2016年中国网民总数为73 125万人，上网工具包括台式机（使用率60.1%）、手机（使用率95.1%）、笔记本、平板电脑等。各类互联网应用的使用率，如表7-2所示。

表7-2　中国网民2016年各类互联网应用使用率

	应用	用户规模	网民使用率	备注
1	即时通信	66 628	91.1%	主要为微信、QQ等内置搜索；基本不会用到百度搜索，百度Hi机会已经不多
2	搜索引擎	60 238	82.4%	
3	网络新闻	61 390	84.0%	
4	网络视频	54 455	74.5%	
5	网络音乐	50 313	68.8%	
6	网上支付	47 450	64.9%	网上支付一般不需要搜索，直接安装有关APP或电商平台提供的支付链接
7	网络购物	46 670	63.8%	
8	网络游戏	41 704	57.0%	
9	网上银行	36 552	50.0%	一般直接使用银行终端软件
10	网络文学	33 319	45.6%	
11	旅行预订	29 922	40.9%	使用携程、去哪儿网等APP，但会搜索目的地的景点、住宿等信息
12	电子邮件	24 815	33.9%	一般使用邮件内置搜索
13	论坛/bbs	12 079	16.5%	
14	互联网理财	9 890	13.5%	
15	网上炒股或基金	6 276	8.6%	使用有关炒股软件，但会搜索股票信息
16	微博	27 143	37.1%	
17	地图查询	46 166	63.1%	
18	网上订外卖	20 856	28.5%	一般使用大众点评、美团等平台，使用内置搜索功能
19	在线教育	13 764	18.8%	
20	互联网医疗	19 476	26.6%	
21	互联网政务	23 897	32.7%	

备注：用手机上网时的互联网应用使用率和这个表的数据有些差异。

3.搜索者需求实现过程分析。

搜索者满足其需求的方式（过程）同样可以划分为需求确认（想要了解某类信息）、信息寻找（寻找潜在可能获得该信息的渠道）、选择评价（对各种信息获取渠道进行评估）、购买决策（决定使用搜索引擎工具搜索）、购买后行为（搜索后的阅读、使用、收藏、购买、转发分享等）。当然，由于使用网络搜索是如此高效便捷低成本，搜索者已经普遍有使用网络搜索工具的偏好和依赖，因此对前面三个阶段几乎可以忽略不计。具体的分析过程如表7-3所示。

表7-3 搜索者需求实现过程的过程活动及过程需求

	过程活动	过程需求
需求确认	产生搜索（信息/解决方案等）需求	—
信息寻找	寻找各种可能的信息收集与解决方案，如网络搜索（不同上网方式）、请教别人、图书馆查阅、看书等	当前网络极度发达，几乎不用思考就会直接上网搜索
选择评价	对各种信息搜集方式进行评估（迅捷度、准确度、成本等）	会对不同搜索平台、工具进行比较
购买决策	经比较上网搜索最简单方便 根据具体情况选择用电脑（台式机、笔记本、平板电脑）或手机进行搜索	有相关的搜索工具/平台可以使用
购买后行为	使用搜索引擎进行搜索 判断搜索的内容是否符合要求 如需购买，付款并收货 使用、管理、分享搜索到的信息	搜索过程简单迅捷安全、成本低廉 能准确有效地搜集到所需信息 提供良好的用户体验 如需购买，付款方式安全高效 方便地使用所搜信息（阅读、下载、预订与购买、收藏等） 能有效管理搜集到的信息

（1）实现其需求方式的差异（上网方式的不同）。截至2015年12月，我国搜索引擎用户规模达5.66亿，使用率为82.3%；手机搜索用户数达4.78亿，使用率为77.1%。百度搜索在搜索引擎用户中的渗透率为93.1%，手机端应用使用百度搜索的比例为87.5%。用户对移动终端的使用习惯，意味着搜索引擎工具也应该有移动版本。

（2）客户实现其需求的五个环节的过程需求分析。在网民搜索信息过程中，与百度有关的需求包括：信息搜集过程简单迅捷成本低廉、能准确有效地搜集到所需信息、提供良好的用户体验、能立刻使用所搜索到的信息（看/阅/听、下载、购买等）、能有效管理搜集到的信息（收藏、分享等）。

服务于搜索者的百度产品线规划分析

按照客户分析模型，从客户的特征、需求以及实现其需求的方式出发，分析百度应该有哪些产品线；并对照百度网站上列出的百度产品大全，分析百度还有哪些潜在的产品需要开发。

根据对搜索者进行的分析，百度对应的产品线如下。

1.基于搜索者特征及需求组合，百度推出了一些产品线，如表7-4所示。

表7-4　服务于搜索者特征和需求的产品线

	搜索者特征	对应产品
1	学生	百度社团赞助平台、百度学术、百度传课（电脑版和APP）、百度翻译、百科、百度百聘
2	老年人	老年搜索
3	盲人	盲道
4	中小学教师	百度优课

说明：

（1）国家统计局发布的2016年国民经济和调查公布数据显示：2016年，我国共有在校小学生9 984万、初中生4 305.4万、高中生2 373.4万、中专生1 690万、大学生2 599.1万，合计20 951.9万人。这些足够细分出一些搜索产品。

（2）百度原来有"老年搜索""盲道"两个产品，但现在已经下架了；具体原因未知。

（3）新增了针对"中小学教师"开发的产品"百度优课"。根据教育部发布的信息，2015年全国中小学教师人数1 200万人。

（4）百度百聘产品面向所有搜索工作的人。

（5）关于这些产品具体的功能，可参考百度产品大全。

2. 根据搜索者需求以及实现其需求的方式，对百度产品线规划的梳理分析。

根据 CNNIC 的统计分析，网民使用搜索引擎的场景，如图 7-1 所示[①]。

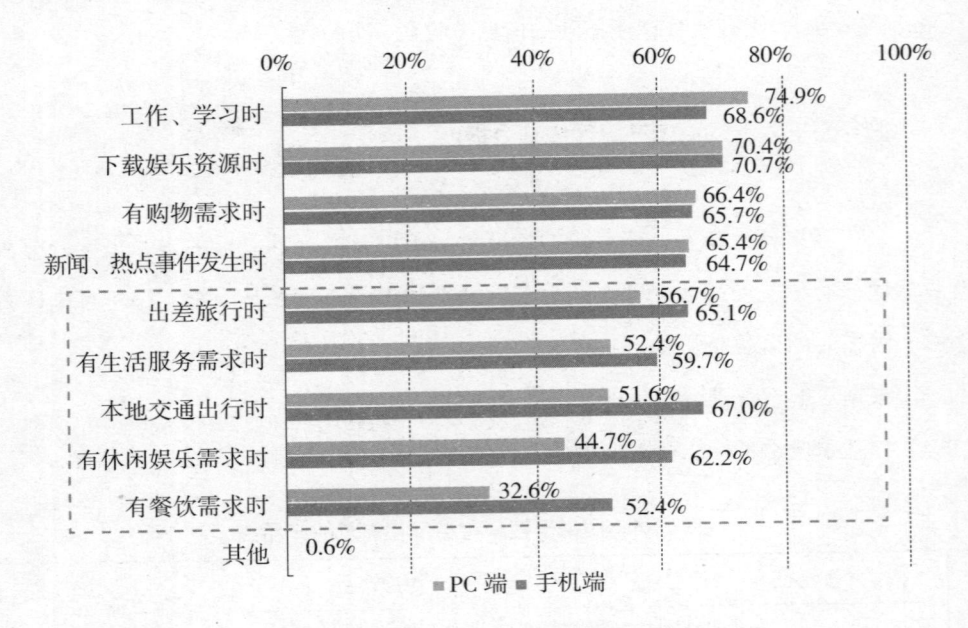

场景	PC 端	手机端
工作、学习时	74.9%	68.6%
下载娱乐资源时	70.4%	70.7%
有购物需求时	66.4%	65.7%
新闻、热点事件发生时	65.4%	64.7%
出差旅行时	56.7%	65.1%
有生活服务需求时	52.4%	59.7%
本地交通出行时	51.6%	67.0%
有休闲娱乐需求时	44.7%	62.2%
有餐饮需求时	32.6%	52.4%
其他	0.6%	

图 7-1　PC 端、手机端搜索使用场景对比

将网民的搜索场景（使用电脑和手机）与搜索需求结合，并考虑到网民需求实现过程（搜索、搜索后购买、看/阅/听、收藏、评论、分享等），可以分析得到百度为使用搜索的客户所规划的产品线，如表 7-5 所示。

---

① 根据 CNNIC 的《2015 年中国网民搜索行为调查报告》（2016 年 4 月）。

表7-5 基于客户（搜索者）的产品线规划

	下载娱乐资源	工作/学习	本地交通出行	购物需要	出差旅行	新闻/热点	休闲娱乐	生活服务	餐饮需求	手机APP
即时通信	—	百度Hi	—	—	下载手机APP	—	—	—	—	—
搜索引擎/门户	hao123、网站导航、桌面百度、百度软件中心									91门户、百度手机助手
网络新闻	—	—	—	—	—	新闻、网页	—	—	—	新闻
网络视频	?	百度传课、百度优课	—	—	—	—	视频、百度影音、百度VR社区	—	—	视频、百度影音、百度VR客户端、好看视频
网络音乐	百度音乐、百度音乐人	—	—	—	—	—	—	—	—	百度音乐、百度音乐人
网上支付	—	百度阅读、百度传课、文库、百度网盘、百度人工翻译、百度优课均有支付链接	—	百度钱包	出差旅游产品有支付链接	—	游戏产品有支付链接	—	百度外卖有支付链接	百度钱包
网络购物	—	—	—	百度糯米、百度口碑	—	—	百度票务	百度房产（租赁）、百度糯米	—	百度糯米
网络游戏	百度游戏、91手游网	—	—	—	—	—	百度游戏、91手游网	—	—	91手游网
网络文学	—	百度阅读	—	—	—	—	—	—	—	百度阅读

221

续表

	下载娱乐资源	工作/学习	本地交通出行	购物需要	出差旅行	新闻/热点	休闲娱乐	生活服务	餐饮需求	手机APP
旅行预订	—	—	—	—	百度旅游、百度糯米	—	—	—	百度糯米	百度旅游、百度糯米
论坛/bbs	—	百度安全论坛	—	—	—	—	—	贴吧、宝宝知道、知道、经验	—	贴吧、宝宝知道
互联网理财	—	—	—	—	百度金融商城（百度财富）	—	—	—	—	百度金融商城（百度财富）、百度理财
网上炒股/基金	—	—	—	—	百度股市通	—	—	—	—	百度股市通
微博/博客	—	网页	—	—	—	—	网页	—	—	—
地图查询	—	—	地图	—	地图	—	—	—	—	—
网上订外卖	—	—	—	—	—	—	—	—	百度外卖、百度糯米、	百度外卖、百度糯米、
在线教育	—	百度传课、百科、文库、百度网盘、百度翻译、百度认证、百度优课	—	—	—	—	—	—	—	百度传课、百度网盘、百度翻译
互联网医疗	—	—	—	—	—	—	—	医疗搜索	—	—
互联网政务	—	政府搜索	—	—	—	—	—	政府搜索	—	—

第 7 章
客户导向的产品开发与创新

备注：
（1）关于每个产品的具体功能，可参考百度产品大全所描述的内容。
（2）楷体字表示百度目前有该产品线；宋体字表示某产品线下有该产品的链接。
（3）黑体斜体字表示百度原来有该产品线（参照本人 2010 年所做的百度产品线分析），但现已下架（原因未知）。例如，原来有"博客搜索""政府搜索""图书搜索""专利搜索""文化搜索""大学搜索"，目前已经下架。
（4）手机 APP：这一列表示百度推出了该产品线的 APP。
（5）此外，百度还有一些非搜索有关的产品，如下。
图片处理：图片（网上图片搜索）、百度识图（利用大数据识别图片拍摄地）、百度魔拍、百度魔图。
输入法：百度（拼音）输入法（电脑和 APP）、百度五笔输入法（电脑和 APP）。
百度浏览器、百度手机浏览器、百记（电脑和 APP）、百度人工翻译、百度公益等。

对于希望被搜索者和联盟商，百度也推出了一系列产品。可以按照上述同样的分析方式，来对这些产品线进行梳理，并得到这些产品线之间的关系。（本人原来的博客文章对此有比较完整的分析，当然，百度产品线也有不少更新。如果感兴趣，可参考本人的新浪博客。）

● 百度产品线综述

百度产品大全目前列出了 150 余种产品[1]，除了人工智能外，基本上服务于三类客户，即搜索者、希望被搜索者和联盟商。由于不少产品只有作为企业客户（希望被搜索者）付费才能使用，本人难以一一体验。这里对百度有关产品的分析可能难免有失偏颇，但从客户角度来分析和梳理百度产品线，明确界定各产品的定位和功能，对理解百度产品规划还是很有意义的。

---

[1] 百度近年大力投资人工智能，本文的分析聚焦于搜索，与搜索无关的产品不予关注。

产品线比 2010 年得到了极大的扩展

从客户角度来看，百度目前的产品线表面上看比较完善，但在我 2010 年第一次做这个分析时，还有很多产品空缺。例如，我当年分析后提出了一些百度空缺的产品，如搜财、搜旅、搜工（工作）等。以"搜财"为例，当初对这款产品的定位构想是：

股票财经搜索产品，面向炒股、炒期货、大宗原材料期货、财经分析评论人士等（分别发展电脑搜索、手机搜索）。由于网上有很多的伪专家发布各种干扰信息，鱼龙混杂；而真正高水平的专家较少，这些人的分析、博客、评论等分布在不同的网站，本搜索工具能够实现将最有价值的参考信息呈现在搜索者面前。

以股票搜索为例，当客户输入某只股票名称或代码时，在不同区域分别显示如下内容（而不是像现在这样把所有有关内容按顺序排列）。

该股票的基础信息：概况、股东信息、财务报告对比、公告等。基本上为一般证券交易软件中所列的主要信息。

机构对该股票的评价：有关该股票的各种权威机构的专业分析报告。

著名财经人士对该股票的分析：系统设定一些著名的专业人士，列出他们在不同地方发表的有关该股的各种信息，并结合时间和阅览推荐量排序。

有关该行业的政策精要、发展趋势报告精要等。

有关该公司市场表现、技术等方面的最新报道和研究报告摘要等。

部分原有产品下架，可能与其定位有关

百度的产品线一直在不断优化，原有的一些产品，可能运营一段时间后不理想就下架了。例如，原来有医疗搜索、政府搜索、专利搜索等，现在的产品大全目录中都已经没有了。但其实我们从客户（搜索者）角度来看，有些产品有存在的必要。如医疗搜索、政府搜索，搜索者在这方面的需求还是比较多。

以医疗搜索为例。搜索者对有关医院、医药等信息掌握相对匮乏、不对称，他们其实迫切希望有准确的搜索结果，这种医疗搜索人群高达 19 476 万人，使用率 26.6%，完全可以开发出专业化的搜索产品。前段时间百度医疗广告的泛滥，严重冲击了客户（搜索者）的利益，尽管百度赚了钱但也饱受批评且公司品牌形象受损。其实，从搜索者需求来看，医疗搜索产品可以定位为，能为搜索者提供一站式有关病情、医院医生、医药等搜索服务。例如，当搜索者搜索病症"烧伤"，则会出现有关烧伤的一般症状和紧急处理方式等专业知识介绍；可列出按省区或附近分类排列的各医院烧伤科室及介绍，并可一站式链接到该医院挂号；可列出各科室医生介绍；可查看各病友对该医院、科室及有关医生的服务评价；可看到有关烧伤常用的药品名称、介绍以及有关购买链接（如果是非处方药）等。如果能更进一步整合，可以将移动医疗的医院、病历、医保、支付等都整合在一起，形成一个搜索产品。

产品之间逻辑，有待进一步理顺

百度目前有些产品彼此之间的边界比较模糊，还是没有从客户角度来进行整合。例如，在百度网站上有"百度金融商城"（含电脑版和移动版）、"百度财富""百度理财 APP"，实际上前两者打开后均指向"百度金融商城"，应该是同一个产品。"百度理财"和"百度金融商城"功能基本相同，应该就是"百度金融商城"的移动端 APP，但两者的名称显示又截然不同，让人不容易理解。

此外，产品"网站导航"和"hao123"基本功能一样，"hao123"是百度收购的，感觉收购后没有和公司"网站导航"整合。这两个产品同时存在，需要维护管理，浪费公司成本。

产品的分类排列与命名，尚需规范

目前百度在每个产品下均有对该产品的功能定位描述，让用户能一眼看出该产品的作用，这与原来相比是个很大的进步（原来没有这一描述，需要点击产品进去才能知道是什么），但还是有些需要改进的地方。例如，产品分类排列不清晰。目前产品分类包括：新上线、搜索服务、导航服务、社区服务、游戏娱乐、移动服务、站长与开发者服务、软件工具、其他服务，这种分类标准不是很清晰，具体的归类也不是很严谨，比如在"社区服务"中，列有文库、百科、百度优课等产品，我觉得这些产品归在"搜索服务"可能会更合适。

此外，百度产品名称也需要进一步规范。不少产品在"百度产品大全"目录中列出的名字，和点击进去后实际显示的名字不同，这也容易让人误解。例如，目录中产品名称为"百度房产"，点击进去实际名称为"百度租房"；"百度教育商业服务平台"，点击进去实际名称为"百度教育"，等等。

第3节　客户是检验产品创新成败的唯一评委

新产品开发是一项高风险的投资，这项投资的成功与否，最终需要由客户来评价。客户的喜爱或拒绝，将成为公司检验产品创新成败的唯一标准，因此从客户角度出发来开发新产品是企业普遍接受的信念。但如何围绕客户来开发新产品，如何将客户需求转化为产品需求，不少人对此还是一知半解。

接下来，我们通过两个案例，来介绍客户分析模型在产品研发管理中的应用。

●深圳自助图书馆：伟大的创新，但从客户角度看还不完善

传统图书馆一般位于市区的某个地方，人们在学习工作之余，得专门坐车（在大城市，这是一个极其费时费力的过程）去图书馆借阅，在到期后，又得长距离跑去还书。这极大地制约了人们借阅图书的积极性，很多人宁愿在网上购买一本新的。这使得图书馆的图书被借阅率逐步降低，对于图书馆而言，也造成客户的大量流失和图书资源的闲置。

为了争取客户，提高图书借阅量，2008年深圳图书馆推出了社区自助图书馆，它是一个小型图书存储架，分三层，每层为可旋转的书架，可自动实现图书分拣，总共约可以存储四五百册图书。通过网络与图书馆中心机房连接，在此存储架的右下角有可供操作的触摸屏，可以办理图书借阅证，借书/还书，以及缴纳逾期罚款。图书馆定期（一般为2天）对书架上的书进行更新（换一些新的书过来）。

同时，通过图书馆的网站，人们可以查询有哪些图书可供借阅、图书外借次数排行榜（类似于销量排行榜）；更方便的是，你还可以预借自己想看的图书，预借后一般会在2天内送到你所指定的社区图书馆，并用短信或邮件（自己选择）通知你图书已送到。你可以凭证（预借号码）去取书，而别人则不能将你所预借的书借走。当然，如果你在2天内没有取走你预借的书，则会上黑名单，一年超过三次就会受到惩罚——半年内禁止再预借图书。

网络和社区自助图书馆改变了图书借阅者过去借书的行为方式，使他们得以在自己家门口或者办公室门口借阅所需图书。

从表面上看，这个系统完满无缺，因而被当作重大价值创新的系统而广受赞誉，刚推出时还被电视报纸等大量报道过。然而，如果我们按照客户需求和需求实现过程来深入分析，会发现它其实还是存在很多需要改进的地方，如表7-6所示。

表7-6　客户需求和需求实现过程分析

	过程行为	过程需求	改进建议
需求确认	想看某本（方面）书		
信息寻找	寻找可以获得该书籍的可能途径	同类书哪本最好；哪里有卖；价钱多少；图书馆（朋友）是否有借	1.可邮件订阅某类新书到货信息（新书预告）；2.可订阅某类最受欢迎的书籍的信息（根据排行榜、读者推荐等）；3.订阅某类读者联谊会/讲座等通知①
选择评价	评估书籍内容；比较购买和借阅方案	书籍简介（作者/价格/出版信息/内容简介等）；读者关于书籍的推介或评价；章节试读	1.在网站设立关于书籍的简介（作者/价格/出版信息/内容简介/目录等）；2.同类借阅量排行榜（目前细分不足）；3.读者对该书的评价
购买决策	去图书馆；办理借书证；借阅	办证/借阅方便快捷（距离/操作过程等）	1.图书查询；2.借书指南；3.读者推介阅读（可订阅）；4.现场借书时可看到想借阅的某书籍内容介绍以及读者对该书的评价；5.预借及到货通知（处理刚好被借完时的预借）；6.申请延期取书或取消取书

① 深圳图书馆经常组织这类免费的活动。

续表

	过程行为	过程需求	改进建议
购买后行为	阅读、续借、还书等	知道自己借了哪些书，什么时候到期；分享阅后感受；还书方便	1.快到期时通知（订阅）；2.查询自己所借书籍（只能查现在，不能查过去借阅过但已经归还的书籍）；3.分享阅后感（或还书现场评星）；4.参加同类书籍读者论坛；5.邀请流行书作者或该方面专家回复读者问题；6.好书推荐；7.可直接在网上阅读（特别是不外借的书籍）

备注：上表中带下划线的功能是已经实现了的，而其他内容则是根据客户需求实现过程推导所得。

●易百年老年人手机——细分客户，做到极致

深圳市上善科技有限公司成立于1997年，是国内唯一专注于老年人手机研发、生产、销售和服务的公司，在欧洲地区跻身老人手机品牌前三位，在德国、法国、意大利、西班牙、俄罗斯、波兰等国家具有重大的影响力。2010年12月以"易百年"品牌开始拓展国内市场，并取得了不俗的成绩。

该公司为何选择老年人这一细分客户市场？他们是根据老年人哪些特征和需求来做的市场细分？他们根据这一细分结果做了哪些差异化的运营管理创新？

按照国际规定，65周岁以上的人确定为老年；在我国60周岁以上的公民为老年人。老年人基本身体生理特征为：视力下降、听力下降、反应不够灵活、健康状况下降；有些老人容易走丢（如老年痴呆患者）、容易突然患病等。此外，很多老年人识字不多，特别是不会拼音，普通话不标准，多数人不会发短信，更不会关注手机的社交、娱乐功能（顶多偶尔播放一下音乐）。

和年轻人相比，老年人在移动信息化的社交、移动搜索、拍照、上网、移动购物等方面的需求极少。老年人对手机外观时尚、炫丽等方面也没有什么要求。结合老年人的特征，可以看出老年人对手机的主要需求，如表7-7所示。

表 7-7　老年人对手机的主要需求

特征	对手机的需求
视力下降	按键要大；拨号/来电显示的号码要清晰够大
反应不够灵活	有些老人手有些颤抖，不容易握紧物品，太光滑的手机不容易握住
听力下降	手机喇叭声音要响亮
健康状况下降	遇到紧急情况能迅速快捷地寻求救援
容易走丢	走丢后，家人能及时定位和寻找到（尤其是一些患有老年痴呆症的老人）
不会拼音；对外观、时尚等方面无要求	基本上不发短信。对手机娱乐等方面的需求基本上为零（最多可能用来播放音乐、听广播）。对当前流行的智能机各种功能几乎很少用到；对拍照、社交、微信、手机QQ、手机上网等各种功能无要求

从客户特征和客户需求的组合分析可以看出，老年人对手机的要求很显然与年轻人是有极大的差异的，很容易形成产品功能的差异化。而研究表明，2013年我国60岁以上老年人口突破2亿，未来20年我国老年人口将进入快速增长期，到2050年老年人口将达到全国人口的三分之一。因此，老年人手机市场是一个有足够吸引力的细分市场。

进一步的研究表明，老年人的手机有相当的比重是由其子女送的，传统的亲情、孝道，使很多子女可能会在父母生日、传统节假日等时候，送给父母手机，以便随时关注父母的近况。这一点和年轻人需求实现过程也有很大差异。结合客户的心理特征，上善科技公司为该产品取名为易百年，音同"一百年"，长命百岁，暗含着老年人对生命的期望。

在产品研发方面，公司主要进行了如下的创新。

产品外观简洁，减少了很多不必要的功能。

手机按键：几乎每款手机的按键都很大，方便老人使用。

音响效果：话筒和听筒的声音都很大，满足了很多老人听力不足的需要。

手机外观不是平滑设计，甚至有些设计成齿状突起，以防止老年人手机滑落。

吊环穿孔足够大：与年轻人手机吊环隐蔽设计不同，老年人受限于视力和手的灵活性，大的吊环穿孔有利于操作。

针对老人遇到紧急情况难以处理，设置了一键求救功能（背面红色按钮）。

定位功能：分为单次定位和定时发送定位信息。单次定位时，家人用手机A发送"YBNDW"（即"易百年定位"的拼音第一个字符，不分大小写）到老人手机上，老人手机会自动回复当前位置信息到发信手机A。手机A接收到位置信息后，可通过电脑或手机上网来查询老人手机位置。也可以设置成定时发送定位信息，时时了解老人所在位置。

考虑到用户购买后行为，该公司在售后服务所做的创新，已经远远超过了一般手机企业的做法，而是根据客户的特征、需求打造出新的售后服务平台。目前该公司正在推出针对老人的健康、日常紧急救援等，设立的居家养老服务——一点通呼援中心，将智能定位、健康检测，以及通过拨打易百年客服热线呼叫紧急联系人、获得家政服务、维修服务、商品代购、实用查询等便民服务，整合在一个网络平台上，和用户手机对接。

针对老人健康，设立了易百年健康管理服务。该项目包括健康数据采集、个人健康评估、个人健康计划以及健康过程干预管理，让老人、家人以及医生能够以多种方式方便地了解和管理自己以及家人的健康状况，从有病就医转变为以预防监测为主，从而由被动变主动，有效防止和发现慢性疾病的发生，提高个人及家人健康生活质量。

易百年呼援服务项目：包括医疗急救呼援服务、盗警紧急呼援服务、便民服务、健康自测服务、智能定位服务等。

例如，当用户身体不舒服时只需要按下手机背后的红色紧急按钮，手机就会自动接通到一点通服务中心，专业的客户服务人员按实际情况马上为用户提供服务。

用户身体不适但不需入院的，马上通知紧急联系人处理。

用户身体严重不适需入院，马上通知120或用户所在位置附近的医院，并通知紧急联系人或物业管理处。

用户不能说话或不确定所在位置，马上通过智能定位，确定用户所在位置后，通知120或用户所在位置附近的医院，并通知紧急联系人。

用户所在位置需要医护人员不能进入的（例如在家里反锁了门），马上通知当地警方协助处理。

很显然，上善科技并不仅仅是开发了一种针对老年人的手机，而是围绕客户（老年人）使用手机过程的需求并结合其特征，打造出了一个老年人服务平台，这一平台又进一步促进了公司产品的销售。

第 8 章

EVD 产业竞争战略复盘分析——错失客户，满盘皆输

一流企业卖技术，二流企业卖产品，三流企业卖苦力，超一流企业卖标准。然而，卖标准坐收渔利容易吗？

当国外企业试图以标准来封锁国内企业时，我国企业该如何突围？

21 世纪第一个 10 年，曾经上演的一场生死大战：国内企业主导的下一代 DVD 标准——EVD，与国外的两种标准（红光 HD-DVD 和蓝光 DVD）各自合纵连横，兵戎相见，一时狼烟四起。EVD 标准一度成为国家推荐性行业标准，可最终为何遭遇滑铁卢？[①]

[①] 本文根据作者在 2007 年初写的《EVD 标准，敢问路在何方？》一文整理，当年写这篇文章时，三方争斗才刚刚进入高潮，远没结束。

EVD 诞生——哪里有压迫哪里就有反抗

曾几何时，欣欣向荣的 VCD、DVD 市场催生了近千家生产企业，不少企业沉迷于当时的日进斗金而不思进取。由于核心技术的缺乏，从 2002 年开始，国外企业开始挥舞着专利的绞索，向国内 DVD 生产企业收取巨额专利费用。在国内销售每台 DVD 的专利费已经达到了 12～15 美元，占到成本的 1/3 左右，出口专利费最高则已超过 26 美元。国内 DVD 企业每年累计要向国外制定标准的强势企业支付高达 100 多亿元的专利费。作为提供了全球 70％DVD 碟机的国家，行业内所有企业的赢利之和竟然还没有一个拥有标准但并不制造产品的企业多。

重压之下，国内 DVD 生产企业接连破产，尚存而实力略强的企业纷纷揭竿而起，组成产业联盟，宣布开发下一代 DVD 技术标准。最终北京阜国数字技术有限公司（简称"阜国数字"）推出的 EVD（Enhanced Versatile Disc）标准于 2005 年 2 月 23 日获准为国家推荐性行业标准。其中文名称是"增强型多媒体盘片系统"，也被称为"新一代多媒体高清晰视盘系统"。

与此同时，国外的两种新一代 DVD 标准（HD-DVD 和蓝光 DVD），正虎视眈眈地准备争夺国内市场，生死之战，一触即发！

影碟播放机产业链分析

三大标准为了争夺未来的话语权，纷纷合纵连横，采取了各种竞争策略。而决定未来胜负的是客户的选择——只有获得多数客户（消费者）的选择才能成为最终的赢家！而要成为客户的最佳选择，必须更好地满足客户需求。客户在购买播放机时的需求是什么呢？

决定客户购买哪种播放机的需求简单分析，如表 8-1 所示。

第 8 章
EVD 产业竞争战略复盘分析——错失客户，满盘皆输

表 8-1 客户购买 DVD 的需求

	需要	权重	说明
1	成本（包括碟机价格、光盘价格）		
2	可供放映的碟数量		需要大量影片以该碟为载体
3	视频/音频质量		播放时的视频/音频质量
4	与电脑、游戏机的兼容性		用电脑刻录机刻录的光盘可以在影碟机上播放
5	兼容性（是否可以播放现有 DVD 光盘）		可播放客户现有的 DVD 光盘
6	便于购买（整机和光碟）		可以随处买到（渠道）

备注：更进一步的客户分析，可以了解不同类型客户对各种需求的重要性差异；由于样本有限，没有量化数据。

客户上述各种需求的重要性很明显是不一样的。在笔者小范围调查中发现，影响最大的应该是可供放映的影碟数量、成本、视频/音频效果、兼容性等。为了更好地满足客户需求，必须最大限度地进行产业链整合：争取到足够多的内容供应商，以获取尽可能多的片源；争取到足够多的整机、零部件生产商，以降低成本和促进技术进步。

谁将成为最终的霸主？关键是看谁能创造出最符合客户需求的产品，并在尽可能短的时间内赢得最多的客户。而要最好地满足客户需求，只有通过整个产业链的整合。因此，三大标准的竞争，实际上是该产业链上三种不同链条的竞争，共同打造满足最终客户的需求。而数字高清视频行业产业链主要包括内容、播放系统、芯片、光驱、光盘等，如图 8-1 所示。

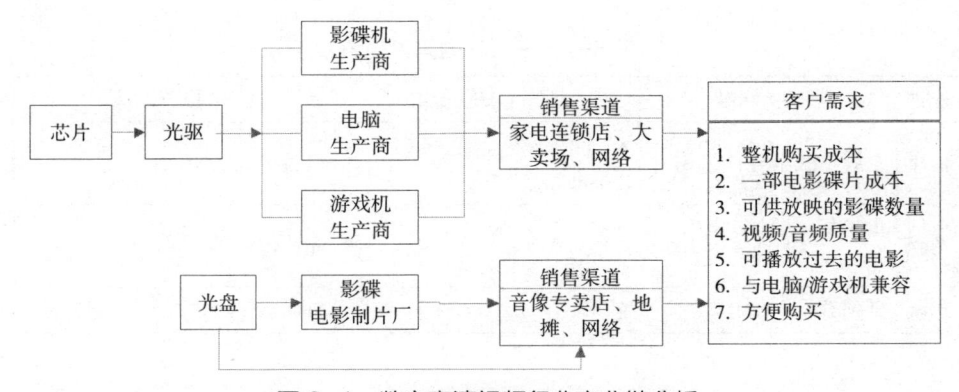

图 8-1 数字高清视频行业产业链分析

就客户需求实现过程而言，消费者购买电子产品，主要是通过3C电子产品专卖店去购买，如国美、苏宁等（当时国内的网上购物尚不流行，网络视频也远没有今天这样普及和好用），实体店销售占据了绝大部分。

三种标准，谁主沉浮

关于三种不同的下一代DVD标准产业链整合情况的分析如下。

1. 三大标准联盟的参与者。

索尼公司的DVD标准（简称"蓝光DVD"）联盟成员已经超过了20多家，包括主流消费电子设备制造商松下、先锋、飞利浦、三星、索尼、汤姆逊以及计算机制造商戴尔、惠普公司等。

HD-DVD标准（简称"红光DVD"）的支持者包括了东芝、NEC、三洋、微软和英特尔等13家大型企业。2005年2月，双方曾讨论将两种标准的优点合二为一，共同制定新一代的大容量光盘标准，但彼此都拒绝让步，谈判最终以破裂而告终。

由于国外两种标准所采用的碟片实体构造不同，也连带在碟片制造、读写装置开发、容量与成本等因素上有许多相异之处，使得各硬件厂商以及好莱坞各大内容制造商也分裂为两大阵营。三个下一代DVD标准产业联盟使尽浑身解数，合纵连横。他们各自的阵营以及技术指标对比，如表8-2所示。

表8-2 三大标准阵营列表

分类	EVD标准	红光DVD标准	蓝光DVD标准
芯片	上海晶晨半导体公司	Wintel（微软/英特尔）、Broadcom、NEC	Broadcom、NEC
光驱	步步高、长虹、创维等20多家	东芝、NEC	先锋电子等
光盘	阜国数字、NME	东芝	TDK等

第 8 章 EVD 产业竞争战略复盘分析——错失客户，满盘皆输

续表

分类	EVD 标准	红光 DVD 标准	蓝光 DVD 标准
影碟机	步步高、长虹、创维、海尔、万利达等20家，占国内生产总数的90%	东芝、NEC、三洋电机、长虹、夏新	三星、飞利浦、汤姆逊、松下、苹果、三菱、先锋、索尼
电视	创维、海尔等	东芝等	三星、松下、索尼等
电脑	未发现	惠普、东芝、华硕、宏碁	戴尔、惠普、索尼
游戏机	未发现	微软、任天堂	索尼
内容供应商	中影集团、中国国际电视总公司、中凯文化等	派拉蒙、环球影业、华纳兄弟以及新线影业。排他性支持者占好莱坞电影公司的12%	索尼、迪斯尼、20世纪福克斯等。排他性支持者占好莱坞电影公司的49.1%。全球最大的两个音乐发行商支持。全球最大的游戏平台支持
国内渠道	中凯文化、盈艺、飞仕、精彩无限FAB、国美音像、苏宁……	苏宁、其他	苏宁、其他

备注：上表为作者根据各处收集的零星资料并经过综合分析整理而得，出处不一。资料截至2007年年初本案例完成前。

2. 三大标准的优劣势比较。

三大标准争斗初始，都希望通过产业链的整合来获取竞争优势，其实当时各有优劣，都有获胜的可能，如表8-3所示。

表 8-3 三大标准竞争态势

分类		EVD 标准	红光 DVD 标准	蓝光 DVD 标准
价格	影碟机整机	700元 EVD流媒体高清加油站加油机3 000～5 000元	500～800 美元	700～1 000 美元
	碟片	18～28元/张	150～400元/张	150～400元/张
	芯片	约50元（晶晨）	约650元（NEC）	84 美元（NEC）
	光驱	88 美元	600 美元	1 000 美元

续表

分类		EVD 标准	红光 DVD 标准	蓝光 DVD 标准
技术	光盘容量	单面双层 8.5GB	单面双层 30GB	单面双层 50GB
	图像	1920×1080i 或 1280×720p；采用改进的 MPEG2 压缩方法但据说与另两个标准比图像质量稍落后	1920×1080i 或 1280×720p；采用 MPEG-4 压缩	1920×1080i 或 1280×720p；采用 MPEG2 压缩方法
	声音	ExAC 压缩技术；效果优于杜比 AC-3 压缩技术	杜比 TrueHD 压缩技术	杜比 TrueHD 压缩技术
	加密	Advanced Access Content（AACS，高级访问内容系统）	Advanced Access Content（AACS，高级访问内容系统）	Advanced Access Content（AACS，高级访问内容系统）
	技术	技术相对成熟	技术相对最成熟；可在大屏幕电视/笔记本电脑上播放	技术相对不够成熟
	技术实现方式	红光存储采用 MPEG2 压缩技术专利加密保护	采用波长为 650nm 的红色激光和数字光圈为 0.6 的聚焦镜头，盘片厚度为 0.6mm	采用波长为 450nm 的蓝紫色激光，通过广角镜头上比率为 0.85 的数字光圈
继承性	光盘生产	可在现有光盘生产线直接生产	现有生产线改造后，可以生产	需要更换生产线
	整机生产	可在现有整机生产线直接生产	需更换生产线	需更换生产线
	与DVD兼容性	如兼容，需要支付 DVD 专利费（与现有 DVD 机一样）	兼容	不兼容

备注：上表为作者根据各处收集的零星资料并经过综合分析整理而得，出处不一。资料截至 2007 年年初本案例完成前。

从上表中，我们可以看出，EVD 标准在成本方面（碟机价格、光盘价格）与国外两种标准相比有巨大的优势。由于光盘和整机生产的继承性（新光盘能否在现有光盘生产线生产、新碟机能否在现有碟机上生产）是影响到这些生产厂家积极性的重要因素，新的投资意味着成本的增加。因此当时红光 DVD、蓝光 DVD 由于继承性差而在较长的时间内成本难以降到有竞争力的水平。

EVD 标准阵营在可供放映的碟片数量（片源方面）方面处于明显的弱势，如果兼容播放现有 DVD 格式，则还是绕不开专利费问题，这将在一定程度上削弱其成本优势。

从技术上来讲，蓝光影碟机是用蓝色激光读取盘上的文件，红光影碟机是用红色激光读取盘上的文件。红光波长有 700 纳米，而蓝光只有 400 纳米，所以蓝激光可以更精确一点，能够读写一个只有 200nm 的点（可以读取的密度更大），而红色激光只能读写 350nm 的点。蓝光的存储原理为沟槽记录方式，采用传统的沟槽进行记录，通过更加先进的抖颤寻址实现了对更大容量的存储与数据管理，与传统的 CD 或是 DVD 存储形式相比，蓝光光盘反射率与存储密度更好，因而能够实现存储容量的突破。例如蓝光在单面单层光盘上可以录制、播放长达 27GB 的视频数据，比现有 DVD 的容量大 5 倍以上（DVD 的容量一般为 4.7GB），可录制 13 小时普通电视节目或 2 小时高清晰度电视节目，但它不兼容现有 DVD 格式。红光 HD-DVD 采用了一种和蓝光完全不兼容的新技术 Advanced Optical Disk，相比于蓝色激光最大的优势就在于能够兼容当前的 DVD，并且在生产难度方面也要比蓝光 DVD 低得多。

据称三种标准在视频/音频效果上并无本质差别，EVD 的清晰度是普通 DVD 的五倍，分辨率达到了 1920×1080。而且由于 EVD 内置有强大的高清引擎，在用 EVD 播放普通 DVD 的时候，可以将画面的质量提升 30% 以上。若能用高清晰度电视机来显示同样是高清晰度的 EVD 碟片，可以欣赏到高画质的视频图像。不过，有人称，由于容量的降低而增加了光盘的压缩比，这就使采用 EVD 标准的光盘的图像质量落后于用 HD-DVD 标准和蓝光 DVD 标准的光盘，实际只能达到 720P 左右。

在与电脑、游戏机、刻录机的兼容性方面，HD-DVD 和蓝光 DVD 显然比 EVD 标准阵营做得好，前两者均已推出有关产品，而基于 EVD 标准的有关产品则鲜有报道。

三种标准的光盘直径均为12cm，和普通光盘（CD）及数码光盘（DVD）的尺寸一样，表现出相当的继承性。

在防盗版技术方面，EVD引以为傲的加密技术非常强大，密钥的数量是2的1 024次方，如果全世界60亿人，每个人用一台每秒钟可以运算一百万亿次的计算机一起来破解EVD的密钥的话，所需要的时间比地球的年龄还要长。这种具有自主知识产权的加密技术比国外两种标准的要好。

在便于购买方面，EVD标准当时在国内比HD-DVD和蓝光DVD略强（后两者因价格过高、产品上市时间等因素在国内基本上没有销售）。EVD标准阵营所推出的流媒体高清加油站，在一定程度上解决了碟片供应问题。

三种标准的竞争策略

只有吸引大量的用户，才能形成足够的市场规模，并由此吸引包括原材料、成品、影像制品、用户、维护服务等各方面的企业参与；而后者又能进一步促进产业链整体的技术进步，规模效应又能降低参与企业的成本，更好地满足用户的需求。一个完整、健康发展的产业链，能使产业链内的企业共赢，这也是各大标准纷纷拉帮结派的原因。

EVD标准联盟采取了哪些竞争策略？从客户角度来看，它们有效吗？

1. 购买成本与使用成本（整机价格、影碟价格）。

由于EVD整机价格只相当于另外两类DVD整机价格的约10%，巨大的成本优势是另两大标准短时间内无法抗衡的。另外，当时EVD光盘、HD-DVD和蓝光DVD单面双层光盘容量分别为8.5GB、30GB、50GB；前者价格只相当于后者的1/15到1/10。EVD影碟的性价比上仍然有巨大的优势。

由于中国已经存在可观的红光产业基础——有成熟的光学头，成熟的机芯生产，而且有一批光盘的生产线，升级换代到EVD的成本很低，这是EVD产业的先天优势。然而，蓝光DVD在2007年后推出售价约600美元的影碟机，在一定程度上打压了EVD的这种成本优势。

第8章 EVD产业竞争战略复盘分析——错失客户，满盘皆输

2. 可供放映的影碟数量。

由于在片源方面的限制，EVD 标准阵营在迅速推出新片方面面临困难，这可能是制约 EVD 标准的最主要障碍。当时 EVD 标准阵营在解决片源方面所采取的竞争策略主要包括：

（1）兼容传统 DVD 格式，使可以播放现有 DVD 碟片（因当时市面上绝大多数碟片均为 DVD 格式），这意味着又要向 4C、6C 联盟交纳专利费。

（2）自行组织片源：比如，今典环球在 2005 年就发行了 240 余部 EVD 高清碟片。

（3）采取多种措施吸引更多的厂商加盟，扩大影碟片源。比如：

国内任何音像公司引进版权出品 EVD 碟片，今典环球分别以每张 15~20 元价格购买 1 000~2 000 张；

从 2005 年 10 月至 2006 年 10 月，凡出版 10 部以上 EVD 碟片的音像企业均自动成为 EVD 软件联盟成员，永久享受 EVD 格式免费授权待遇；

境内任何音像公司出版的 EVD 碟片，均可进入时代今典蒙太奇影院的"EVD 专卖店"及中国 EVD 专营网，优先销售和租赁；

中国香港、新加坡等中国大陆地区以外的音像出版发行商出版 EVD 碟片，免收 EVD 格式授权费，EVD 母盘制作享受 50% 的优惠。

（4）开发基于 EVD 格式的蒙太奇数字电影放映机，推动 EVD 电影院的发展。测算表明，传统硬盘式电影放映系统至少需要 160 万元投资，同样规模和相同播放效果的 EVD 数字放映机则只需投资 4 万元，并且不需要给国外交纳音频格式和专利费，由此产生的 5 元左右的低价电影票使普通百姓可以欣然接受。

经验表明，当影碟达到 3 000 种时，支持机型将开始进入普及阶段。对于 EVD 碟片而言，显然远远不够。兼容传统 DVD 格式，则又抬高了 EVD 碟机的价格，发行新的 EVD 影碟进度太慢。大力发展 EVD 蒙太奇影院，虽在一定程度上可增加与电影商的谈价能力，但仍然不能迅速扩大 EVD 碟片的供应。

3. 视频/音频质量。

EVD 产业联盟秘书长在 2006 年 12 月份指出，中国红光光盘三大研发中心，

如武汉光盘中心的 NVD、清华光盘中心的 HRD 和台湾的 FVD 中的任何一种格式，加上 AVS 视频标准就等于 150 分钟 1920×1080 的高清电影，从而在技术上与蓝光 DVD、HD-DVD 没有任何差距。

4. 与电脑、游戏机的兼容性。

由于电视、电脑、游戏机发展的趋势是，在一定程度上兼容。消费者经常会在电脑上看影碟、玩游戏，利用电脑上的刻录机刻录自己的文件，并在电视、游戏机上播放。此外，很多客户现在自己有数码摄像机，他们会要求将自己拍摄的内容刻录为光盘进行存储和播放，如果不能在自己的电脑和电视上实现这些功能，可能会制约他们的选择。由于有这些需要的消费者多为收入较高的白领阶层，他们往往是下一代 DVD 的最早尝试者。

不过，HD-DVD 和蓝光 DVD 标准阵营尽管推出了有关的电脑、游戏机，但对电脑的配置要求极高，几乎达到令人瞠目结舌的地步。据说，一台能播放 HD—DVD 和蓝光 DVD 电影的笔记本电脑至少得卖到 20 000 元以上，高昂的价格也抑制了这些产品的销售。在索尼看来，蓝光 DVD 刻录播放机当时主要用户群为高清晰影视节目的制作公司、发行商、内容供应商、广告公司、影碟租赁公司等行业用户，同时也适用于高清影像节目发烧友、高端家庭娱乐用户等。

这种技术的兼容性是发展的长久趋势；可惜，EVD 联盟在满足客户这方面的需要上毫无作为。此前，就有使用 EVD 高清碟机的消费者投诉称，EVD 盘片在装有 WINDVD 软件的计算机上播出有忽断忽续的音乐声。

5. 兼容性（是否可以播放现有 DVD 光盘）。

可以播放现有 DVD 格式，完全是技术变迁的路径依赖决定的。由于消费者过去购买较多的是 DVD 格式光盘电影，如果新上市的 EVD 影碟机突然完全不能播放 DVD 格式，意味着他们过去购买的影碟失效，这对于消费者而言是个巨大障碍，无疑会受到他们抵制。但从本质上来讲，消费者需要的是有足够的影碟供 EVD 机播放，而不是要求一定要在 EVD 机上播放 DVD 影碟。如果经过几年的发展，市面上有大量 EVD 影碟可供选择，他们会逐步失去对清晰度有限的现有 DVD 影碟的兴趣。因此，兼容 DVD 可能只是一个过渡性的无奈选择，短期内可以增强消费者购买 EVD 碟机的吸引力。

6. 便于购买（整机和光碟）。

联盟在这方面所采取的主要策略包括：

（1）推出"EVD 流媒体高清加油站"。凡具有 USB 接口的 EVD 碟机和高清电视用户均可通过"EVD 电影 U 盘"在社区、便利店、商场、地铁站等人口密集地的 EVD 流媒体高清加油站拷贝高清影视节目，同时还能向下兼容 DVD 电影，平均每拷贝一部电影价格仅为 5~8 元。创维与海尔还在 2006 年共同推广基于 EVD 的 3G-USB 高清流媒体播放电视，可以通过电视内置芯片直接播放 U 盘上的 EVD 高清电影。

（2）在渠道方面，EVD 产业联盟重要成员、家电大鳄国美电器用了两个月时间，在全国开了 800 家 EVD 碟片专卖店，并计划很快扩展到 1 000 多家。

（3）建立 EVD 碟片专卖网"搜 E 网"。该网站可以指引消费者到最近的 EVD 碟片专卖点店和"高清加油站"去选购高清影片。

EVD 联盟所采取的这些策略，在一定程度上扩展增加了片源供应，为客户购买 EVD 碟片提供了便利。

7. 其他。

EVD 联盟所采取的另一项极富争议的竞争战略是，该联盟核心企业之一阜国数字公司授权北京盛世龙田软件有限公司开发 EVD 解密技术，显然希望通过盗版来扩大可供放映的 EVD 碟片数量。当时用户通过免费下载 EVD 解密播放软件便可任意观看 EVD 高清电影，从而在一定程度上满足了很多客户喜欢低成本影碟的需要（盗版碟的成本比正版的更低）。这导致 EVD 解密播放软件在网络上泛滥。

但这种策略其实很失败！

本来 EVD 防盗版的能力非常强大，在与电影商谈判时能诱使他们愿意以比较低的价格出碟，通过低价正版的规模优势来获取正当利润。但现在 EVD 盗版的流行，大大打击了片源商的积极性。

与其让别人打造一把刺向自己的矛，还不如打造一把矛，并交给更多的人，让他们去刺向敌人。

也许如下的竞争策略更加有效：开发一种能够将 DVD、HD-DVD、蓝光 DVD 光盘转化为 EVD 光盘的工艺和设备，并将技术公之于众，让那些行踪不定的企业或个人去为广大消费者生产 EVD 光盘，并让他们自行去交专利费。只要有这些人源源不断地提供翻录的 EVD 碟片，EVD 播放机便完全没有必要兼容 DVD 格式，消费者在获得更低价格 EVD 碟机的同时，也可以购买到大量的 EVD 碟片。与此同时，这种技术的流行，也会使电影商面临巨大压力，迫使他们一开始就正式发行 EVD 碟片。

　　三种标准的竞争已经落下帷幕，EVD 标准最先败下阵来。缺乏对客户的深刻洞察，并由此开展卓有成效的产业竞争创新模式，是 EVD 标准失败的根源。在投入巨额资金后，被国人寄以厚望的下一代 DVD 标准出师未捷身先死。曾经的短暂辉煌，也没有留下一片云彩。只剩作者在此枯坐长思，一声叹息，悲乎！

后 记

从客户角度思考公司的管理创新，在这个领域我已经研究了超过 10 年；零零星星编写过不少关于这方面的文章和案例，有些发表在自己的新浪博客上，有些则是工作与咨询成果。有一段时间，我将这种客户分析方法称为 C.D.MA 模型。

C：the Customers，客户

D：the Demand of customers，客户需求

MA：the Means to Achieve their demand，客户需求实现过程

这是借用了联通 CDMA 的名称，以便于传播。我以该名称写的一些文章在网上广为传阅；但由于这个翻译不够准确，在写本书时终究还是放弃了这一名词。

在这些年的咨询和培训实践中，我利用该模型做过很多案例，并和不少企业家朋友和咨询顾问有过交流，感觉该模型有很强的实战价值。他们都鼓励我写成书和大家分享；自己也几次动笔想写，却都半途而废。这次定下心来写完，得感谢妻子对我的鞭策，同时也是为了给儿子树立一个榜样——梦想，自立，持之以恒的努力！这是我送给儿子的话，要他做到，自己以身作则，于是把它贴在我的笔记本电脑上激励自己完成书稿。

书稿快写完的时候，读到雷军的话："追梦似酿酒，所有可能的努力不过是每个步骤的精益求精，每个目标的一丝不苟，沉淀出浮躁焦虑，把匠心和恒心发酵出醇度和香度，才能在最深处的精粹里，酿造出一杯醉人的韵味。"感触颇深！在写作过程中，为了一个案例、一段文字，常常翻阅大量的资料才下笔；写完了，

也对能否真正吸引读者心里没底。但我相信，读者如果真的掌握了这个客户分析工具，肯定极有价值。

当然，我本人其实更愿意把这个工具当作一种思维方式——客户导向的思维方式。它的应用范围非常广泛，例如，你可以把追女友的过程当作追客户的过程，你从追女友到结婚的过程，站在女孩角度来看就是其客户需求实现过程的管理。应用这种思维方式便是：需求确认（女孩想找男朋友结婚成家）、信息寻找（寻找潜在的男生）、选择评价（对中意的男生进行评估）、购买决策（结婚领证）、购买后行为（夫妻家庭生活管理）。分析客户（对象）每个阶段的过程活动及过程需求，然后拟制满足客户需求的策略和行为准则。如果真的能应用这种方式对待你的伴侣，我相信女孩是快乐的、家庭是幸福的。

进一步扩展这种思维方式，将你的上司、你的同事，都当作客户来对待，从业务角度分析他们的特征、需求和需求实现过程，从而改进自己的工作，肯定会让你的思路豁然开朗（不是搞关系，而是分析他们对具体业务的需求及需求实现过程）。

关于从客户角度开启公司内部管理创新，我也还在持续地研究中。如果你对这方面有兴趣，欢迎随时和我交流。